먹고 말하고 연결하라

K-푸드와 푸드커뮤니케이션

먹고 말하고 연결하라

K-푸드와 푸드커뮤니케이션

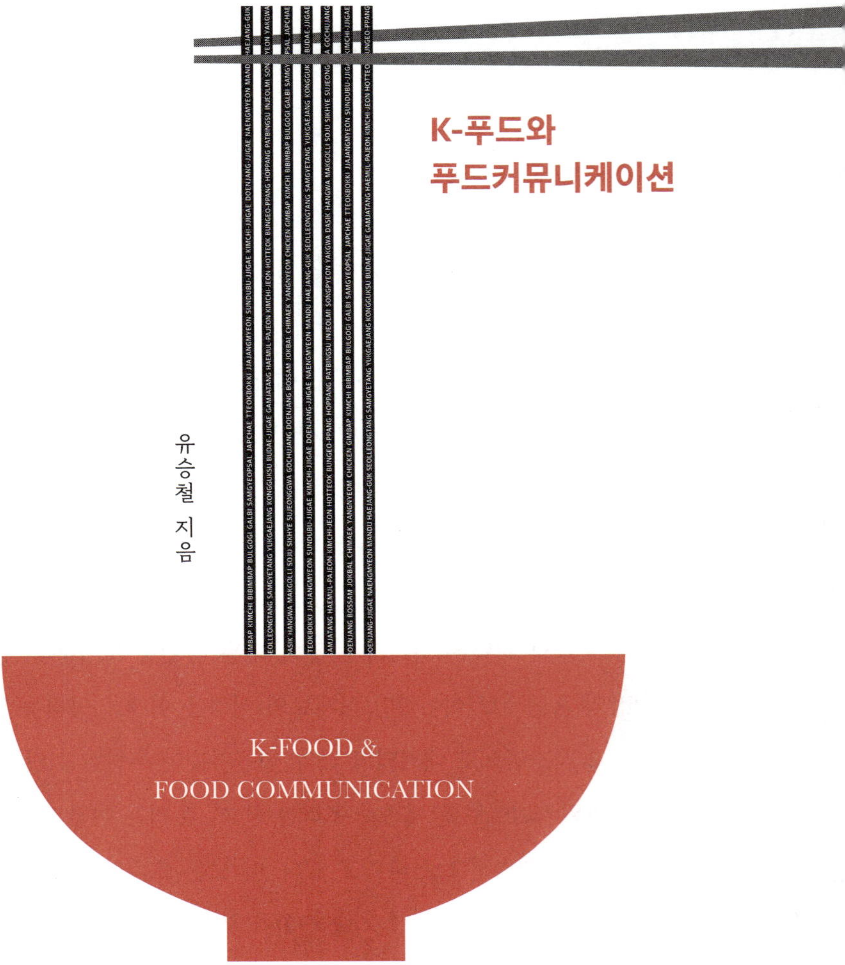

유승철 지음

이화여자대학교출판문화원

여는 글

미래의 식탁, 기술과 이야기가 만나다

"밥은 먹었니?"

이 짧은 문장은 한국인들에게 단순한 인사말이 아니다. 그것은 하루를 묻는 것이고, 안부를 확인하는 방식이며, 무엇보다 관계의 온도를 잰다. 다른 언어로는 쉽게 번역되지 않는 이 말의 정서는, 음식이 한국 사회에서 단지 생존을 위한 수단이 아니라 정서적 교감의 핵심이라는 점을 분명히 보여준다. 우리는 식탁 앞에서 웃고, 다투고, 화해하고, 기억을 공유한다. 음식은 그 자체로 공동체를 연결하는 사회적 코드였고, 지금도 그러하다.

그러나 오늘의 식탁은 과거와는 전혀 다른 풍경을 보여준다. 농부의 손과 시장의 흙냄새로 이어졌던 식재료의 여정은 이제 인공지능 알고리즘과 자동화 시스템으로 대체되고 있다. 인공지능이 추천한 식단, 스마트팜에서 수확된 채소, 로봇 셰프가 조리한 한 끼. 우리는 여전히 '먹고' 있지만, 그 방식은 혁명적으로 바뀌고 있다. 이 모든 흐름의 중심에는 바로 '푸드테크FoodTech'라는 이름의 기술 진화가 자리하고 있다.

기술은 분명 우리의 식문화를 빠르게, 그리고 효율적으로 바꾸어놓았다. 식재료의 생산은 데이터 기반으로 최적화되고, 유통은 초고속·초정

밀화되었으며, 소비는 개인 맞춤형으로 세분화되었다. '내 몸에 맞는 음식'을 인공지능이 추천하고, 메타버스 공간에서 세계 요리를 경험하며, 손안의 플랫폼에서 실시간으로 레시피를 따라 만드는 시대가 도래했다. 그러나 이 변화 속에서 한 가지 질문은 더욱 절실해진다. 기술만으로 과연 사람의 입맛과 마음을 사로잡을 수 있는가?

'K-푸드'는 이제 단순히 한국 요리의 대명사가 아니다. 그것은 하나의 정체성이고, 세계를 향한 문화적 언어이며, 글로벌 소비자와 감성적으로 교감할 수 있는 '브랜드'가 되었다. 김치와 불고기는 더 이상 이방의 음식이 아니라, BTS와 K-드라마가 닦아놓은 문화의 길 위에서 세계인의 식탁에 오르는 콘텐츠가 되었다. 지금 K-푸드는 미각의 만족을 넘어, 기억과 감정을 이끄는 브랜드 스토리로 다시 쓰이고 있다.

기술은 분명 중요하다. 그러나 기술은 '어떻게 만들 것인가'를 설명할 수 있을지언정, '왜 이 음식을 기억하게 되는가'에 대한 답을 주지는 못한다. 소비자가 찾는 것은 단순한 편의가 아니다. '나만의 음식', '나의 경험'을 만들어주는 감성적 설계, 즉 스토리텔링이야말로 푸드 브랜드가 살아남기 위한 핵심 자산이다. 이 시대의 소비자는 칼로리보다 서사를 탐색하며, 영양 성분보다는 브랜드가 가진 철학과 세계관에 끌린다.

소셜 미디어는 이러한 흐름을 가속화시켰다. 유튜브와 인스타그램, 틱톡을 수놓는 수많은 푸드 콘텐츠들은 이제 정보 전달을 넘어서 브랜드 경험의 일부가 되었다. 짧고 강렬한 숏폼 영상 한 편이 수십만 명의 소비자에게 영감을 주고, 인플루언서 한 명의 피드가 K-푸드를 세계인의 욕망으로 바꾸는 시대, 푸드커뮤니케이션의 힘은 이처럼 실시간이고 감각적이며, 때로는 예측 불가능하다.

그렇다면 우리는 어떻게 대응해야 하는가? 기술은 계속 진화할 것이고, 플랫폼은 더 정교해질 것이다. 하지만 변하지 않는 진실이 있다. 사람의 마음을 얻지 못하는 기술은 결국 시장에서 외면받는다는 사실이다. 음식은 결국 사람이 먹고, 기억하고, 이야기하는 것이다. 푸드 브랜드의 경쟁력은 기술의 정교함이 아니라, 감성의 밀도에서 갈린다.

이 책은 그 물음에서 시작했다. 푸드테크라는 기술 혁신의 흐름 속에서 K-푸드가 어떻게 차별화된 스토리텔링과 커뮤니케이션 전략을 통해 브랜드의 미래를 설계할 수 있을지를 탐색하고자 한다. 산업 트렌드만을 좇는 단편적 접근에서 벗어나, 인간의 감정과 문화를 중심에 두는 포괄적이고 인문학적인 시선에서 푸드커뮤니케이션을 다시 조망한다.

본문에서는 푸드테크의 개념과 범위를 정리하고, 그 발전 과정과 식문화의 변화, 브랜딩의 원리, 소비자 심리, 디지털 마케팅 전략, 콘텐츠 네이밍, 공간 디자인, 위기 대응, 로컬 페스티벌과의 연계 등 푸드커뮤니케이션 전반에 걸쳐 깊이 있는 통찰을 제시할 것이다.

K-푸드가 진정한 글로벌 브랜드로 성장하기 위해 필요한 것은 새로운 기술이나 화려한 광고가 아니다. 그것은 기술에 사람의 체온을 불어넣는 힘, 이야기로 소비자의 마음에 닿을 수 있는 능력이다. 푸드커뮤니케이션이란, 기술과 감성, 정보와 서사가 하나의 테이블 위에서 조화롭게 만나야 하는 예술이다.

이 책을 집필하는 과정에서 여러 분들의 도움을 받았다. 먼저, 이화여자대학교, 'K-푸드 로코노미: 창의적 K-푸드 콘텐츠를 활용한 지역경제 활성화' 연구팀의 교수님들께 감사드린다. 식품의 감각적 평가 분야의 전문가인 정서진 교수, 푸드 비즈니스 전문가 오지은 교수, 국어교육 및 문화 콘텐츠 창작 전문가 김지혜 교수, 그리고 철학적 관점을 제공할 한충수 교수로부터 이 책의 집필 과정에서 큰 영감을 받았다. 객원 연구원으로 참여해주신 푸드테크 전문가인 이화여자대학교 이진규 교수, 런던대학교의 황은주 교수, 릿쿄대학교의 황성빈 교수에게도 감사를 전한다. FMC 연구소Food & Medical Communication Lab에서 푸드커뮤니케이션 발전을 위해 불철주야 노력하고 있는 이기환 팀장(WC), 진명원, 하양, 윤지원, 이승진 대학원 연구원들에게도 고마움을 전한다. 이 책이 보다 실질적인 내용을 담을 수 있었던 것은 여러분들의 조언 덕분이었다. 마지막으로, 이화여자대학교출판문화원의 주소현 원장님과 출판을 위해 기획과 편집을 맡아주신 이혜지 주간님을 비롯한 출판문화원 관계자분들께 깊은 감사를 전한다.

K-푸드가 세계적인 브랜드로 성장하기 위해 필요한 것은 단순한 기술이 아니라, 소비자의 감성을 사로잡을 수 있는 '푸드커뮤니케이션 전략'이 결합된 기술이다. 이 책이 푸드 산업의 치열한 현장에서 고민하고 있는 실무자에게는 실질적인 전략의 방향을, 연구자에게는 학제 간 융합의 단서를, 그리고 미래의 산업을 설계할 학생들에게는 사유의 출발점이 되기를 바란다.

2025년 9월

이화여자대학교 이화-포스코관 연구실에서

유승철

차례

여는 글 미래의 식탁, 기술과 이야기가 만나다 • 4

1장. 푸드테크와 인간: 식탁은 어떻게 기계가 되었는가?

아침, 로봇이 차리다 • 15

알고리즘이 차린 밥상: 당신은 먹는가, 먹여지는가? • 22

냉장고가 골라주는 저녁 메뉴 • 30

푸드테크는 인간을 자유롭게 할까? • 35

2장. 증기기관부터 로봇 셰프까지: 푸드테크 연대기

불의 발견, 최초의 식탁 • 45

산업혁명은 어떻게 식사를 기계화했는가? • 51

냉장고, '얼음 상자'가 만든 시간 혁명 • 58

전자레인지가 촉발한 속도의 욕망 • 65

키친 알고리즘과 푸드커뮤니케이션 • 71

3장. 푸드커뮤니케이션과 푸드테크

푸드커뮤니케이션이란 무엇인가? • 79

레시피는 기억인가, 데이터인가? • 89

고기 없는 햄버거: 육즙 없는 미식의 가능성을 열다 • 99

'인간이 아닌 존재가 만든 음식'을 사랑할 수 있을까? • 110

4장. 푸드 미디어타이제이션: 음식은 어떻게 소셜 콘텐츠가 되었는가?

눈으로 먼저 맛보는 시대 • 123

유튜브가 설계하는 미각 시나리오 • 133

누구를 위해 먹는가?: 먹방과 혼밥 사이 • 141

콘텐츠 스튜디오가 된 식당: 식공간 커뮤니케이션 • 153

콘텐츠 셰프와 팬덤 • 162

5장. 브랜드는 어떻게 식품산업을 움직이는가?

푸드 브랜딩의 탄생 • 175
김밥에도 철학이 필요하다: 브랜드의 아이덴티티와 이미지 • 183
'맛있다'와 '멋있다' 사이의 푸드 마케팅: 브랜드 포지셔닝 • 192
맛보다 '감정'에 투자하라: 이모셔널 브랜딩의 중요성 • 203
이름값 하는 식당: 푸드 브랜드 네이밍의 과학과 예술 • 212
위기에 안테나를 세워라: 푸드 브랜딩과 리스크 커뮤니케이션 • 222

6장. 푸드 광고의 소비자 인사이트

눈으로 맛보는 음식 광고의 심리학 • 235
음식은 어떻게 기억을 소환하는가? • 244
맛보다 스토리텔링이 먼저다: 푸드 마케팅 • 252

7장. K-푸드는 어떻게 세계를 삼켰는가?

콘텐츠가 된 라면, 드라마가 된 김밥: 한류와 푸드커뮤니케이션 • 265
K-푸드가 외국에서 더 맛있는 이유: 현지화와 브랜딩의 역설 • 273
갈비찜이 스타벅스를 이기려면: 한식이 아니라 '한류식'이다 • 281

8장. 지역은 음식으로 다시 태어난다

한국의 로컬은 왜 늘 '반찬'으로만 취급되는가 • 289
'한 그릇의 국밥'이 도시를 살린다: 푸드 로코노미와 지역의 재탄생 • 295
콘텐츠가 된 시골 장터: 푸드 페스티벌은 '먹는 행사'가 아니다 • 310

마치는 글 식탁 위의 미래, 연결된 맛의 세계 • 323

미주 • 326
참고문헌 • 330
관련 용어 설명 • 343
찾아보기 • 349

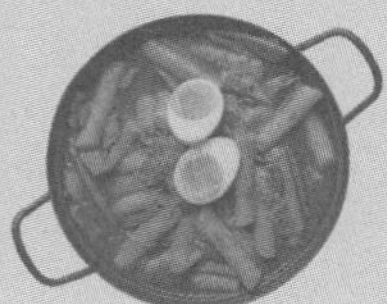

Food Communication

1장

푸드테크와 인간

식탁은 어떻게 기계가 되었는가?

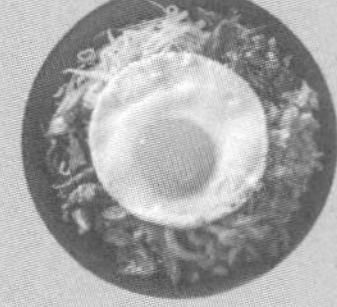

아침, 로봇이 차리다

자동화된 아침

새벽, 어둠이 채 가시지 않은 시각. 스마트폰이 짧게 울린다. 액정에는 푸른빛으로 알림이 뜬다. "비타민 D 부족 경고. 권장 메뉴: 연어 스테이크, 아보카도 샐러드." 손가락 하나 까딱할 필요도 없다. 앱은 이미 식자재 배송을 완료했고, 주방에서는 금속성의 마찰음이 들린다. 로봇 팔이 정해진 경로를 따라, 한 치의 오차 없이 움직인다. 기름 두른 팬이 달궈지고, 연어는 정확히 섭씨 180도에서 4분간 구워진다. 뒤집는다. 다시 3분. 스테이크는 요청대로 미디엄 레어. 핏물이 배어 나오지 않는다. 완벽하다. 옆에서는 3D 푸드 프린터가 디저트를 쌓아 올린다. 노즐이 가늘게 떨며 정교한 레이스 문양으로 초콜릿 무스를 짜낸다. 먹기 위한 것인가, 보기 위한 것인가. 이 모든 과정에 사람의 그림자는 없다. 온기 없는 손길로 완성된, 알고리즘이 설계한 아침 식탁이다.

이것이 음식Food과 기술Technology이 만난 '푸드테크FoodTech'다. 단순히 조리법을 바꾸는 것이 아니다. 푸드테크는 씨앗이 땅에 묻히는 순간부터 시작된다. 조리법 개선이나 식재료 개발을 넘어, 인공지능AI, 사물인터넷IoT, 바이오기술Biotechnology, 로봇공학Robotics, 블록체인Blockchain 등 다양한 첨단 기술이 결합되어 식품산업과 식문화 전반을 변화시키고 있다. 스마트팜의 센서는 토양의 습도와 영양을 실시간으로 측정하고, 드론은 최적의 지점에 비료를 뿌린다. 수확된 농산물은 블록체인에 기록되어 생산 이력과 유통 경로가 투명하게 공개된다. 소비자의 건강 데이터와 식습관을 분석한 AI는 맞춤 식단을 제안하고, 로봇은 그 레시피를 구현한다. 식탁에 오르고 남은 음식물은 최소화되도록 관리된다. 생산에서 소비, 폐기까지, 식食의 전 과정이 데이터와 알고리즘의 지배 아래 놓인다. 한국인의 '빨리빨리' 문화는 이제 기술의 속도와 만났다. 새벽 배송으로 주문한 식자재가 로봇의 손을 거쳐 아침 식탁에 오르기까지, 기다림은 최소화된다. 효율이 미덕인 시대다.

일례로, 일본의 스시 체인 스시로보Sushi Robo[1]는 AI를 활용한 초밥 자동 조리 시스템을 도입해, 숙련된 셰프가 직접 만들지 않더라도 일정한 품질의 초밥을 제공할 수 있도록 했다. 미국의 패스트푸드 체인 화이트캐슬White Castle은 미소 로보틱스Miso Robotics[2]가 개발한 조리 로봇 '플립피Flippy'를 도입해, 햄버거 패티를 자동으로 굽고 감자튀김을 조리하는 자동화 주방을 운영하고 있다. 이러한 기술은 소비자에게 보다 빠르고 일관된 품질의 음식을 제공할 뿐만 아니라, 인건비 절감과 운영 효율성 향상에도 기여하고 있다. 또한 인간의 노동력을 단순 반복 작업에서 해방시키고, 보다 창의적인 역할을 수행할 수 있도록 돕는 역할도 한다.

하지만 이 기계적인 정교함 속에서 무언가 빠진 듯한 느낌을 지울 수 없다. 엄마의 부엌에서 나던 된장찌개 냄새, 새벽 도마소리, "밥 먹어라"

외치던 목소리의 온기. 로봇 팔이 움직이는 소리는 건조하다. 프린터 노즐이 뿜어내는 것은 음식의 형태일 뿐, 그 안에 담긴 마음은 아니다. 기술은 우리에게 편리함을 주었지만, 그 편리함이 과연 '다정함'과 동의어일 수 있을까? 로봇이 차려준 아침 식탁 앞에서 우리는 무엇을 느끼게 될까. 영양 수치는 완벽하지만, 어딘가 허전한. 이것은 진보인가, 아니면 또 다른 형태의 결핍인가?

셰프는 사라지고, 요리는 남았다

기계는 기억하지 않는다. 습관도 없다. 로봇 셰프의 팔은 설정된 각도와 속도로 움직일 뿐이다. 입력된 레시피. 그것이 전부다. 그러나 바로 그 점이 기계를 인간보다 '정확한' 요리사로 만든다. 센서는 식자재 표면의 온도 변화를 0.1초 단위로 감지하고, AI는 공기 중 습도까지 계산해 최적의 조리 시간을 결정한다. 기름의 양은 마이크로리터 단위로 조절된다. 흔들림 없는 일관성. 인간 셰프는 어제의 피로나 오늘의 감정에 따라 미묘하게 손끝이 달라질 수 있다. 하지만 로봇에게는 그런 변수가 없다. 수학 공식처럼, 언제나 같은 결과물을 내놓는다. 도쿄의 어떤 스시 레스토랑에서는 로봇이 샤리(초밥 밥)를 쥐고 와사비를 바른다. 네덜란드에서는 로봇 팔이 파스타 면을 삶고 소스를 정확히 계량해 볶아낸다. 한국의 스타트업들은 이미 치킨을 튀기고 커피를 내리는 로봇을 상용화했다. 뜨거운 기름 앞에서도, 반복되는 동작에도 로봇은 지치지 않는다. 그들은 불평하지 않는다.

이 흐름에 3D 푸드 프린팅 기술이 가세한다. 단순히 음식을 '만드는' 것을 넘어 '조형'하는 단계다. 독일 바이오준Biozoon[3]의 '스무드푸드Smoothfood'는 노인이나 연하곤란 환자를 위해 개발되었다. 당근의 형태와 색을 가졌지만, 씹을 필요 없이 부드럽게 넘어간다. 영양 성분은 개인의 필요에 맞춰 정밀하게 조절된다. NASA는 우주 비행사의 장기 임무를 위해 영양과 기호를 고려한 맞춤형 식단을 3D 푸드 프린터로 출력하는 실험을 진행 중이다. 이제 프린터는 식물성 단백질로 스테이크의 마블링과 식감을 재현하고, 복잡한 설탕 공예나 초콜릿 장식을 사람의 손보다 더 정교하게 만들어낸다. 이는 단순한 기술 과시가 아니다. 고령화 사회의 식단 문제, 식량 자원의 한계, 개인 맞춤형 영양 관리라는 시대적 요구에 대한 기술적 답변이다. 『한국인의 의식구조』를 쓴 이규태 선생이라면, 이 기술이 바꿔놓을 미래의 식탁 풍경과 그 이면의 사회적 의미를 날카롭게 파고들었을 것이다. '씹는 즐거움'마저 기계에 내어준 시대의 자화상을 그렸을지도 모른다.

더 나아가, 푸드테크는 주방 너머까지 확장된다. 블록체인 기술은 농장에서 식탁까지 모든 과정을 기록해 식품 안전에 대한 불신을 해소하려 한다. 소비자는 스마트폰으로 QR코드를 스캔해 내가 먹는 채소가 언제, 어디서, 어떤 농부에 의해 재배되었는지 확인할 수 있다. IBM이 개발한 '푸드 트러스트Food Trust'[4] 플랫폼은 월마트, 네슬레, 유니레버 등과 협력해 식품의 유통 경로를 추적하는 시스템을 구축했다. 소비자는 QR코드를 스캔하는 것만으로 해당 제품의 생산지, 유통 과정, 보관 환경 등을 확인할 수 있으며, 이를 통해 신선도와 안전성이 보장된 제품을 선택할 수 있다. 블록체인 기술이 적용된 대표적인 사례로는 월마트가 도입한 블록체인 기반 식품 이력 추적 시스템이 있다. 기존에는 특정 식품의 출처를 확인하는 데 며칠이 걸렸지만, 블록체인 기술을 활용하면 단 몇 초 만에 생산지와 유통 경로를 추적할 수 있다. 이는 식품 안전 문제가 발생했을 때 신속한 대응을 가능하게 하며, 불필요한 식품 폐기를 줄이는 데도 기여한다.

AI는 과거 판매 데이터와 날씨, 소셜 미디어 트렌드를 분석해 미래의 식자재 수요를 예측하고, 이를 통해 유통 과정의 비효율과 음식물 쓰레기를 줄인다. 아마존 프레시Amazon Fresh[5]는 로봇과 자동화 시스템을 활용한 물류 혁신의 대표적인 사례다. AI 기반 주문 예측 시스템을 통해 소비자가 자주 구매하는 상품을 미리 지역 물류센터에 배치하고, 배송 시간을 단축하는 전략을 사용한다. 아마존 프레시는 시계열 모델을 활용해 특정 시장의 제품 수요를 예측하고 최적의 공급업체를 자동으로 선택하게 된다. 이 시스템은 품질, 배송 시간, 가격 등을 고려해 고객에게 최상의 제품을 최저가로 제공하는 데 실제적인 도움이 된다.

이 모든 기술은 식食 시스템 전체를 더 투명하고 효율적으로 만들고 있다. 하지만 이 완벽한 시스템 속에서 인간 셰프의 '손맛'은 어디로 갔는가? 할머니가 끓여주던 김치찌개의 그 맛. 레시피로는 설명되지 않는 깊이. 그것은 단순히 혀끝의 감각이 아니었다. 오랜 경험에서 우러나온 직관, 재료와의 교감, 그리고 음식을 먹는 사람에 대한 마음. 소설가라면, 그 '손맛'에 깃든 시간의 더께와 정情의 무게를 특유의 문체로 그려내며 칼끝으로 재료를 다듬듯, 문장으로 그 의미를 파고들었을 것이다. 요리는 단순한 화학 반응이 아니다. 그것은 관계 맺음의 방식이며, 기억을 전달하는 매개체다. 셰프는 사라질지 몰라도, 이야기가 담긴 요리에 대한 갈망은 쉽게 사라지지 않을 것이다.

포스트 휴먼 시대의 기술 그리고 사람의 온기

기술은 빠르고 정확하다. 위생적이다. 24시간 작동하고 비용 효율적이다. 이것은 사실이다. 숫자로 증명된다. 로봇 팔은 시간당 300개의 햄버거 패티를 구울 수 있다. 사람은 그렇게 못 한다. AI는 수백만 건의 데이터를 분석해 최적의 영양 균형을 찾아낸다. 사람은 그럴 수 없다. 블록체인은 원산지 데이터의 투명성을 보장한다. 사람은 때로 속이거나 실수한다. 기술은 차갑고 단단한 사실의 세계에 속한다.

'다정함'은 알고리즘으로 계산되지 않는다. '온기'는 센서로 측정할 수 없다. 한 끼 식사의 가치는 단백질 함량이나 조리 시간, 배송 속도만으로 결정되지 않는다. 『허송세월』을 쓴 김훈 작가는 아마, 저녁놀이 질 때 부엌 창문으로 스며들던 밥 짓는 냄새, 투박한 사기그릇에 담겨 나온 따뜻한 국 한 그릇의 기억을 이야기했을 것이다. 그것은 단순한 음식물 섭취가 아니었다. 누군가의 시간과 마음이 녹아든 행위였다. '누가', '왜', '어떤 마음으로' 만들었는가. 이것이 맛의 깊이를 더하고, 기억을 만든다. 로봇이 아무리 완벽한 미디엄 레어 스테이크를 구워낸다 한들, 그 안에 할머니의 주름진 손맛, 엄마의 걱정 어린 마음이 담길 수 있을까. 기술이 만든 음식은 배를 채울 수는 있어도, 마음의 허기를 달래주지는 못할지 모른다.

미래, 변화된 인간의 삶을 고민하는 포스트휴먼Post Human이라는 개념은 학자들뿐 아니라 일반 대중의 상상력을 사로잡은 매력적인 개념이다(Gane, 2006). 포스트휴먼 시대의 핵심은 인간이 현재의 생물학적, 지적, 심리적 한계를 초월한 인류의 미래다. 포스트휴먼 시대에 푸드테크가 진정으로 성공하려면, 기술의 언어가 아닌 '감성의 언어'로 말해야 한다. 소비자는 단순히 배고픔을 해결하기 위해 먹지 않는다. 경험을 소비하고,

스토리를 구매한다. 최근의 소비자 연구들은 기능적 가치보다 브랜드의 정체성, 감성적 신뢰, 공감대가 구매 결정에 더 큰 영향을 미친다는 것을 보여준다. 이는 한국인의 '정' 문화와도 맞닿아 있을 것이다. 아무리 편리하고 효율적이라도, 인간적인 교감이 없는 관계는 오래가기 어렵다. 푸드테크 기업들이 앞다투어 '지속가능성'을 외치고, 식물성 대체육이나 배양육 기술에 투자하는 것도 어쩌면 이러한 감성적 연결고리를 찾으려는 노력일 수 있다. 환경을 생각하는 '착한 기술'이라는 이미지를 통해 소비자의 마음을 얻으려는 전략. 그러나 그 기술이 아무리 '착하다' 한들, 그것이 곧 '다정함'을 의미하지는 않는다. 기술은 인간의 삶을 돕는 도구여야지, 삶 그 자체를 대체할 수는 없다. 로봇 셰프가 차려준 완벽한 식탁 앞에서, 우리는 어쩌면 가장 인간적인 것, 바로 그 '온기'를 그리워하게 될 것이다.

알고리즘이 차린 밥상
당신은 먹는가, 먹여지는가?

욕망이 아닌 필요에 의해 선택된 메뉴

손목 위 스마트워치의 화면이 번쩍인다. "혈당 수치 경계. 저탄수화물, 고단백 식단 필요." 메시지는 짧다. 이미 냉장고는 부족한 식자재를 주문했고, 스마트 오븐은 연어 스테이크 조리 시간을 예약했다. 당신의 유전자 정보, 어제 걸었던 거리, 잠 못 이룬 밤의 뒤척임까지 모든 데이터가 반영된 결과다. 선택은 끝났다. 당신은 그저, 차려진 식탁 앞에 앉으면 된다.

이것은 먼 미래의 이야기가 아니다. 기술은 이미 여기까지 와 있다. AI는 당신의 유전자 염기서열을 읽고, 장 속에 사는 수조 마리의 미생물 군집을 분석한다. 혈액 속 영양 성분, 활동량 센서가 기록한 칼로리 소모량, 심지어 스마트폰 사용 패턴으로 추론한 스트레스 지수까지. 이 모든 것을 종합해 '당신에게 가장 필요한' 음식을 결정한다.

미국의 건강기능식품 기업인 조 뉴트리션ZOE Nutrition[6]은 장내 미생물과 혈당 반응을 분석해 식단을 짜준다. 한국의 바이오테크 기업인 눔Noom[7]은 DNA 정보를 기반으로 영양 코칭도 한다. 글로벌 기업 네슬레

Nestlé[8]는 이미 스마트 냉장고에 식단 추천 알고리즘을 심었다. 기술은 이미 당신의 식탁 깊숙이 들어와 있다. 당신의 유전자, 어제의 운동량, 간밤의 수면 패턴, 심지어 지금 느끼는 스트레스 지수까지 모든 데이터는 실시간으로 수집되고 분석된다. 그리고 AI는 결정한다. "오늘은 연어 샐러드입니다." 그것은 제안이 아니라, 통보에 가깝다. 당신은 또는 당신의 몸은 연어 샐러드를 먹고 싶어 했을까?

"오늘 점심은 뭘 먹지?"

과거, 메뉴 선택은 고민이자 즐거움이었다. 냉장고를 열어 남은 재료를 확인하고, 어제 먹은 음식을 떠올리며, 오늘의 기분과 날씨를 고려해 무엇을 먹을지 결정했다. 직장에서는 점심식사 고민으로 오전 일과를 다 보내기도 했었다. 때로는 충동적으로, 때로는 신중하게. 그 과정 자체가 식사의 일부였다. 그러나 이제 그 고민의 자리를 알고리즘이 차지한다. AI는 수백만 건의 레시피와 영양 정보, 그리고 당신의 생체 데이터를 종합해 '가장 합리적인' 선택지를 제시한다. 아니, 결정한다. 당신은 그저 제시된 메뉴를 받아들일 뿐이다. 식탁 위의 주권은 조용히 데이터 센터로 넘어가고 있다.

과거, 식사는 욕망의 영역이었다. 허기를 달래고, 미각을 만족시키고, 때로는 사람들과 관계를 맺는 행위였다. 그러나 이제 식사는 점점 관리와 통제의 영역으로 넘어가고 있다. "무엇을 먹고 싶은가?"라는 질문은 "무엇을 먹어야 하는가?"라는 당위 앞에 힘을 잃는다. 기술은 우리를 더 건강하게 만들겠다고 약속한다. 질병을 예방하고 최적의 신체 상태를 유지하도록 돕겠다는 그 약속은 달콤하지만, 그 대가로 우리는 무엇을 내어주고 있는가. 식탁 위의 주권, 메뉴를 고를 자유 등 어쩌면 가장 본능적이고 사적인 선택의 권리마저 데이터와 알고리즘에 넘겨주고 있는 것은 아닌가. 이 변화는 단순히 식습관의 변화가 아니다. 식문화 전체, 나아가 인간의 자율성이라는 근본적인 가치에 관한 질문을 던진다. 편리함이라는 이름 아래, 우리는 조용히 길들여지고 있는지도 모른다.

최적화된 식사는 자유로운가?

음식은 이제 맛 이상의 것을 의미한다. 건강, 윤리, 지속가능성, 그리고 데이터가 증명하는 효율성. 이것들이 식탁 위의 새로운 가치로 떠올랐다. AI는 수백만 건의 식단 기록과 임상 연구 결과를 학습해 '내 몸이 지금 이 순간 가장 필요로 하는 것'을 냉정하게 판단한다. 특정 영양소의 결핍을 감지하고, 잠재적 질병 위험을 낮추는 최적의 조합을 찾아낸다. 알레르기 유발 물질은 철저히 배제되고, 개인의 대사 능력에 맞춰 탄수화물과 지방의 비율이 조절된다. 당뇨 환자에게는 혈당을 안정시키는 식단을, 고혈압 환자에게는 나트륨 함량을 낮춘 메뉴를 제안한다. 고령자를 위한 부드러운 식감의 영양식, 운동선수를 위한 근육 생성 촉진 식단도 가능하다. 기술은 분명, 많은 이들에게 더 나은 건강 상태를 약속한다. 이것은 부인할 수 없는 진보다.

하지만 AI가 아무리 완벽한 영양 균형을 갖춘 샐러드를 추천한다 해도, 고된 하루 끝에 뜨끈하고 매운 국물, 혹은 기름지고 달콤한 무언가가 절실한 순간이 있다. 그것은 생리적 필요가 아닌, 감정적 허기를 달래는 행위다. 스트레스를 풀기 위해 먹는 야식, 축하의 의미로 나누는 케이크, 슬픔을 위로받기 위해 찾는 어린 시절의 음식 등은 칼로리나 영양 성분표로 환원되지 않는 삶의 중요한 부분이다.

AI는 때때로 엉뚱한 답을 내놓기도 한다. 토마토를 매운 음식으로 분류하거나, 청양고추를 맵지 않다고 판단하는 식이다. 사소한 오류처럼 보이지만, 만약 이것이 알레르기 정보나 특정 질병 관련 식단에서 발생한다면 문제는 심각해진다. 추천 알고리즘의 오류로 건강상 피해가 발생했을 때, 그 책임은 누구에게 있는가? 데이터를 제공한 개인인가, 알고리즘을 설계한 기업인가, 아니면 AI 그 자체인가? 책임 소재는 불분명하다.

한편, 소비자 직접 의뢰DTC: Direct-to-Consumer 유전자 검사는 점점 더 보편화되고 있다. 몇만 원이면 타액이나 모근 세포로 나의 유전적 특질, 예컨대 카페인 분해 능력이나 특정 영양소 대사 효율, 짠맛 민감도 등을 알 수 있다. 네오젠Neogen[9]과 같은 첨단 바이오 기업들은 이 정보를 바탕으로 맞춤형 영양제와 식단을 공격적으로 마케팅한다. '당신의 유전자에 맞는 솔루션'이라는 광고 문구는 유혹적이다. 그러나 이 과정에서 우리는 질문해야 한다. 건강이라는 이름 아래 행해지는 이 정밀한 분류와 관리가 과연 개인의 행복과 자유를 증진시키는가? 아니면, 데이터를 기반으로 개인을 규정하고 통제하는 또 다른 방식은 아닌가? 기술은 우리를 더 건강하게 만들 수 있지만, 반드시 더 자유롭게 만드는 것은 아니다. 어쩌면 우리는 건강이라는 거대한 목표 아래, 스스로 선택하고 책임질 권리를 조금씩 내어주고 있는지도 모른다. 식탁 위의 선택은 곧 삶의 방식에 대한 선택이다. 그 선택권마저 기술에 위임할 때, 우리는 무엇을 얻고 무엇을 잃게 될까.

더 근본적인 문제는, 기술이 인간 고유의 '고민하는 과정' 자체를 생략시킨다는 점이다. 무엇을 먹을지 고민하고, 장을 보고, 요리하는 과정은 때로는 번거롭지만, 그 안에 선택의 즐거움과 창조의 기쁨, 그리고 관계의 온기가 깃들어 있다. AI가 이 모든 과정을 대신해주면서 우리는 편리함을 얻지만, 동시에 식사에 담긴 수많은 의미와 경험을 잃어버린다. 우리는 더 이상 "무엇을 먹을까?"를 깊이 고민하지 않는다. 고민은 기계가 하고, 우리는 그 결과를 수동적으로 받아들인다. AI가 생성한 완벽하고 먹음직스러운 음식 이미지는 식욕을 자극하지만, 그것이 실제 경험을 대체할 수는 없다. 오히려 과장된 이미지는 건강하지 못한 식습관을 부추길 수도 있다. 최적화된 식단은 우리를 건강하게 만들 수 있지만, 그 과정에서 우리는 식사의 주체로서 스스로 선택하고 책임지는 경험, 그리고 그 안에서 발견하는 삶의 다채로운 맛을 잃어가고 있는 것은 아닐까.

푸드테크 시대, 인간은 식사의 주체인가?

당신이 오늘 먹는 음식은, 엄밀히 말해 당신의 선택이 아니다. 그것은 당신의 유전자 염기서열, 장내 미생물의 분포, 혈액 속 콜레스테롤 수치, 그리고 어젯밤의 수면 데이터가 종합적으로 설계한 결과물이다. 식사는 더 이상 단순한 생리적 욕구 충족이나 미각적 즐거움 추구가 아니다. 복잡한 알고리즘이 계산해낸 최적의 솔루션, 일종의 생체 데이터 보고서다. 타액 한 방울로 당신의 탄수화물 대사 능력이 남들보다 낮은지, 쓴맛에 유독 민감한 유전자를 가졌는지 알 수 있다. AI는 이 정보를 바탕으로 당신에게 필요한 비타민 B군 섭취량을 늘리고, 십자화과 채소 대신 다른 녹색 채소를 추천할 것이다. 식욕 조절 유전자에 변이가 있다면 포만감을 높이는 식단을, 근육 생성 효율이 높다면 단백질 섭취 타이밍까지 조언한다. 이 모든 과정은 매끄럽고 과학적이며, 거부하기 어려운 합리성으로 포장되어 있다.

이러한 개인 맞춤형 식단 기술은 AI, 사물인터넷IoT, 생명공학, 빅데이터 분석이 총동원된 푸드테크의 최전선이다. 유전자 분석 키트는 온라인 쇼핑몰에서 쉽게 구매할 수 있고, 분석 결과는 스마트폰 앱으로 전송되어 곧바로 식단 관리 서비스와 연동된다. 국내외 수많은 기업이 이 시장에 뛰어들어, 유전자 정보에 기반한 맞춤형 건강기능식품, 식단 구독 서비스, 심지어 운동 프로그램까지 제안하며 '라이프케어Life Care' 영역으로 사업을 확장하고 있다. 시장은 가파르게 성장하고, 투자는 집중된다. 기술은 개인의 건강을 극대화하는 방향으로 진화하고 있는 듯 보인다. 마치 공장의 생산 라인을 최적화하듯, 인간의 몸을 가장 효율적인 상태로 관리하려는 거대한 프로젝트처럼 느껴지기도 한다.

기술은 조력자를 넘어 '대리Agent자'의 역할까지 넘본다. 스마트 냉장고는 스스로 재고를 파악하고 부족한 식재료를 주문한다. 3D 푸드 프린터는 영양 데이터를 기반으로 음식물을 층층이 쌓아 올린다. 로봇 셰프는 입력된 레시피를 한 치의 오차 없이 정확하게 재현한다. 이 모든 과정은 인간의 개입 없이, 때로는 인간이 인지하지 못하는 사이에 진행된다. 식탁은 그렇게, 온전히 알고리즘에 의해 차려진다. 효율적이고, 낭비가 없으며, 데이터에 기반한 완벽한 상차림이다.

하지만 그 완벽함 속에는 무엇이 빠져 있는가? 바로 '우연'과 '이야기'다. 계획에 없던 재료로 즉흥적으로 만들어낸 요리, 친구들과 왁자지껄

떠들며 나눠 먹던 모퉁이 분식, 여행지에서 우연히 발견한 허름한 식당의 놀라운 맛. 이런 것들은 예측 불가능성 속에서 피어나는 식사의 즐거움이자 기억이다. 알고리즘이 차린 밥상에는 이런 '틈'이 없다. 모든 것이 계산되고 예측된 결과일 뿐이다. 식탁은 더 이상 삶의 이야기가 만들어지는 공간이 아니라, 데이터 처리의 결과물이 전시되는 장소가 된다. 기술 개발의 자율성은 극대화되지만, 정작 그 기술을 사용하는 인간의 자율성은 축소되는 역설이 발생한다.

더 깊은 질문은 데이터와 윤리의 영역으로 향한다. 내 식단 데이터는 과연 안전하게 보호받고 있는가? 특정 식단을 추천하는 알고리즘에 상업적 또는 이념적 편향은 없는가? 유전자 정보나 건강 데이터를 기반으로 한 차별(보험, 고용 등)의 가능성은 어떻게 통제할 것인가? '건강한 식단'의 기준은 누가 정하며, 그 기준이 모든 개인에게 보편적으로 적용될 수 있는가? 소비자의 인종과 경제적 능력에 따라 차별이 일어나지는 않는가? 기술은 몸의 데이터를 정밀하게 읽어내지만, 음식은 몸과 마음이 함께 반응하는 복합적인 경험이다. 알고리즘은 슬픔을 달래주던 할머니의 된장찌개 맛, 축하의 순간을 함께했던 샴페인의 거품, 고된 노동 끝에 마셨던 막걸리 한 사발의 의미를 이해하지 못한다. 푸드테크가 아무리 발전한다 해도, 인간의 삶과 분리된 기술은 공허할 뿐이다. 기술이 제공하는 편리함에 취해, 식사가 가진 본래의 의미, 즉 관계 맺고, 위로받고, 삶을 나누는 행위로서의 가치를 잊어서는 안 된다.

식탁 위에 놓인 우리가 답할 질문

오늘 내가 먹은 것은 진정 나의 선택이었는가? 기술이 제시한 최선의 답안이, 정말 나를 위한 것이었나? 나는 주체적으로 '먹는' 존재인가, 아니면 시스템에 의해 '먹여지는' 대상인가?

푸드테크는 의심할 여지 없이 우리에게 더 많은 편리함과 효율성, 그리고 어쩌면 건강을 오래도록 유지하게 해줄 것이다. 그러나 기술은 도구일 뿐, 그 자체로 목적이 될 수는 없다. 기계는 음식을 생산할 수 있지만, 식사의 의미까지 만들어내지는 못한다. 식탁 위에서 벌어지는 교감, 세대를 이어 전해지는 손맛, 불현듯 떠오른 욕망에 따른 즉흥적인 선택. 이런 것들은 데이터로 환원될 수 없는 인간적인 가치다.

알고리즘이 아무리 정교해진다 해도, 최종적인 질문과 결정은 인간의 몫으로 남아야 한다. 우리는 기술이 내미는 답을 무조건 받아들이기보다, 그 답이 나온 과정과 근거를 비판적으로 질문할 수 있어야 한다. "내가 지금 이것을 먹는 이유는, 나의 진정한 갈망 때문인가, 아니면 누군가의 계산된 판단 때문인가?" 그 질문을 던질 용기가 있을 때, 비로소 우리는 기술의 주인이 되어, 알고리즘이 차린 완벽한 밥상 앞에서, 길들여지지 않고 스스로 식탁의 주권을 지켜낼 수 있을 것이다. 기술은 삶을 보조할 뿐, 삶 그 자체가 될 수는 없다. 그 경계를 잊지 않는 것, 그것이 푸드테크 시대를 살아가는 우리의 과제다.

결국은 먹고 살려고 하는 일이니까.

냉장고가 골라주는 저녁 메뉴

냉장고는 '이미' 알고 있다

스마트폰 화면에 냉장고 속 풍경이 펼쳐진다. 선반 위에는 유통기한이 오늘까지인 두부 한 모, 서랍 칸에는 시들기 시작한 시금치 반 단, 문 쪽 포켓에는 언제 샀는지 기억나지 않는 고추장. 냉장고는 침묵 속에서 데이터를 읽고, 분석하고, 마침내 제안한다. "두부시금치된장국. 조리 시간 12분. 부족한 된장, 자동 주문할까요?"

이것은 먼 미래의 이야기가 아니다. LG전자의 '인스타뷰 ThinQ'[10] 냉장고는 노크 두 번으로 내부를 보여주고, 식재료를 인식한다. 삼성전자의 '비스포크 냉장고 AI Family Hub'[11]는 내부 카메라와 'AI Vision Inside' 기술로 최대 37가지 식재료를 식별하고, 유통기한을 관리하며, 맞춤형 레시피를 추천한다. 아마존의 'Dash Replenishment' 서비스는 연동된 냉장고가 식자재 부족을 감지하면 자동으로 주문까지 완료한다. 사물인터넷IoT 기술은 냉장고를 단순한 식품 보관함을 넘어, 생산-유통-소비를 연결하는 지능형 푸드 플랫폼으로 바꾸고 있다. 시장은 빠르게 성장하고 있으며, 2030년까지 세계 스마트 냉장고 시장 규모는 120억 달러(한화 약 16조 원)를 넘어설 것으로 예측된다(Global Research, 2024).

이제 '오늘 저녁 뭐 먹지?'라는 질문은 사람이 아닌, 냉장고가 먼저 던진다. 냉장고는 사용자의 식습관, 선호도, 건강 상태 데이터를 학습하고, 외부 정보(날씨, 할인 행사)까지 고려해 최적의 메뉴를 제안한다. 때로는 AI 음성 비서가 "어제 단백질 섭취가 부족했으니, 오늘은 닭가슴살 요리가 어때요?"라고 말을 건네기도 한다. 이 모든 과정은 너무나 자연스럽고 효율적이어서, 우리는 그 편리함에 익숙해진다. 하지만 그 익숙함 속에서 식탁의 주도권은 조용히 기계에게 넘어가고 있다.

스마트 냉장고는 분명 유용하다. 잊고 있던 식재료를 상기시켜 낭비를 줄이고, 영양 균형을 고려한 레시피를 제안하며, 바쁜 일상 속 장보기 부담을 덜어준다. 기술은 식사 준비 과정을 효율화하고, 더 건강한 식생활을 영위하도록 돕는다. 마치 유능한 비서처럼, 냉장고는 우리의 식탁을 관리하고 최적화한다. 그러나 그 과정에서 우리는 무언가를 잃고 있지는 않을까?

냉장고가 추천하는 메뉴, AI가 분석한 영양 정보, 클릭 한 번으로 완료되는 자동 주문. 이 모든 편리함 속에서 '내가 무엇을 먹고 싶은가?'라는 질문은 점점 희미해진다. 냉장고는 데이터를 기반으로 가장 '합리적인' 선택을 제안하지만, 그 합리성은 종종 인간의 변덕스러운 욕망이나 즉흥적인 즐거움과는 거리가 멀다. 우리는 냉장고의 제안을 비판 없이 수용하고, 추천된 메뉴를 소비하는 수동적인 역할에 머무르기 쉽다. 식사의 주도권은 사용자에게 있는 듯 보이지만, 실제로는 데이터를 분석하고 선택지를 제시하는 알고리즘에게 넘어가고 있는 것이다. "내가 고른 식사

였나, 아니면 고르도록 유도된 식사였나?" 이 질문은 스마트 키친 시대를 살아가는 우리에게 중요한 화두를 던진다.

스마트 주방 환경에서 냉장고는 단순히 음식을 보관하는 기기를 넘어 식생활 전체를 관리하는 컨트롤타워 역할을 수행한다. 다른 스마트 기기(오븐, 쿡탑, 스마트 스피커)와 연동되어 조리 과정을 자동화하고, 사용자의 건강 데이터(스마트워치 등)를 반영해 더욱 개인화된 식단을 제안한다. 이 거대한 시스템 속에서 개인의 자율적인 선택은 점점 설 자리를 잃어간다. 우리는 편리함이라는 달콤함에 취해, 스스로 고민하고 선택하며 식사를 통해 얻는 경험의 가치를 잊어버릴 위험에 처해 있다. 효율성과 최적화만이 강조되는 식탁에서, 우리는 과연 만족스러운 식사 경험을 하고 있다고 말할 수 있을까?

냉장고의 눈, 어디까지 믿어야 할까?

사물인터넷 기반의 푸드 시스템은 우리의 식생활 데이터를 끊임없이 수집하고 분석한다. 무엇을 자주 먹고, 언제 먹으며, 어떤 영양소가 부족한지, 심지어 알레르기 정보나 특정 질병 유무까지 포함하는 이 방대한 데이터는 개인 맞춤형 서비스를 제공하는 강력한 기반이 되지만, 동시에 프라이버시 침해와 디지털 감시의 그림자를 드리운다. 내 식습관 정보가 상업적 목적으로 활용되거나, 해킹으로 유출될 위험은 없는가? 냉장고가 수집한 데이터는 과연 안전하게 관리되고 있는가? 기술의 편리함 이면에는 신뢰와 보안이라는 무거운 과제가 놓여 있다.

알고리즘의 추천은 또 다른 질문을 낳는다. 기계는 데이터를 기반으로 논리적이고 효율적인 판단을 내리지만, 인간의 식사는 단순한 영양 섭취 이상의 의미를 지닌다. '오늘은 왠지 얼큰한 김치찌개가 당기는 날'이라는 감정적 요구, 어린 시절의 추억이 담긴 음식에 대한 갈망, 혹은 단순히 새로운 맛에 대한 호기심. 이런 비정량적 요소들은 알고리즘의 계산에서 쉽게 배제된다. 냉장고가 추천하는 '최적의 식단'이 내 진정한 욕구와 충돌할 때, 우리는 어떤 선택을 해야 할까? 또한 알고리즘 자체의 완벽성을 맹신할 수도 없다. AI가 식재료를 잘못 인식하거나, 마케팅 목적으로 특정 브랜드나 식료품을 편향적으로 추천할 가능성은 없는가? 자동 주문 시스템의 오류로 원치 않는 상품이 배송되었을 때, 그 책임은 누구에게 물어야 하는가? 법적, 윤리적 기준 마련이 시급하지만, 기술의 발전 속도를 제도가 따라가지 못하는 것이 현실이다.

냉장고가 아무리 똑똑해진다 해도, 우리는 그 제안을 비판적으로 수용하는 자세를 잃지 말아야 한다. 기술은 우리의 선택을 돕는 유용한 도구이지만, 최종적인 판단과 책임은 여전히 우리의 몫이다. 냉장고의 추천 뒤에 숨겨진 데이터 처리 과정과 알고리즘의 작동 방식을 이해하려는 노력, 그리고 때로는 비효율적이더라도 내 직감과 욕구를 따르는 용기가 필요하다. 우리는 냉장고를 얼마나 믿을 수 있는가? 이 질문에 대한 답은 기술 자체가 아니라, 기술을 사용하는 우리의 태도에 달려 있다.

냉장고 너머의 식탁, 인간의 자리를 묻다

최적화된 식단, 효율적인 관리, 자동화된 주문까지. 냉장고가 건네는 제안은 달콤하다. 기술은 분명 식탁 앞의 번거로움을 덜어내고 새로운 가능성을 열어준다. 그러나 문명의 이기가 늘 그렇듯, 그 편리함의 끝에는 성찰의 시간이 필요하다. 단순히 '편리한가?'를 넘어, '이 기술이 우리의 식문화를, 나아가 인간의 경험을 어떻게 재편하고 있는가?'를 물어야 할 때다.

우리는 냉장고의 알고리즘을 길들일 수도, 혹은 그 반대가 될 수도 있다. 기술을 단순히 따르는 것이 아니라, 적극적으로 활용해 잊혔던 식재료를 탐색하고 새로운 요리법을 배우며, 때로는 의도적으로 그 제안을 거부하고 즉흥적인 만찬을 즐길 수도 있다. 스마트 냉장고의 진정한 가치는 스스로 생각하는 능력에 있는 것이 아니라, 인간이 그 능력을 어떻게 활용해 더 풍요로운 식문화를 만들어갈 것인가에 달려 있다. 냉장고는 데이터를 분석하지만, 식탁 위의 대화, 함께하는 이의 온기, 음식에 얽힌 기억과 감정의 가치는 여전히 인간의 몫이다.

냉장고가 아무리 똑똑해져도 식탁의 주인은 사람이어야 한다. 기술에 잠식당하지 않고 주체적인 식사를 영위하기 위한 고민, 그것이 푸드테크 시대를 살아가는 우리의 숙명일지 모른다. 냉장고 문을 열 때마다 마주하는 것은 차가운 기술 너머, '어떻게 먹고 살 것인가'에 대한 인간 본연의 질문이다. 그 답은 냉장고 안에 있지 않다.

푸드테크는 인간을 자유롭게 할까?

'먹는다'는 행위의 본질

"인간은 자신이 먹는 것이다Der Mensch ist, was er isst."

독일 철학자 루트비히 포이어바흐의 이 말은 단순하지만 깊다. 육신을 이루는 물질적 토대로서의 음식, 그것이 곧 인간 존재의 근본이라는 통찰이다. 19세기 산업혁명의 격동기에 던져진 이 명제는, 21세기 푸드테크의 파고 속에서 더욱 날카로운 질문으로 되돌아온다. 기술이 우리의 식탁을 점령하는 시대, 우리는 과연 무엇을 먹고 있는가? 더 근본적으로, 우리는 진정 '스스로' 먹는 것을 선택하고 있는가?

유전자 분석은 내 몸에 필요한 영양소를 분자 단위로 계산해 알려주고, 스마트 키친은 냉장고 속 재료를 스캔해 최적의 레시피를 추천하며 부족한 식재료를 알아서 주문한다. 로봇 팔은 레스토랑 주방에서 정해진 레시피대로 정확하게 조리하고, 인공지능은 방대한 데이터를 학습해 내가 좋아할 만한 맛, 내가 필요로 할 영양소를 미리 예측해 제안한다. 이 모든 과정은 놀랍도록 효율적이고 정밀하며, 때로는 인간의 손길보다 더 완벽해 보인다. 기술은 음식물 쓰레기를 줄이고, 영양 불균형을 해소하며, 시간과 노동력을 절약해준다. 이것은 분명한 진보이다.

그러나 인간은 효율성만으로 살지 않는다. 우리는 단순히 생존하기 위해 먹는 것이 아니라, 기억하기 위해, 관계 맺기 위해, 때로는 설명할 수 없는 갈망과 불완전한 충동으로 먹는다. 할머니의 손맛이 담긴 된장찌개, 친구들과 밤새워 나눈 치킨과 맥주, 실연의 아픔을 달래주던 매운 떡볶이와 같은 음식들에 담긴 의미와 감정은 영양 성분표나 칼로리 계산으로 환원될 수 없다. 푸드테크가 제공하는 '최적화된' 식사는 어쩌면 가장 풍부한 인간적 경험이 거세된, 가장 메마른 식사일지도 모른다. 기술의 눈부신 발전 앞에서, 우리는 '먹는다'는 행위의 본질을 다시 묻지 않을 수 없다.

알고리즘이 준비한 식탁, 최적화된 식욕

스마트폰 속 앱은 매일 아침 체중과 식단을 묻는다. 사진을 찍어 올리면 AI가 칼로리와 영양 성분을 분석하고, 심리학 기반의 코칭 메시지가 날아온다. "어제 탄수화물 섭취가 목표치를 넘었네요. 오늘은 통곡물 위주로 드셔보는 건 어떨까요?" 목표 달성을 위한 격려와 함께, 앱은 끊임없이 나의 식습관을 교정하고 최적의 경로를 제시한다. 데이터는 실시간으로 축적되고, 알고리즘은 나보다 더 나를 잘 아는 듯 행동한다. 저녁은 글로벌 밀키트 회사인 헬로프레시HelloFresh[12]에서 배달된 상자를 연다. AI가 과거 주문 기록과 선호도를 분석해 추천한 메뉴다. 정확히 계량된 식재료와 친절한 레시피 카드는 요리 과정을 단순화하고 실패 확률을 줄여, 30분 만에 근사한 저녁 식사가 완성된다. 편리하고, 합리적이며, 예측 가능하다.

이처럼 알고리즘이 차려주는 식탁은 매끄럽다. 선택의 고민은 줄어들고, 결과는 예측 가능하며, 건강 목표 달성은 용이해진다. 헬로프레시와 같은 기업들은 AI와 머신러닝을 활용해 고객 경험을 극도로 개인화하고, 메뉴 추천부터 재료 수급, 배송까지 전 과정을 최적화한다. 눔은 단순히 칼로리를 계산하는 것을 넘어, 사용자의 심리적 장벽까지 고려한 맞춤형 코칭을 제공하며 행동 변화를 유도한다. 기술은 우리의 욕망마저 데이터로 분석하고, 가장 효율적인 방식으로 충족시켜주려 한다. 하지만 데이터로 환원될 수 없는 기억과 감정, 관계 속에서 피어나는 식사의 즐거움은 알고리즘의 계산 밖에 존재한다. 효율이라는 명분하에 우리는 어쩌면 가장 인간적인 식사의 풍경을 잃어가고 있는지도 모른다.

선택이라는 환상, 혹은 최적화된 감옥?

푸드테크는 끊임없이 '선택의 확장'을 약속한다. 전 세계의 레시피가 손안에 펼쳐지고, 내 몸에 맞는 최적의 식단이 제안되며, 심지어 어떤 맛들이 서로 어울릴지 예측하는 기술까지 등장했다. 벨기에의 푸드페어링 Foodpairing[13] 같은 회사는 방대한 맛 분자 데이터를 분석해 새로운 맛 조합을 찾아내고, 이를 기반으로 식품 기업의 신제품 개발을 돕는다. AI는 인간의 미각 경험을 데이터화해 성공 확률이 높은 조합을 과학적으로 제시한다. 이는 분명 창의성의 영역을 넓히고 새로운 미식 경험을 가능하게 하는 측면이 있다.

하지만 이 풍요로운 선택지 앞에서 우리는 진정 더 자유로워졌는가? 알고리즘이 제시하는 추천 목록은 편리하지만, 동시에 보이지 않는 벽을 쌓기도 한다. 내가 좋아할 만한 것들만 계속 보여줌으로써 나의 취향을 강화하고, 익숙하지 않거나 도전적인 선택지는 자연스럽게 배제된다. '개인 맞춤'이라는 이름 아래, 우리는 점점 더 예측 가능한 범위 안에 갇히게 될 수 있다. 또한 푸드페어링의 사례처럼 AI가 산업적 효율성을 위해 맛의 조합을 예측하고 제품 개발 방향을 결정할 때, 그 기준은 소비자의 진정한 미각적 탐험보다는 시장에서의 성공 가능성, 즉 상업적 논리에 더 기울어질 수 있다. 기술이 제공하는 '최적화된 선택'은 과연 개인의 '자유로운 선택'과 동의어일까?

더 큰 문제는 이 기술이 단지 '올바른 음식'을 추천하는 데서 멈추지 않고 은연중에 '올바른 삶', 나아가 '올바른 사람'의 기준을 설정하려 들 때 시작된다. 누가 '건강한 식단'을 정의하는가? 그 기준은 객관적인 과학 데이터인가, 아니면 특정 기술 기업의 알고리즘인가? 유전 정보에 따라 보험 가입이나 취업에 차별이 생길 가능성은 없는가? 내 식단 데이터는 온전히 내 것인가, 아니면 서비스를 제공하는 기업의 자산인가? 기술은 몸의 데이터를 읽어내지만, 음식은 언제나 몸과 마음이 함께 반응하는 언어였다. 슬픔을 달래주던 달콤한 초콜릿, 축하의 자리를 빛내던 기름진 음식, 고된 하루 끝에 위로가 되어주던 소박한 집밥. 이 모든 것은 영양 성분표나 유전자 적합성만으로는 설명되지 않는, 삶의 구체적인 맥락Context 속에 존재한다. 기술이 제공하는 완벽한 식단 앞에서, 우리는 어쩌면 가장 중요한 질문을 놓치고 있는지도 모른다. 이 식탁은 나를 위한 것인가, 아니면 나를 통제하기 위한 것인가. 그 경계가 흐릿하다.

진정한 자유는 단순히 많은 선택지를 갖는 것이 아니라, 그 선택 앞에서 고민하고, 때로는 실수하고, 그 결과에 책임을 지는 과정 전체를 포함한다. 푸드테크가 우리의 고민을 대신해주고 실패의 가능성을 줄여줄수록, 우리는 스스로 질문하고 판단하며 성장할 기회를 잃어버릴 수 있다. '무엇을 먹을까?'라는 질문은 단순히 메뉴를 고르는 행위를 넘어 '나는 어떤 삶을 살고 싶은가?'라는 더 깊은 성찰과 연결된다. 기술이 아무리 발전하더라도 이 '숙고할 권리'만큼은 온전히 인간의 몫으로 남겨두어야 하지 않을까. 선택지가 넘쳐나는 시대, 오히려 우리는 선택의 의미 자체를 되물어야 할지 모른다.

데이터 너머의 언어, 의미를 말해야 할 식탁

인공지능은 맛의 성분을 분석하고, 영양 균형을 계산하며, 조리법의 효율성을 극대화할 수 있다. 그러나 AI는 할머니가 끓여주신 된장찌개에 담긴 시간의 깊이나 친구와 나누는 맥주 한 잔의 우정, 혹은 명절날 온 가족이 모여 먹는 잡채의 떠들썩함까지 이해하지는 못한다. 음식은 단순한 영양소의 집합이 아니라 문화적 상징이자, 감정의 매개체이며, 관계의 증표다. 기술은 음식의 물리적 속성을 데이터화할 수 있지만, 그 안에 깃든 무형의 의미와 맥락까지 포착하기는 어렵다.

바로 이 지점에서 푸드커뮤니케이션Food Communication의 역할이 중요해진다. 단순히 제품 정보를 전달하거나 레시피를 소개하는 것을 넘어 기술과 인간 사이의 감성적 다리를 놓는 역할 말이다. 푸드테크 시대의 커뮤니케이션은 차가운 데이터와 따뜻한 인간 경험 사이의 간극을 메우고,

효율성의 언어와 의미의 언어를 연결해야 한다. 소비자가 기술의 편리함을 누리면서도 식사의 주체로서 소외되지 않도록 기술이 제공하는 '무엇What'을 넘어 '왜Why'와 '어떻게How'를 이야기해야 한다.

예를 들어, AI가 추천한 건강 식단이라도 그것이 어떤 문화적 배경을 가지는지, 어떤 사람들의 노고로 우리 식탁까지 오게 되었는지, 혹은 이 음식을 통해 어떤 새로운 경험을 할 수 있는지에 대한 '이야기'를 덧붙일 때, 식사는 단순한 소비를 넘어 풍요로운 경험으로 확장될 수 있다. 푸드 브랜드는 단순히 맛의 데이터를 분석하고 최적의 제품을 제안하는 데 그칠 것이 아니라, 그 음식이 소비자의 삶 속에서 어떤 의미를 가질 수 있는지 설득력 있는 내러티브를 구축해야 한다. 기술은 질문에 답할 수 있지만, 좋은 질문을 던지는 것은 여전히 인간의 몫이며, 푸드커뮤니케이션은 바로 그 질문을 함께 탐색하는 과정이 되어야 한다.

푸드 소비자: 식탁의 주체로 서다

푸드테크는 단순히 먹을 것을 추천하는 기술이 아니다. 그것은 우리의 살아가는 방식 자체를 조율하고 설계하는 힘이다. 그렇다면 우리는 기술이 내미는 완벽한 식단 앞에서 순응하기보다, 오히려 기술에게 질문을 던져야 한다. 내가 지금 이것을 먹는 이유가 내 갈망 때문인가, 아니면 누군가의 판단 때문인가. 그 질문의 끝에서야 비로소 우리는 기술의 주인이 되어 식탁 위의 주권을 되찾을 수 있을 것이다.

푸드테크는 거스를 수 없는 흐름이다. 기술은 계속해서 우리의 식탁을 바꾸고, 식습관을 재편하며, 심지어 미각 경험까지 설계하려 들 것이다.

그 편리함과 효율성은 분명 매력적이지만, 그 이면에 드리운 질문들을 외면해서는 안 된다. “인간은 자신이 먹는 것이다”라는 포이어바흐의 명제는 이제 “인간은 자신이 선택한 것을 먹는가?”라는 질문으로, 더 나아가 “인간은 기술이 선택해준 것을 먹는 존재가 될 것인가?”라는 질문으로 확장된다.

기술은 답을 제시하는 데 능숙하지만, 질문을 던지는 능력은 부족하다. AI는 최적의 식단을 추천할 수 있지만, 그 식단이 내 삶에 어떤 의미를 갖는지, 내가 진정 원하는 경험이 무엇인지 묻지 않는다. 그 질문은 오롯이 우리의 몫이다. 기술이 제공하는 편리함에 안주해 질문하는 능력을 상실하는 순간, 우리는 식탁의 주인이 아니라 알고리즘의 지배를 받는 객체로 전락할 수 있다.

따라서 푸드테크 시대를 살아가는 우리에게 필요한 것은 기술에 대한 맹목적인 수용이나 거부가 아니라, 비판적인 성찰과 주체적인 활용 능력이다. AI의 추천을 참고하되 최종 결정은 내 가치관과 욕구에 따라 내리고, 자동화된 시스템의 편리함을 누리면서도 때로는 불편함을 감수하며 직접 장을 보고 요리하는 경험의 의미를 되새기는 것. 즉 기술을 도구로 사용하되, 기술의 노예가 되지 않는 지혜가 필요하다. 식탁 앞에서 우리는 다시 물어야 한다. 이 음식은 나에게 무엇인가? 이 선택은 진정 내가 내린 것인가? 그 질문을 놓지 않는 한, 우리는 기술이 아무리 발전하더라도 여전히 식탁의 주체로 설 수 있을 것이다.

Food Communication

2장

증기기관부터 로봇 셰프까지

푸드테크 연대기

불의 발견, 최초의 식탁

시작은 불이었다

인간은 언제부터 요리를 시작했을까? 그 시작은 불이었다. 누군가 처음 불에 날것을 올렸을 때, 인류는 생존에서 문명으로 건너갔다. 불은 단순한 온기가 아니었다. 음식을 변화시킨 최초의 기술이었고, 먹는 '행위Act'를 '경험Experience'으로 끌어올린 첫 번째 혁명이었다. 어둠을 밝혔고, 맹수를 쫓았으며, 얼어붙은 몸을 녹였다. 그러나 불이 인류에게 준 가장 결정적인 선물은 바로 '익힌 음식'이었다.

불 이전의 식사는 거칠었다. 질긴 뿌리와 날고기는 먹는 데 많은 시간과 에너지를 요구했다. 그러나 불을 다루게 되면서 인간은 굽고, 데우고, 찌는 방식을 터득했다. 이스라엘의 게셰르 브노트 야아코브Gesher Benot Ya'aqov 유적에서는 약 78만 년 전, 초기 인류가 불을 이용해 물고기를 익혀 먹었던 흔적이 발견되기도 했다(Goren-Inbar et al., 2004). 익힘으로써 음식은 부드러워졌고, 소화는 쉬워졌으며, 독성은 줄어들었다. 또한 '맛과 향'이라는 새로운 감각이 태어났다. 불은 단순히 배를 채우는 행위를 넘어, 미각적 즐거움과 안전, 효율이라는 가치를 식탁 위에 올려놓았다.

불의 통제는 곧 요리의 시작이었다. 그리고 요리는 인간이 단순한 도구 제작자를 넘어, 의미와 문화를 창조하는 존재임을 알린 첫 번째 선언이었다. 불꽃 앞에서 인간은 비로소 '식사'를 시작했고, 그 식사는 관계와 기억, 이야기의 씨앗이 되었다. 최초의 식탁은 그렇게 불이라는 원시 기술 위에서 차려졌다.

불과 함께 시작된 인류의 진화

불로 익힌 음식은 인류의 몸과 마음을 근본적으로 바꾸었다. 하버드 대학의 영장류학자 리처드 랭엄Richard Wrangham은 그의 저서 『요리 본능 *Catching Fire: How Cooking Made Us Human*』에서 요리가 인류 진화의 핵심 동력이었다는 가설을 제시한다(Wrangham, 2009). 날것에 비해 익힌 음식은 훨씬 적은 노력으로 소화되고 더 많은 에너지를 제공한다. 랭엄은 이 '에너지 잉여'가 인류의 큰 뇌를 발달시키는 결정적인 요인이었다고 주장한다. 뇌는 엄청난 에너지를 소비하는 기관[1]이다. 요리를 통해 소화에 드는 에너지를 절약하고 더 많은 칼로리를 효율적으로 흡수하게 되면서, 비로소 인류는 큰 뇌를 유지하고 발달시킬 여력을 얻었다는 것이다.

실제로 호모 에렉투스Homo erectus는 이 시기에 뇌 용량이 급격히 커지고 소화기관이 작아지는 변화가 나타나는데, 이는 불의 통제 및 요리의 시작 시기와 맞물린다. 질긴 날것을 씹고 소화시키는 데 필요했던 큰 턱과 창자는 점차 작아졌고, 대신 뇌가 커졌다. 음식을 씹는 시간이 줄어들면서 얼굴 근육과 뼈 구조도 변했다. 요리는 단순히 음식을 부드럽게 만든 것이 아니라, 인류의 신체 구조 자체를 재설계한 것이다.

더 나아가 요리는 사회 구조의 변화까지 촉발했다. 음식을 익히고 나누는 과정은 사회적 협력과 분업을 필요로 했고, 이는 공동체의 유대를 강화했다. 불 주변에 모여 함께 식사하는 행위는 단순한 영양 섭취를 넘어 사회적 관계를 형성하고 유지하는 중요한 의례가 되었다. 불은 인간의 몸뿐만 아니라 관계 맺는 방식까지 새롭게 빚어낸, 진화의 강력한 엔진이었다.

요리, 시간을 길들이다

불이 가져온 변화는 단순히 맛과 소화율 개선에 그치지 않았다. 인류는 불을 이용해 훈제하고, 말리고, 소금에 절이는 원시적 보존 기술을 개발했다. 이는 썩기 쉬운 식량을 더 오래 보관할 수 있게 만들었을 뿐 아니라 미래를 계획하고 대비하는 능력을 인류에게 선사했다. 사냥의 성공 여부에 따라 굶주림과 포식을 반복하던 불안정한 삶에서 벗어나 '시간을 예측하고 관리'하는 '시간의 기술'을 터득한 것이다. 식량의 저장은 언제 함께 먹고 어떻게 나누어 먹을지 공동체의 시간표를 만들었다.

기원전 9,600년경 메소포타미아에서 시작된 농업 혁명은 인류에게 안정적인 식량 공급과 '잉여'라는 선물을 안겨주었다. 이 잉여를 어떻게 저장하고 분배할 것인가 하는 고민은 '발효'라는 또 다른 혁신적인 기술을 탄생시켰다. 이집트인들은 효모를 이용해 빵을 부풀렸고, 메소포타미아인들은 보리로 맥주를 빚었다. 동아시아에서는 콩을 발효시켜 장醬을 만들었다. 빵, 맥주, 장은 단순히 새로운 음식이 아니었다. 자연의 시간을 기술로 재구성해 얻어낸 결과물이자, 공동체가 함께 공유하는 맛의 기억이며, 문명의 초석이었다. 발효는 눈에 보이지 않는 미생물의 활동을 활용해 식량의 가치를 높이고 저장성을 늘리는, 자연과의 창의적인 협업이었다.

이처럼 불과 발효, 저장 기술은 인류가 자연의 제약을 극복하고 시간과 환경을 관리하는 능력을 키우도록 도왔다. 기술은 음식을 바꾸었고, 바뀐 음식은 다시 인간의 관계와 사회 구조, 나아가 세계를 인식하는 방식까지 변화시켰다. 요리는 생존을 위한 수단을 넘어, 공동체를 조직하고 문화를 형성하는 근본적인 동력이었다.

불에서 그릴까지, 식탁의 풍경

최초의 식탁은 불을 중심으로 펼쳐졌다. 사람들은 타닥거리는 불꽃 앞에 모여 앉아 고기를 굽고, 음식을 나누며, 이야기를 주고받았다. 추위와 어둠을 몰아낸 불빛 아래, 식사는 단순한 생존 활동을 넘어 공동체의 유대감을 확인하고 지식과 경험을 공유하는 중요한 사회적 행위, 즉 '커뮤니케이션의 장場'이 되었다. 그 원시의 풍경은 시간의 강을 건너 오늘날 우리의 식탁에도 여전히 흐르고 있다.

어느 주말 저녁, 마당 한편에 놓인 웨버Weber[2] 그릴 위에 고기가 익어가는 장면을 떠올려보라. 웨버는 1952년 조지 스티븐George Stephen이 부표를 반으로 잘라 만든 원형 그릴에서 시작된 역사적인 그릴 브랜드로, 이제 전 세계 바비큐 문화의 상징이 되었다. 숯불 위에서 지글거리는 소리, 피어오르는 연기, 맛있는 냄새. 사람들은 그릴 주변에 모여 맥주잔을 부딪치고, 웃고 떠들며 익어가는 음식을 기다린다. 기술의 형태는 원시의 화덕에서 세련된 바비큐 그릴로 진화했지만, 불 앞에서 음식을 나누며 관계를 맺는 행위의 본질은 변하지 않았다.

불은 인간에게 '함께 먹는 즐거움'을 가르쳤다. 혼자서는 사냥하기 힘든 큰 짐승을 함께 사냥하고, 불에 구워 나누어 먹는 과정에서 협력과 신뢰, 나눔의 가치가 자연스럽게 체득되었다. 식탁은 단순히 음식을 먹는 공간이 아니라, 사회적 관계가 형성되고 문화가 전승되는 무대였다. 웨버 그릴 앞에서의 즐거운 파티는 수십만 년 전, 동굴 속 화덕 앞에 모여 앉았던 우리 조상들의 모습과 다르지 않다. 기술은 변해도 불과 음식을 매개로 한 인간적인 교감의 온기는 여전히 우리의 식탁을 데우고 있다.

푸드테크 넘어, 식사의 의미를 발견하다

오늘날 푸드테크는 눈부시다. 3D 푸드 프린터가 음식을 찍어내고, AI가 맞춤 식단을 설계하며, 로봇이 요리하고 서빙한다. 그러나 이 모든 현란한 기술의 뿌리에는 아주 오래전, 한 인류가 처음 피워 올린 불꽃이 있다. 불은 음식을 바꾸었고, 인간을 바꾸었으며, 세상을 바꾸었다. 그것은 생존의 도구였고, 관계의 시작이었으며, 문화의 씨앗이었다.

기술은 끊임없이 진화하며 우리의 식탁을 더욱 편리하고 효율적으로 만들 것이다. 그러나 그 과정에서 우리는 때때로 길을 잃고 본질을 잊기도 한다. 불 앞에서 음식을 나누며 느꼈던 원초적인 유대감, 자연의 시간을 존중하며 기다렸던 발효의 지혜, 함께 먹는 행위를 통해 확인했던 공동체의 의미 등은 데이터로 환원될 수 없는, 식사가 우리에게 주는 깊은 가치들이다.

푸드테크의 시대를 살아가는 우리는 질문해야 한다. 기술이 우리에게 무엇을 줄 수 있는가뿐만 아니라, 기술 때문에 우리가 무엇을 잃을 수도 있는가. 최초의 불이 지폈던 식탁의 의미를 되새기며, 우리는 기술의 발전 속에서도 인간적인 식사의 풍경을 지켜낼 수 있을까. 그 답은 화려한 기술 자체가 아니라, 기술을 사용하는 우리의 태도와 성찰에 달려 있다.

산업혁명은 어떻게 식사를 기계화했는가?

'손맛'의 추억

식탁은 본래 손의 기억이었다. 할머니의 손끝에서 피어나던 장맛, 어머니가 새벽 시장에서 골라 온 생선의 싱싱함, 아궁이 앞에서 땀 흘리며 불을 지피던 아버지의 시간. 그 모든 것이 한 끼 식사에 녹아 있었다. 재료를 고르고, 다듬고, 불의 세기를 조절하고, 간을 맞추는 모든 과정은 단순한 노동이 아니라 관계와 경험의 교환이었다. 식탁은 땅과 계절, 그리고 사람 사이의 이야기를 담아내는 작은 우주였다.

그러나 어느 순간부터인가 그 손맛의 기억은 희미해졌다. 식탁에 오르는 음식들은 더 이상 누군가의 손길을 직접적으로 증언하지 않는다. 대신 매끈한 포장재와 선명한 유통기한, 빼곡히 적힌 성분표가 그 자리를 대신한다. 우리는 더 이상 음식을 통해 사람의 온기나 땅의 기운을 느끼기보다 규격화된 상품의 정보를 먼저 확인한다. 이 거대한 변화는 어디에서 시작되었을까?

그 시발점은 18세기 영국, 거대한 톱니바퀴가 맞물려 돌아가기 시작하던 때로 향한다. 하늘 높이 솟은 굴뚝에서 검은 연기가 피어오르고 증기 기관의 육중한 숨소리가 공기를 뒤흔들던 시절, 산업혁명은 단지 옷과 도구를 만드는 방식만을 바꾼 것이 아니었다. 그것은 인간의 가장 근본적인 행위, '먹는다는 것의 의미'마저 뒤바꿔놓았다. 대량생산 시스템은 식탁마저 거대한 공정Process의 일부로 흡수하기 시작했다. 집집마다 이어지던 요리의 기술은 분해되고 재조립되어 기계의 언어로 번역되었다. 식탁은 이제 자연의 순환이 아닌, 공장의 시간표를 따르게 된 것이다.

병 속의 혁명: 시간을 봉인한 통조림

변화의 결정적 계기 중 하나는 1809년, 프랑스에서 찾아왔다. 나폴레옹 군대의 오랜 고민은 전장에서 병사들에게 신선하면서도 안전한 식량을 공급하는 것이었다. 이 문제를 해결하기 위해 프랑스 정부가 내건 거액의 상금에 응답한 이가 바로 제과업자 니콜라 아페르였다. 그는 음식을 유리병에 넣고 코르크로 밀봉한 뒤 끓는 물에 넣어 가열하면 내용물이 상하지 않고 오래 보존된다는 사실을 발견했다. 세균의 존재를 몰랐던 시절이었지만, 경험적으로 터득한 이 가열 밀봉법은 식품 보존의 역사를 새로 썼다. 아페르의 발명은 음식을 시간과 공간의 제약에서 해방시킨 최초의 시도였다. 이제 식량은 더 이상 부패와의 싸움에서 속수무책인 존재가 아니었다. 병 속에 봉인된 음식은 계절에 구애받지 않고 머나먼 전장과 항해 길에도 함께할 수 있는 '상품'이 되었다(Appert, 1810).

이 기술은 곧 영국으로 건너가 주석 도금 철제 캔으로 개량되었고, 대량 생산의 길을 열었다. 특히 대서양 건너 미국에서는 통조림 산업이 폭

〈그림 1〉 19세기 통조림 공장 내부 모습[3]

발적으로 성장했다. 그 중심에는 1869년 과일 상인 조지프 캠벨Joseph Campbell과 통조림 제조업자 에이브러햄 앤더슨Abraham Anderson이 설립한 회사가 있었다. 훗날 캠벨 수프 컴퍼니Campbell Soup Company[4]로 알려지게 될 이 회사는, 1897년 존 도런스John T. Dorrance 박사가 수프 농축 기술을 개발하면서 결정적인 전환점을 맞는다. 물을 빼고 농축시킨 수프는 캔의 크기와 무게, 운송 비용을 획기적으로 줄였고, 이는 곧 가격 경쟁력으로 이어졌다. "M'm! M'm! Good!"이라는 유명한 광고 문구와 함께 캠벨 수프 캔은 미국 가정의 식탁을 빠르게 점령했다. 빨갛고 하얀 독특한 디자인의 캔은 앤디 워홀의 팝아트 소재가 될 정도로 시대를 상징하는 아이콘이 되었다. 통조림은 더 이상 군대나 탐험가를 위한 비상식량이 아니었다. 그것은 산업화된 사회의 일상적인 식사, 즉 공장에서 생산된

〈그림 2〉 캠벨 수프 로고 변천사[5]

규격화된 맛의 상징이 되었다. 음식이 자연에서 식탁으로 오던 기나긴 여정은 이제 공장 라인 위에서 효율적으로 단축되었고, 그 과정에서 음식 고유의 생명력과 이야기는 희미해져 갔다.

철마가 실어 나른 속도의 맛

산업혁명이 가져온 또 다른 거대한 축은 '속도'의 혁명이었다. 제임스 와트가 개량한 증기기관은 공장의 동력원일 뿐 아니라, 세상을 움직이는 새로운 힘이 되었다. 곧이어 조지 스티븐슨의 증기기관차가 철로 위를 달리기 시작했고, 로버트 풀턴의 증기선이 강과 바다를 가로질렀다. 이전 시대에는 상상할 수 없었던 속도로 사람과 물자가 이동하기 시작했다.

이 거대한 흐름은 식탁의 풍경을 근본적으로 뒤흔들었다. 철도와 증기선은 지역의 산물에 갇혀 있던 식재료들을 먼 곳까지 실어 날랐다. 시카고의 도축장에서 처리된 쇠고기가 냉장 열차에 실려 뉴욕의 식탁에 오르고, 캘리포니아의 오렌지가 동부 해안까지 운송되었다. 지역의 특색을 담뿍 담고 있던 식문화의 경계는 빠르게 허물어졌다. 식사는 더 이상 '여기, 지금'의 산물이 아니었다. 그것은 광활한 네트워크를 통해 '어디에선가 온' 재료들로 구성된, 점차 국적과 계절성을 잃어가는 무엇이 되어갔다.

속도의 증가는 필연적으로 망각을 동반했다. 음식이 어디서, 어떻게 왔는지 그 여정을 추적하기는 점점 더 어려워졌다. 식탁 위에 놓인 고기 한 점이 어떤 환경에서 자란 소의 것인지, 채소 한 포기가 어떤 농부의 땀으로 길러졌는지 알기 어려워졌다. 그 대신 우리는 포장지에 적힌 원산지와 유통기한, 브랜드 이름을 통해 음식을 인지했다. 음식과 사람, 음식과 땅 사이의 긴밀했던 연결고리는 '물류 시스템'이라는 거대한 익명성 뒤로 숨어버렸다. 요리는 더 이상 자연의 시간에 맞춰진 기다림과 정성의 과정이 아니라, 효율적인 운송과 유통 시스템의 마지막 단계, 즉 소비를 위한 최종 조립 과정처럼 변모해갔다. 이 과정에서 음식에 담긴 이야기, 그것을 만든 사람의 마음을 전하는 '푸드커뮤니케이션'은 설 자리를 잃어갔다. 빠르고 효율적인 시스템 속에서 느리고 복잡한 이야기는 거추장스러운 것이 되었기 때문이다.

숫자가 된 미각

산업혁명이 식탁에 남긴 또 하나의 유산은 '숫자'라는 새로운 언어였다. 기계는 측정하고, 분석하고, 표준화하는 데 능숙했다. 이러한 기계적 사고는 음식의 세계에도 깊숙이 침투했다. 음식은 더 이상 맛과 향, 색깔과 질감이라는 복합적인 감각의 총체로만 이해되지 않았다. 대신 칼로리, 단백질, 지방, 탄수화물, 나트륨 함량, 비타민 함유량 같은 영양 성분표의 숫자들이 음식의 가치를 대변하기 시작했다. 유통기한은 신선도의 지표가 되었고, 조리 시간은 효율성의 척도가 되었다. 이러한 변화는 분명 긍정적인 측면을 가졌다. 영양학의 발달과 식품 분석 기술은 우리가 무엇을 먹는지 더 정확하게 알게 해주었고, 균형 잡힌 식단을 계획하는 데 도움을 주었다. 공장에서 생산된 규격화된 식품은 위생 관리 측면에서도 이전 시대보다 진일보한 면이 있었다. 대량 생산과 유통 시스템은 더 많은 사람에게 저렴하고 안정적으로 식량을 공급하는 기반이 되었다.

그러나 이 숫자와 효율성의 언어는 동시에 중요한 무엇인가를 식탁에서 밀어냈다. 바로 음식에 담긴 이야기와 관계, 그리고 감각의 풍부함이었다. 음식은 단순히 영양소의 합이 아니다. 그것은 특정 지역의 풍토와 문화, 그것을 만든 사람의 정성과 손맛, 함께 먹는 사람들과의 교감과 추억이 어우러진 복합적인 경험이다. 하지만 숫자는 이러한 비정량적인 가치들을 담아내지 못한다. 칼로리 계산은 식사의 즐거움을 앗아가고, 표준화된 맛은 미각의 섬세함을 무디게 만들 수 있다. 기계는 인간보다 더 정밀하게 영양을 계산하고 위생적으로 제조할 수 있지만, 할머니의 된장찌개에 담긴 세월의 맛이나 친구들과 나누는 음식에 얽힌 웃음과 눈물의 온도를 재현하지는 못한다. 산업혁명이 가져온 기계화된 식사는 효율성과 합리성이라는 이름 아래, 식탁 본연의 다채로운 의미와 감각적 풍요로움을 점차 잊게 했다.

결국 의미를 부여하는 것은 우리 자신

푸드테크는 거대한 파도처럼 밀려와 우리의 식탁 풍경을 바꾸고 있다. 개인 맞춤형 영양 설계, 자동화된 조리 시스템, 데이터 기반의 미각 예측까지, 기술은 전에 없던 편리함과 효율성을 약속한다. 그러나 이 거대한 흐름 앞에서 단순히 질문을 던지는 것만으로는 부족하다. "이것이 진정 내가 원하는 것인가?"라는 물음은 중요하지만, 그것은 시작일 뿐이다. 이제 우리는 질문을 넘어, 우리가 원하는 식탁의 미래를 적극적으로 '만들어갈' 방법을 고민해야 한다.

AI가 추천한 완벽한 영양 균형의 식단이 과연 공동체의 유대감을 나누던 저녁 식사의 따뜻함을 대체할 수 있을까? 데이터가 분석한 최적의 맛이 할머니의 손맛처럼 세대를 이어 전해지는 기억과 이야기를 담을 수 있을까? 푸드테크가 제시하는 답안지에 만족하지 않고, 우리 스스로 답을 써 내려가야 한다. 이는 단순히 기술을 비판적으로 수용하는 것을 넘어, 기술을 활용해 우리가 소중히 여기는 가치인 공유, 관계, 문화, 기억 등을 어떻게 식탁 위에 구현할 것인가에 대한 창조적 모색이다.

미래의 식탁은 기업의 알고리즘만으로 결정되어서는 안 된다. 그것은 생산자, 요리사, 소비자, 그리고 우리 모두가 함께 참여해 만들어가는 공동의 작품이어야 한다. 기술의 편리함을 지혜롭게 활용하되, 음식에 담긴 인간적인 가치와 이야기를 잃지 않도록 경계해야 한다. 때로는 불편함을 감수하고 직접 요리하며 식재료와 교감하고, 이웃과 음식을 나누며 관계를 맺는 경험 속에서 우리는 기술만으로는 채울 수 없는 식탁의 의미를 발견할 것이다. 푸드테크 시대, 우리는 질문하는 자를 넘어 식탁의 미래를 능동적으로 창조하는 주체가 되어야 한다.

냉장고, '얼음 상자'가 만든 시간 혁명

'그때'에서 '언제든'으로

한때 끼니는 시간과의 싸움이었다. 해가 뜨면 장이 서고, 해가 지면 상하기 시작하는 것들과 씨름했다. 고기는 핏물이 마르기 전에, 생선은 비린내가 진동하기 전에, 푸성귀는 숨이 죽기 전에 입으로 가져가야 했다. 조리는 찰나의 미학이었고, 식탁은 살아 숨 쉬는 '현재'였다. 그날 잡은 것, 그날 캔 것, 그날 딴 것이 아니면 의미가 없었다. 시간은 음식을 지배했고, 인간은 그 엄격한 질서 앞에서 순응할 뿐이었다. 먹는다는 행위는 자연의 순환, 공동체의 리듬과 정확히 맞물려 돌아가는, 지극히 현재적인 사건이었다.

그러나 20세기에 등장한 하얀 철제 상자가 부엌 한구석을 차지하면서 모든 것이 달라졌다. 처음에는 얼음을 넣어 쓰던 아이스박스 형태에서, 압축기를 단 전기냉장고로 진화하며 이 차가운 기계는 식사의 시간성을 송두리째 흔들었다. 1920년대와 1930년대, 제너럴 일렉트릭General Electric[6]이나 켈비네이터Kelvinator 같은 회사들이 내놓은 초기 모델은 부유층의 전유물이었으나, 제2차 세계대전 이후 대량생산 기술의 발달과 중산층의 성장 속에서 냉장고는 급속도로 보급되었다. 1950년대에는 미국 가정의 절반 이상이, 1960년대에는 거의 모든 가정이 냉장고를 갖게 되면서, 더 이상 사치품이 아닌 생활필수품, 아니 가정의 중심축으로 자리 잡았다.

냉장고의 등장은 단순히 음식을 오래 보관하게 된 것 이상의 의미를 지녔다. 그것은 식사를 '사건'에서 '계획'으로 바꾸었다. 매일 장을 보던 수고는 일주일 치 식료품을 한 번에 사서 저장하는 방식으로 대체되었다. 식탁은 더 이상 예측 불가능한 자연의 변덕이나 시장의 상황에 좌우되지 않았다. 대신 냉장고 문 앞에 붙은 메모지 속 목록과 냉장실 칸칸이 채워진 플라스틱 용기들이 식사의 미래를 결정했다. 시간은 더 이상 음식을 상하게 하는 적이 아니라, 관리하고 통제해야 할 대상이 되었다. 주부는 단순히 불 앞에서 음식을 만드는 사람이 아니라, 냉장고라는 작은 창고의 재고를 파악하고, 유통기한을 확인하며, 다음 주 식단을 미리 계획하는 '가정 내 물류 관리자'의 역할을 떠맡게 되었다. 식사의 시간 단위는 '하루'에서 '일주일'로 늘어났고, 가족의 생활 리듬은 '오늘 무엇을 먹을까'가 아니라 '이번 주말 쇼핑 목록은 무엇인가'를 중심으로 재편되기 시작했다. 차가운 냉기는 그렇게 뜨거웠던 식사의 현재성을 서서히 식혀갔다.

음식 차리기의 재구성

냉장고가 가져온 가장 극적인 변화는 불 앞에서 일어났다. 뜨거운 불과 날카로운 칼, 신선한 재료가 만나 즉석에서 창조되던 요리는 이제 차가운 냉기와 시간의 재구성을 통해 해체되기 시작했다. 과거의 식사가 '지금, 여기'를 위한 뜨거운 합주였다면, 냉장고는 '미리 준비-차갑게 보관-나중의 데우기'라는 분절된 독주를 가능케 했다. 요리는 더 이상 하나의 완결된 행위가 아니라, 시간을 넘나드는 체계화된 부품 조립 과정으로 변모했다.

이 변화의 기폭제는 바로 세계대전이었다. 제2차 세계대전 중 군인들에게 안정적으로 식량을 보급하기 위해 개발된 통조림과 냉동 기술은 종전 후 거대한 민간 시장으로 흘러들었다. 특히 매사추세츠 출신의 발명가이자 사업가였던 클래런스 버즈아이Clarence Birdseye의 공로는 결정적이었다. 그는 1920년대 캐나다 래브라도에서 이누이트들이 극한의 추위 속에서 잡은 생선을 순식간에 얼려 신선도를 유지하는 것을 보고 영감을 얻었다. 단순히 천천히 얼리는 것이 아니라, 영하 40도 이하의 극저온에서 식품을 급속도로 동결시키는 '플래시 프리징Flash Freezing' 기술을 개발한 것이다. 이 기술은 식품 세포 내의 수분이 미세한 얼음 결정으로 얼게 해서 해동 시 세포 조직 파괴를 최소화했고, 맛과 영양 손실 없이 장기간 보존을 가능케 했다. 버즈아이Birdseye[7] 브랜드는 냉동 채소, 생선, 과일 등을 미국 식탁 위에 올렸고, 이는 곧 냉동식품산업의 폭발적인 성장으로 이어졌다. 스완슨Swanson[8]의 'TV 디너TV Dinner' 같은 상품은 알루미늄 트레이에 담긴 완조리 냉동식품으로, 오븐에 데우기만 하면 한 끼 식사가 완성되는 혁신을 가져왔다. 식사는 이제 '요리'하는 것이 아니라 '선택'하고 '데우는' 행위로 대체될 수 있었다.

이처럼 냉장고와 냉동고는 부엌의 풍경을 바꾸고, 나아가 가족의 시간

〈그림 3〉 1950년대 냉장고 광고 이미지[9]

을 재편했다. 김이 모락모락 나는 솥 앞에서 온 가족이 둘러앉아 함께 밥을 푸던 모습은 점점 희미해졌다. 대신 각자의 시간에 맞춰 냉장고에서 꺼낸 음식을 전자레인지에 돌려 플라스틱 접시에 담아 먹는 풍경이 일상화되었다.

같은 공간에 살지만 다른 시간대에 식사하는 가족 구성원들에게 냉장고는 각자의 끼니를 해결해주는 편리한 저장고였지만, 동시에 가족 공동의 식사 시간을 파편화시키는 주범이기도 했다. 식탁은 더 이상 하나의 시간, 하나의 온도, 하나의 이야기가 공유되는 자리가 아니었다. 차가운 냉기는 음식을 보존했지만, 식탁의 온기는 흩어버렸다. 헤밍웨이라면 아마 이렇게 썼을 것이다. *"가족은 있었다. 식탁도 있었다. 그러나 함께 먹지는 않았다."*

냉장고 문 앞에서 멈춘 대화

냉장고는 단순한 가전제품이 아니었다. 그것은 부엌의 질서를 재편하고, 나아가 식탁을 둘러싼 소통의 방식마저 바꿔놓은 조용한 혁명가였다. 이전 시대의 식사가 "오늘 저녁엔 무엇을 먹을까?"라는 열린 질문과 즉흥적인 기대감으로 시작되었다면, 냉장고의 시대는 "냉장고에 뭐가 남았지?"라는 닫힌 질문과 재고 확인으로 시작되었다. 식탁 위의 대화는 가능성의 탐색에서 재료 소진과 관리로 그 무게 중심이 옮겨갔다.

시장에서 마주친 싱싱한 생선, 이웃이 나눠준 제철 나물, 혹은 그날의 기분에 따라 즉흥적으로 결정되던 메뉴는 이제 냉장고라는 차가운 현실의 벽 앞에 섰다. 어제 먹다 남은 카레, 지난주에 사둔 냉동 만두, 시들기 직전의 채소들이 먼저 처리되어야 할 '과제'로 떠올랐다. 창의적인 요리는 계획적인 소비와 보존의 논리 앞에서 종종 뒷걸음질 쳤다. 냉장고 문은 더 이상 미지의 세계로 통하는 문이 아니라, 이미 정해진 선택지들을 확인하는 창고의 문과 같았다. 그 안에는 식재료뿐만 아니라, 가족 구성원의 암묵적인 동의 혹은 무관심까지도 차곡차곡 저장되어 있었다.

이는 '손맛'과 '눈치'로 이어지던 한국적 식문화의 변화와도 맞닿아 있을 것이다. 냉장고가 없던 시절, 어머니는 가족들의 표정과 그날의 날씨, 심지어 부엌에 감도는 분위기까지 읽어가며 저녁 메뉴를 결정했다. 식탁은 대화와 교감의 장이었다. 그러나 냉장고는 이러한 섬세한 커뮤니케이션의 필요성을 상당 부분 제거했다. 정보는 투명하게 공개되었고, 결정은 합리적인 재고 관리에 따라 자동화되었다. "뭐 먹고 싶니?"라는 질문 대신, "냉장고에 있는 거 데워 먹어라"라는 말이 더 자연스러워졌다. 푸드커뮤니케이션은 이 지점에서 새로운 도전에 직면한다. 효율성과 편리가 지배하는 식탁 위에서, 우리는 어떻게 다시 관계의 온도를 회복하고 이야기의 실마리를 찾을 수 있을까? 냉장고 문을 여닫는 반복적인 행위 속에서, 우리는 어쩌면 가장 중요한 소통의 기회를 놓치고 있는 것은 아닐까?

차가운 편리함 너머, 잃어버린 온기를 찾아서

냉장고는 20세기 식문화 혁명의 조용한 주역이었다. 제너럴 일렉트릭의 초기 모델부터 클래런스 버즈아이의 냉동 기술, 스완슨의 TV 디너에 이르기까지, 차가운 기술은 뜨거운 생활의 방식을 근본적으로 바꾸었다. 식사는 예측 가능하고 관리 가능한 시스템이 되었고, 부엌은 효율적인 저장과 보존의 공간으로 재탄생했다. 우리는 시간의 제약에서 벗어나 언제든 원하는 음식을 (냉장고에 있다면) 먹을 수 있는 자유를 얻었다.

그러나 그 눈부신 편리함의 이면에서 우리는 무엇을 잃어버렸을까? 저녁 무렵 골목길에 피어오르던 밥 짓는 냄새의 정겨움, 예측 불가능했기에 더 특별했던 식재료와의 만남, 그날의 기분과 날씨에 따라 즉흥적으로 차려지던 밥상의 설렘 같은 것들 말이다. 냉장고는 음식을 상하지 않게 보존했지만, 때로는 식탁의 즉흥성과 우연성, 기다림의 미학마저 얼려버렸다. 효율성은 높아졌지만, 관계의 온도는 미지근해졌다. '무엇이 남았나?'라는 질문은 '무엇을 함께 나눌까?'라는 질문을 종종 압도했다.

기술은 가치중립적이지만, 그 기술을 사용하는 방식은 우리의 선택이다. 냉장고라는 차가운 상자 앞에서 우리는 다시 물어야 한다. 이 편리함 속에서 우리가 놓치고 있는 인간적인 가치는 무엇인가? 어떻게 하면 이 기술을 활용하면서도 식탁의 온기, 관계의 깊이, 이야기의 풍성함을 되찾을 수 있을까? 냉장고 문을 열 때마다 단순히 남은 음식을 확인하는 것을 넘어, 그 안에 담길 새로운 이야기와 따뜻한 마음을 상상하는 것. 그것이 차가운 기술 시대를 살아가는 우리가 식탁의 주체성을 회복하는 첫걸음이 될 것이다. 우리는 효율적인 관리자를 넘어, 다시 온기 있는 이야기꾼이 되어야 한다.

전자레인지가 촉발한 속도의 욕망

마이크로파, 부엌의 시간을 삼키다

전쟁은 때로 가장 뜻밖의 곳에서 일상의 풍경을 바꾼다. 1945년, 제2차 세계대전의 포화가 채 가시지 않은 매사추세츠의 레이시온Raytheon[10] 사 연구실. 레이더 장비용 마그네트론을 연구하던 엔지니어 퍼시 스펜서Percy Spencer는 주머니 속 초콜릿 바가 녹아내린 것을 발견했다. 뜨거운 열기도 없었는데, 보이지 않는 무언가가 초콜릿을 녹인 것이다. 바로 마이크로파Microwave였다. 스펜서는 곧바로 옥수수를 가져와 마그네트론 앞에 두었고, 팝콘이 터져 나왔다. 다음은 달걀이었다. 폭발하듯 익어버렸다. 우연한 발견은 곧 의도적인 발명으로 이어졌다. '보이지 않는 파동'으로 음식을 데울 수 있다는 가능성. 그것은 불과 물, 기름 없이도 조리가 가능한 새로운 시대의 서막이었다.

레이시온은 이 기술을 놓치지 않았다. 1947년, '라다레인지Radarange' 라는 이름의 첫 상업용 전자레인지가 세상에 나왔다. 키는 사람만 했고, 무게는 340kg에 달했으며, 가격은 오늘날 가치로 수만 달러에 육박하는

〈그림 4〉 삼성전자가 1979년 출시한 최초의 국산 전자레인지 RE-700D 모델
(출처: 삼성전자)

거대한 금속 상자였다. 주로 레스토랑이나 철도, 선박 등에서나 쓰일 법한 물건이었다. 그러나 기술은 멈추지 않았다. 소형화와 가격 인하 경쟁 속에서, 1967년 아마나Amana[11]사가 가정용 카운터톱 모델을 내놓으면서 전자레인지는 마침내 평범한 가정의 부엌으로 들어왔다. 한국에는 삼성전자가 미국 GE 전자레인지를 리버스 엔지니어링해서 국내 최초로 전자레인지(RE-700D)를 출시하게 된다. 초기 가격은 39만 4,000원으로, 1980년 당시 평균 월급(21만 1,043원)의 약 두 배에 달할 정도로 고가품이었다.

냉장고가 식사의 '시간'을 늘려주었다면, 전자레인지는 그 시간을 압축하는 방식으로 또 다른 '속도의 혁명'을 일으켰다. 불을 피우고, 물을 끓이고, 재료를 볶거나 찌는 지난 수천 년간 이어져 온 '조리'의 과정은 이제 버튼 하나로 단축될 수 있었다. 전자레인지의 보급과 함께 패스트푸드 산업이 급성장하면서 편리함과 빠른 공급이 우선시되었고, 식품의 품질과 영양 균형은 점차 뒷전으로 밀려났다. 1970년대 이후 가공식품과 인스턴트식품이 널리 보급되면서 비만, 당뇨병, 심혈관 질환 등 건강 문제가 대두되기도 했다. 마이크로파는 단순히 음식을 데우는 기술이 아니었다. 그것은 부엌의 시간을 지배하고, 요리의 개념 자체를 뒤흔드는 보이지 않는 힘이었다.

1분 30초의 간편식, 사라진 풍경들

전자레인지는 단순한 조리 도구가 아니었다. 그것은 시간의 구조를 뒤흔드는 강력한 엔진이었다. 끓이고, 굽고, 찌고, 볶는 데 걸리던 수십 분, 혹은 몇 시간의 과정은 이제 단 몇 분으로 압축되었다. 냉동실에서 꺼낸 밥은 3분, 레토르트 카레는 2분, 편의점 도시락은 1분 30초. 숫자는 정확했고 결과는 예측이 가능했다. 이 마법 같은 속도 앞에서, 식사를 준비하는 지난한 과정, 재료를 다듬고 불을 조절하며 기다리던 시간, 그리고 그 시간 속에 녹아 있던 정성과 기대감은 설 자리를 잃어갔다.

이 변화는 단순히 부엌 안에서의 일에 그치지 않았다. 식품산업 전체가 전자레인지라는 새로운 플랫폼을 중심으로 재편되기 시작했다. 냉장 기술과 냉동 기술의 발달은 이미 식품의 보존 기간을 늘리고 유통 반경을 넓혀놓았지만, 전자레인지는 그 마지막 단추를 끼웠다. 즉석밥, 냉동만두, 각종 레토르트 파우치 식품, 간편 조리 세트(밀키트), 편의점 도시락 등 오늘날 우리가 '가정간편식HMR: Home Meal Replacement'이라 부르는 거의 모든 제품은 전자레인지 조리를 염두에 두고 개발되었다. 포장지에 적힌 '전자레인지 O분'이라는 표시는 단순한 조리 안내가 아니라, 현대인의 식생활을 규정하는 새로운 표준이 되었다. 식사는 더 이상 재료를 사서, 씻고, 다듬고, 불 위에서 조리하는 일련의 '과정'이 아니었다. 포장을 뜯고, 버튼을 누르고, 기다리는 짧은 '조작'의 결과물이 되었다. '요리하는 식사'는 '데우는 식사'로 빠르게 대체되었다.

전자레인지의 성장과 함께한 밀키트는 과거 바쁜 맞벌이 가정을 위한 편의식의 대명사로 여겨져왔지만 이제는 식문화 자체를 바꾸고 있다. 유튜브에서 요리 유튜버는 밀키트를 활용해 레시피를 소개하고, 인스타그램에는 완성된 플레이팅 사진이 올라온다. 누군가는 그것을 친구에게 추천하고, 또 누군가는 혼밥의 고독을 이겨내기 위해 '밀키트와의 저녁'을 선택한다(유주연, 강승미, 유승철, 2021).

전자레인지와 밀키트는 음식 준비 시간을 절약해주었지만, 그 절약된 시간 속에서 우리는 무엇을 얻고 무엇을 잃었는가? 식탁에 둘러앉아 그날 있었던 일을 두런두런 이야기하며 함께 저녁을 먹던 풍경은 점점 보기 어려워졌다. 각자의 시간에 맞춰 돌아온 가족들은 냉장고에서 각자의 음식을 꺼내 전자레인지에 돌려 제 방으로 가져가거나 TV 앞에서 홀로 끼니를 때웠다. '함께' 요리하고 '함께' 먹는 시간은 파편화되었고, 그 빈자리를 즉각적인 편리함과 개인화된 효율성이 채웠다. 전자레인지의 '띵' 소리는 식사가 준비되었음을 알리는 신호였지만, 동시에 가족 간의 대화가 멈추는 소리이기도 했다.

전자레인지가 단축시킨 것

전자레인지가 약속한 것은 '해방'이었다. 불 앞에서 씨름하고, 끓어 넘칠까 노심초사하고, 설거지거리를 산더미처럼 만들던 그 고된 노동으로

부터의 해방. 특히 여성들에게, 맞벌이 부부에게, 시간에 쫓기는 현대인들에게 전자레인지는 가뭄의 단비와 같았다. 한 시간 걸리던 저녁 준비가 10분으로 줄어들고, 30분 걸리던 점심 식사가 5분 만에 가능해졌다. 기술은 분명 시간을 벌어주었다. 그러나 우리는 그 벌어들인 시간을 어디에 썼는가? 정말 그 속도를 원했던 것은 우리 자신이었을까, 아니면 쉴 틈 없이 돌아가는 사회 시스템이 우리에게 속도 외에는 다른 선택지를 허락하지 않았던 것일까?

효율과 속도를 미덕으로 여기는 사회에서, 전자레인지는 그 요구에 가장 완벽하게 부응하는 기술이었다. 그러나 속도는 필연적으로 무언가를 생략하고 때로는 잘라낸다. 전자레인지가 단축시킨 것은 조리 시간만이 아니었다. 그것은 재료를 고르고 다듬으며 나누던 대화, 음식이 익어가는 동안의 기다림, 식탁에 둘러앉아 서로의 하루를 묻고 답하던 그 '사이'의 시간들이었다. "전자레인지에 돌려 먹어"라는 말은 편리한 해결책이었지만, 동시에 "너의 시간에 맞춰 알아서 해결하라"라는 각자도생의 메시지이기도 했다. 함께 요리하고 함께 식탁을 차리던 공동의 경험은 점점 희미해졌고, 식사는 개인화된 에너지 보충 행위로 축소되었다. 기술은 우리를 노동에서 해방시켰지만, 그 과정에서 관계 맺음의 중요한 기회마저 앗아간 것은 아닐까? 속도의 제단 위에서, 우리는 어쩌면 시간보다 더 소중한 것을 제물로 바치고 있었는지도 모른다.

느림의 미학을 회복하다

전자레인지는 현대 부엌의 풍경을 바꾼 마법 상자였다. 퍼시 스펜서의 우연한 발견에서 시작되어 레이시온의 라다레인지를 거쳐 아마나의 가정용 모델에 이르기까지, 이 기술은 '속도'라는 강력한 무기로 조리의 개념을 재정의했다. 식사는 더 이상 기다림과 정성의 과정이 아니라, 버튼 하나로 해결되는 즉각적인 결과물이 되었다. 우리는 분명 시간을 벌었지만, 그 속도 속에서 식탁의 본질적인 의미, 즉 관계와 소통, 기다림의 즐거움마저 잃어버린 것은 아닐까?

기술을 거스를 수는 없다. 그러나 기술이 설계한 시간에 우리 자신을 온전히 내맡길 필요는 없다. 전자레인지가 음식을 데우는 동안, 우리는 잠시 멈춰 서서 식사의 의미를 되새길 수 있다. 오늘은 조금 더 시간을 내어 직접 장을 보고, 서툴더라도 정성껏 요리하며, 식탁에 둘러앉아 서로의 눈을 맞추고 이야기를 나누는 것. 속도의 시대에 '느림'을 선택하는 것은 단순한 반항이 아니라, 잃어버린 인간적인 시간을 되찾으려는 의지적인 노력이다. 전자레인지의 편리함을 지혜롭게 활용하되, 때로는 기꺼이 불편함을 감수하며 '함께 사는 일'로서의 식사를 회복하는 것. 그것이 속도의 욕망에 잠식당하지 않고, 기술 시대의 식탁에서 다시 주체로 서는 길일 것이다.

키친 알고리즘과 푸드커뮤니케이션

식탁의 새로운 설계자

식탁의 풍경이 다시 한번 요동치고 있다. 냉장고가 시간을 늘리고 전자레인지가 시간을 압축했다면, 이제 알고리즘은 그 시간을 개인에게 맞추어 재단한다. '오늘 무엇을 먹을까?'라는 막연한 질문은 '지금 나에게 가장 필요한 영양소 조합은 무엇인가?'라는 정밀한 계산으로 바뀌고 있다. 그 계산의 주체는 더 이상 인간의 감각이나 경험이 아니다. 데이터와 코드, 인공지능이 식탁의 새로운 설계자로 등장했다.

이것은 푸드테크 연대기의 정점처럼 보인다. 로봇 셰프가 맞춤 레시피대로 요리하고, 3D 푸드 프린터가 영양 균형을 맞춘 음식을 찍어내는 미래. 모든 식사가 나만을 위해 완벽하게 설계되는 세상. 그 완벽한 효율성 속에서, 우리는 무엇을 얻고 무엇을 잃게 될까? 식탁의 마지막 혁명은 기술의 승리인 동시에, 인간성의 새로운 시험대가 될 것이다.

키친 알고리즘, 완벽한 계산과 사라진 욕망

'나만을 위한 식단.' 이보다 더 매혹적인 약속이 있을까? 유전자 정보와 실시간 생체 데이터를 기반으로 AI가 설계한 식단은 영양학적 결핍을 메우고, 임파서블 푸드Impossible Food[12]의 대체육을 활용해서 환경을 보호하는 동시에 잠재적 질병 위험을 낮추며, 최적의 건강 상태를 유지하도록 돕는다. 서제스틱Suggestic[13]이나 잇러브EatLove[14] 같은 플랫폼은 개인의 목표와 선호도까지 반영해 맞춤형 식단과 레시피를 추천하고, 식료품 구매 목록까지 관리해준다. 이론적으로 이것은 완벽한 식사, 즉 오류 없는 영양 섭취 시스템이다. 우리는 더 이상 무엇을 먹을지 고민할 필요 없이, 그저 알고리즘이 제안하는 최적의 선택지를 따르면 된다. 건강은 데이터와 계산의 영역으로 편입되고, 식탁은 효율적인 관리의 대상이 된다.

〈그림 5〉 임파서블 푸드의 광고 이미지[15]

그러나 그 완벽한 계산 속에서 우리는 무엇을 잃어버리는가? 작가라면 아마 데이터가 결코 이해할 수 없는 인간적 '허기'에 대해 물었을 것이다. 비 오는 날 문득 생각나는 뜨끈한 김치찌개, 시험 전날 밤 친구들과 나눠 먹던 라면 한 그릇, 실연의 아픔을 달래주던 달콤한 초콜릿케이크, 이런 음식들은 영양학적 필요가 아니라 마음의 필요, 즉흥적인 감정의 발현이자 위로의 수단이었다. 알고리즘은 과거의 데이터를 기반으로 미래를 예측하지만, 바로 지금 이 순간의 예기치 않은 슬픔이나 기쁨, 문득 떠오르는 기억과 강렬한 욕망까지 읽어내지는 못한다. 맞춤형 식단은 종종 '나에게 좋은 음식'과 '내가 지금 먹고 싶은 음식' 사이의 간극을 무시하거나 억누른다. 건강이라는 목표 아래, 식사는 즐거움과 위안의 원천이기보다 엄격한 자기 관리의 도구가 될 위험이 있다.

비평가의 눈에는 이것이 또 다른 형태의 '획일화'로 보였을지도 모른다. 과거 산업화 시대의 대량생산 식품이 미각의 다양성을 앗아갔다면, 이제 초개인화된 데이터 기반 식단은 감정의 다양성, 선택의 자유를 제약할 수 있다. 알고리즘이 짜준 완벽한 식단 앞에서, 우리는 과연 식사의 주체인가, 아니면 잘 관리되는 객체인가? 나보다 나를 더 잘 아는 식단은 궁극적으로 자유를 확장하는가, 아니면 보이지 않는 통제의 굴레를 씌우는가? 이 질문에 답하지 않고서는 기술이 선사하는 달콤한 약속 뒤에 숨겨진 그림자를 제대로 볼 수 없다.

키친을 이끄는 언어 '푸드커뮤니케이션'

푸드테크의 진화는 눈부시다. 유전자 분석부터 AI 추천, 로봇 조리까지, 기술은 점점 더 정교하게 개인의 몸에 맞춰 식사를 설계한다. 그러나 기술이 아무리 발전해도 채울 수 없는 영역이 있다. 바로 인간의 마음, 기억, 관계의 영역이다. AI는 최적의 영양소를 계산할 수 있지만, 할머니가 끓여주시던 된장찌개에 담긴 따스한 온기나 첫 데이트 때 먹었던 파스타의 설렘까지 데이터로 환산할 수는 없다. 로봇 셰프는 미슐랭 3스타 레시피를 완벽하게 재현할 수 있지만, 친구들과 밤새 이야기하며 먹던 치킨과 맥주의 즐거움을 이해하지는 못한다.

바로 이 지점에서 '푸드커뮤니케이션의 역할'이 중요해진다. 푸드커뮤니케이션은 기술이 제공하는 '정확성'과 인간이 갈망하는 '의미' 사이의 간극을 메우는 다리가 되어야 한다. 단순히 "이 음식이 당신의 유전자에 좋습니다"라고 설명하는 것을 넘어, 그 음식이 개인의 삶과 어떻게 연결될 수 있는지, 어떤 새로운 경험과 이야기를 만들어낼 수 있는지 그 서사를 설계해야 한다. 예를 들어, AI가 추천한 낯선 식재료를 활용한 메뉴를 제안할 때, 단순히 영양학적 이점만 강조하는 것이 아니라 그 식재료가 가진 문화적 배경이나 흥미로운 조리법, 혹은 그 음식을 통해 얻을 수 있는 새로운 미각적 즐거움에 대한 이야기를 함께 전달하는 것이다.

또한 푸드커뮤니케이션은 기술의 언어를 인간의 언어로 번역하고, 때로는 기술에 질문을 던지는 비판적 성찰의 역할도 수행해야 한다. '맞춤형'이라는 이름 아래 행해지는 데이터 수집과 활용의 윤리적 문제, 알고리즘의 추천이 가져올 수 있는 식문화의 편향성, 기술 격차로 인한 소외 문제 등에 대해 목소리를 내야 한다. 기술이 인간을 위한 도구로 남기 위해서는, 기술의 발전 방향을 끊임없이 인간적인 가치에 비추어 점검하고 소통하는 과정이 필수적이다. 푸드커뮤니케이션은 바로 그 공론의 장을 만들고 이끌어가는 역할을 맡아야 한다. 기술의 속도에 인간의 온기를 불어넣는 것, 그것이 미래 식탁 앞에서 푸드커뮤니케이션이 찾아야 할 자리다.

기술에 더하는 감성의 온도

푸드테크 연대기의 마지막 장은 '맞춤'이라는 화두로 귀결된다. 식사는 이제 과학적 관리의 영역이며, 건강은 달성 가능한 목표가 되었다. 그러나 이 눈부신 기술의 진보 앞에서 우리는 마지막 질문을 던져야 한다. 우리는 과연 무엇을 원하는가? 완벽하게 계산된 영양소인가, 아니면 예측 불가능한 삶의 맛인가? 데이터가 보증하는 건강인가, 아니면 마음이 이끄는 위안인가? 기술은 우리에게 '더 나은' 선택지를 제공한다고 말하지만, 그 '더 나은'의 기준은 누가 정하는가? 알고리즘의 추천과 나의 욕망이 충돌할 때, 우리는 무엇을 따라야 하는가?

식탁의 마지막 혁명은 단순히 기술의 문제가 아니다. 그것은 인간의 욕망, 기억, 관계, 그리고 삶의 의미에 대한 근본적인 질문을 던진다. 푸드커뮤니케이션은 바로 이 질문 앞에서 길을 찾아야 한다. 기술이 제시하는 답을 맹목적으로 따르기보다, 그 답이 우리의 삶을 어떻게 바꾸는지 성찰하고 기술과 인간적 가치 사이의 균형점을 모색해야 한다. AI가 설계한 식단에 '나'의 이야기를 불어넣고, 차가운 데이터에 따뜻한 감성의 온도를 더하는 것. 그것이 푸드테크 시대를 살아가는 우리가 식탁의 주체성을 잃지 않는 길이며, 푸드커뮤니케이션이 감당해야 할 마지막 소명일 것이다. 식탁의 미래는 기술의 정밀함이 아니라, 그 기술을 끌어안는 인간의 지혜와 이야기에 달려 있다.

Food Communication

3장

푸드 커뮤니케이션과 푸드테크

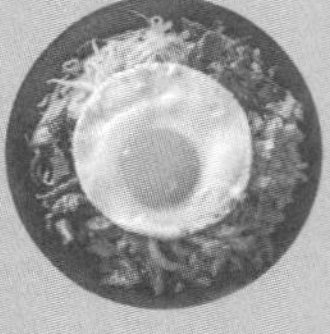

푸드커뮤니케이션이란 무엇인가?

음식은 감각을 넘어선 '의미의 체계'

푸드커뮤니케이션이란 용어는 단순히 식품 정보를 전달하거나 요리법을 공유하는 행위를 훌쩍 뛰어넘는다. 그것은 맛과 향, 질감이라는 감각적 경험을 매개로 해, 인간과 인간 사이, 문화와 문화 사이에서 복잡다단한 의미와 가치, 그리고 감정이 교환되고 해석되는 총체적인 커뮤니케이션 과정이다. 음식을 먹는 행위는 생존을 위한 본능적 필요에서 출발하지만, 인간 사회에서 음식은 그 자체로 하나의 언어, 즉 정교한 기호 체계Semiotic System로 작동한다. 프랑스의 기호학자 롤랑 바르트가 통찰했듯, 음식은 단순한 물질적 존재가 아니라, 사회적 의미를 끊임없이 생산하고 유통시키는 하나의 '신화Myth'이자 '코드Code'다(Barthes, 1972).

이 책에서는 푸드커뮤니케이션을 "셰프와 식객 사이의 대화이자, 생산자와 소비자의 만남이며, 전통과 혁신의 대화이고, 지역과 세계를 잇는 다리"라고 정의하려고 한다. 이 정의는 푸드커뮤니케이션이 단순히 '무엇을 먹는가'의 문제를 넘어, '그 음식이 무엇을 말하는가'의 문제, 즉 음식에 담긴 상징과 서사를 해독하고 소통하는 행위임을 암시한다. 예를 들어, 명절에 온 가족이 모여 특정 음식을 나누는 것은 단순한 식사를 넘어 가족의 유대, 전통의 계승이라는 의미를 전달하는 의례적 커뮤니케이션이다. 값비싼 레스토랑의 정찬 메뉴는 음식 자체의 맛뿐만 아니라 사회적 지위, 세련된 취향, 특별한 경험이라는 기호를 소비하는 행위와 연결된다. 심지어 스테이크나 바비큐는 종종 남성성과, 샐러드나 디저트는 여성성과 연결되는 젠더화된 코드처럼, 음식은 보이지 않는 사회적 규범과 정체성을 반영하고 강화하는 기호로 작용하기도 한다(Stajcic, 2013).

클로드 레비스트로스Claude Lévi-Strauss가 신화 분석에서 구조적 이항 대립을 발견했듯, 음식의 세계 역시 날것과 익힌 것, 단맛과 쓴맛, 일상식과 축제식 등 다양한 이항 대립적 코드들을 통해 문화적 의미를 구조화한다. 따라서 푸드커뮤니케이션을 이해하는 것은, 음식이라는 감각적 대상 뒤에 숨겨진 복잡한 문화적 문법과 사회적 맥락을 읽어내는 '인문학적 독해 행위'와 다르지 않다. 음식은 생물학적 필요를 충족시키는 영양소의 집합이기 이전에, 우리의 정체성과 관계, 그리고 세계를 이해하는 방식을 형성하는 강력한 문화적 텍스트인 것이다.

이러한 인문학적 독해의 관점에서 보면, '원산지 표시'도 단순한 정보 전달이 아니라, 사회적 의미를 부여받는 상징체계의 일부다. 원산지 표시는 본래 법적 제도다. 2008년 쌀과 소고기부터 시작된 음식점 원산지 표시제는 2013년 이후 모든 음식점으로 확대되었고, 돼지고기·닭고기·배추김치뿐 아니라 오징어·꽃게·참조기·콩 제품류까지 적용 대상이 넓어졌다. 제도는 충실히 확장되어왔지만, 정보를 '보는' 소비자와 '이해하는' 소비자 사이에는 여전히 간극이 크다.

소비자는 원산지 표기를 통해 단지 식재료의 출처를 아는 것이 아니라, 그 식품이 가진 윤리성, 지역성, 신뢰성, 그리고 문화적 정체성을 해석한다. 이때 정보는 감각적 기호인 동시에 사회적 약속과 정서적 언어가 된다. 상명대학교 홍완수 교수팀의 연구(Nam, Ju, & Hong, 2018)는 바로 이 지점에서 의미 해독의 단절을 지적한다. 원산지 표시를 가장 중요하게 생각한다고 답한 소비자는 35.8%에 달했지만, 실제 지식 점수는 평균 6.3점에 불과했다. 이는 정보가 존재함에도 해석되지 않고, 신뢰받기 위해 제시되었지만 외려 혼란을 유발하는 커뮤니케이션의 역설을 드러낸다.

푸드커뮤니케이션은 이 '간극을 메우는 작업'이다. 음식이 감각을 넘어 기호적 질서와 문화적 문법의 일부라면, 원산지 정보 역시 단순한 표시가 아닌 설명되어야 할 의미다. 소비자가 그것을 '읽을 수 있도록' 돕는 것, 즉 푸드 리터러시를 높이는 교육과 설명이야말로 21세기 식문화 커뮤니케이션의 핵심 과제다.

푸드 미디어타이제이션과 디지털 식탁의 풍경

21세기에 들어서면서 푸드커뮤니케이션의 지형도는 디지털 기술과 미디어 플랫폼의 부상으로 인해 근본적으로 재편되었다. 음식은 더 이상 특정한 장소에서의 직접적인 감각 경험에만 머무르지 않는다. 오히려 음식은 텔레비전, 영화, 잡지를 넘어 유튜브, 인스타그램, 틱톡과 같은 디지털 미디어를 통해 끊임없이 생산되고, 매혹적으로 재현되며, 광범위하게 유통되는 핵심적인 미디어 콘텐츠로 자리 잡았다. 이는 단순한 음식 정보의 확산을 넘어, 미디어의 논리Media Logic가 음식과 관련된 우리의 인식, 행동, 그리고 사회적 상호작용 방식 자체를 깊숙이 구조화하는 현상, 즉 '푸드 미디어타이제이션Food Mediatization'으로 설명될 수 있다(Couldry & Hepp, 2017).

푸드 미디어타이제이션의 세 가지 층위—① 메시지 전달 수단, ② 미디어 소비 대상, ③ 사회적 실천 유도 플랫폼—는 이러한 변화를 잘 보여준다. 첫째, 음식은 그 자체로 강력한 시각적, 서사적 메시지를 전달하는 미디어 텍스트가 되었다. 먹음직스럽게 클로즈업된 음식 이미지(이른바 '푸드 포르노'[1]), 유명 셰프의 화려한 요리 시연, 혹은 평범한 사람들의 소박한 집밥 영상은 각각 다른 메시지—감각적 쾌락, 전문성, 일상의 진정성—를 전달하며 시청자의 욕망과 감정을 자극한다. 둘째, 이러한 음식 콘텐츠는 TV 프로그램, 온라인 동영상, 소셜 미디어 피드를 통해 일상적으로 소비되며, 엔터테인먼트와 정보 습득의 중요한 부분을 차지한다. 넷플릭스의 음식 다큐멘터리 시리즈나 유튜브의 '먹방Mukbang'(먹는 방송)[2]과 '쿡방' 채널은 푸드 콘텐츠Food Content가 어떻게 독립적인 미디어 장르로 진화했는지를 보여주는 대표적인 사례다. 셋째, 디지털 플랫폼은 단순히 음식 콘텐츠를 소비하는 것을 넘어, '좋아요'를 누르고, 댓글을 달고, 레시피를 공유하고, 직접 만든 음식을 촬영해 '#먹스타그램#EatingfortheInsta' 해시태그와 함께 게시하는 등 적극적인 사회적 상호작용과 실천을 유도한다. 이 과정에서 음식은 단순한 소비 대상이 아니라, 디지털 공간에서 자신의 정체성을 표현하고 타인과 관계를 맺는 중요한 매개체, 즉 '디지털 정체성의 구성 요소'가 된다. 이제 "무엇을 먹느냐"는 질문은 종종 "그것을 어떻게 보여주고, 누구와 공유하며, 어떤 반응을 얻는가"라는 디지털 커뮤니케이션의 문법 속에서 그 의미가 재구성된다(van der Zee &

van Erp, 2021).

그러나 이러한 푸드 미디어타이제이션 현상은 긍정적인 측면만 있는 것은 아니다. 알고리즘에 의해 개인화된 콘텐츠 추천 시스템은 사용자의 기존 선호도를 강화하고 새로운 정보에 대한 노출을 제한하는 '필터 버블Filter Bubble' 현상을 심화시켜 식문화 다양성을 저해할 수 있다. 또한 소셜 미디어에 전시되는 완벽하고 이상화된 음식 이미지는 현실과의 괴리를 낳고, 음식에 대한 과도한 집착이나 왜곡된 인식을 조장할 위험도 내포한다. 푸드커뮤니케이션 연구는 이러한 디지털 미디어 환경의 복잡성과 양면성을 비판적으로 성찰하며, 미디어화된 음식이 우리의 식생활과 사회적 관계에 미치는 다층적인 영향을 심층적으로 분석해야 하는 과제를 안고 있다.

푸드커뮤니케이션의 확장된 영토

푸드커뮤니케이션의 영향력은 개인의 식탁이나 디지털 미디어 공간에만 국한되지 않는다. 그것은 훨씬 더 넓은 영토, 즉 브랜드의 정체성을 구축하고, 국가의 이미지를 형성하며, 지역 공동체의 활력을 불어넣는 강력한 전략적 언어로 기능한다. 음식이 단순한 상품이나 외교적 수사를 넘어, 감각적 경험과 문화적 서사를 통해 사람들의 마음을 움직이고 사회적 관계를 재구성하는 힘을 지니기 때문이다.

첫째, 브랜드 커뮤니케이션 영역에서 음식은 더 이상 제품의 기능적 속성만을 전달하는 수단이 아니다. 코카콜라[3]가 '행복'과 '나눔'의 이미지를, 맥도날드가 '가족'과 '즐거움'의 경험을 끊임없이 이야기하듯, 식품 브랜드들은 자사의 제품을 특정한 감성, 가치, 라이프스타일과 연결시키는 정교한 스토리텔링 전략을 구사한다. 맛과 향, 시각적 디자인 등 감각적 요소를 활용한 '감각 브랜딩Sensory Branding'은 소비자의 무의식에 직접 호소하며 강력한 브랜드 연상을 구축한다. 나아가 최근에는 환경 문제, 윤리적 생산, 지역사회 공헌 등 사회적 가치CSR: Corporate Social Responsibility와 연계된 푸드커뮤니케이션이 중요해지고 있다. 이는 소비자들이 단순히 제품을 구매하는 것을 넘어, 브랜드가 추구하는 가치에 동참하고 지지하는 '가치 소비' 경향을 반영한다. 로컬푸드 브랜드가 지역 농가와의 상생 스토리를 강조하거나, 공정무역 인증 커피 브랜드가 생산자의 인권 보호 메시지를 전달하는 것은 푸드커뮤니케이션이 어떻게 신뢰를 구축하고 브랜드 충성도를 높이는지를 보여주는 사례다.

둘째, 국가 및 문화외교의 장에서 푸드커뮤니케이션은 '소프트 파워Soft Power'를 증진시키는 핵심 도구, 이른바 '가스트로디플로마시Gastrodiplomacy'로 주목받고 있다. 이는 음식을 매개로 타국 대중의 마음을 사로잡고 국가 이미지를 긍정적으로 형성하려는 전략적 공공외교 활동을 의미한다(Rockower, 2012). 태국 정부의 'Global Thai' 캠페인이나 페루의 'Cocina Peruana para el Mundo' 프로젝트는 자국의 음식을 세계에 알리고 문화적 매력을 높이려는 성공적인 가스트로디플로마시 사례로 꼽힌다. 원본 문서에서 언급된 K-푸드의 세계적 확산 역시 이러한 맥락에서 이해할 수 있다. K-드라마, K-팝 등 한류 콘텐츠와 결합된 K-푸드는 단순히 음식을 넘어 한국의 문화적 정체성과 라이프스타일을 상징하는 '디지털 민속학'의 소재가 되며, 국제 사회에서 한국의 인지도와 호감도를 높이는 데 기여한다. 음식은 정치적, 경제적 갈등을 우회해 문화적 공감대를 형성하고 상호 이해를 증진시키는 효과적인 외교적 언어가 될 수 있는 것이다.

셋째, 푸드커뮤니케이션은 지역 공동체의 회복과 지속가능성을 위한 중요한 동력이 된다. 슬로푸드 운동Slow Food Movement이나 로컬푸드 운동Local Food Movement은 단순히 건강한 먹거리를 넘어서, 지역 농업을 살리고 전통 식문화를 보존하며 생산자와 소비자 간의 신뢰 관계를 회복하려는 사회적 운동이다. 이러한 운동에서 푸드커뮤니케이션은 공동의 가치를 공유하고 참여를 독려하며 연대감을 형성하는 핵심적인 역할을 수행한다. 도시 농업 프로젝트, 공동체 지원 농업CSA: Community Supported Agriculture, 지역 식재료를 활용하는 사회적 기업이나 협동조합 등은 음식을 매개로 단절된 사회적 관계를 복원하고, 지역 경제에 활력을 불어넣으며, 지속 가능한 삶의 방식을 모색하는 대안적 푸드 시스템을 구축하려는 시도다. 여기서 푸드커뮤니케이션은 정보 전달뿐 아니라, 공감과 참여, 협력과 돌봄을 이끌어내는 공동체적 언어로서 그 의미를 확장한다.

다학제적 학문인 푸드커뮤니케이션

푸드커뮤니케이션은 더 이상 특정 분야에 국한된 실용적 기술이나 일시적 유행이 아니다. 그것은 인간의 가장 기본적인 행위인 '먹는 것'을 둘러싼 복잡한 의미 작용과 사회문화적 현상을 탐구하는 독자적인 학문 영역으로 확고히 자리 잡고 있다. 이 학문은 태생적으로 경계를 넘나드는 다학제적Interdisciplinary 성격을 띤다. 음식이 지닌 감각적 속성, 상징적 의미, 사회적 기능, 미디어 재현 방식, 그리고 윤리적·정치적 함의까지 포괄하기 위해서는 단일 학문의 렌즈만으로는 부족하기 때문이다. 푸드커뮤니케이션은 인문학, 사회과학, 그리고 때로는 자연과학의 통찰까지 융합하며 그 지적 영토를 확장하고 있다.

첫째, 푸드커뮤니케이션은 '감각의 인문학'이다. 음식은 언어 이전의 감각, 즉 미각, 후각, 시각, 촉각을 통해 직접적으로 우리의 감정과 기억을 자극한다. 맛있는 음식 앞에서 느끼는 즐거움, 특정 향기가 불러일으키는 아련한 추억, 아름다운 플레이팅이 주는 시각적 만족감 등은 언어로 완전히 포착되기 어려운 복합적인 감각 경험이다. 푸드커뮤니케이션은 이러한 감각적 차원이 어떻게 의미를 생성하고 소통되는지를 탐구하며, 철학(미학, 현상학), 문학, 역사학 등 인문학적 사유와 만난다. 음식을 통해 인간의 경험 세계를 더 깊이 이해하려는 시도인 것이다.

둘째, 푸드커뮤니케이션은 '문화의 인터페이스'로서 사회과학적 분석의 대상이 된다. 앞서 살펴보았듯이 음식은 사회적 관계를 맺고, 문화적 정체성을 표현하며, 권력 관계를 드러내는 중요한 매개체다. 사회학, 인류학, 미디어 커뮤니케이션학은 푸드커뮤니케이션이 이루어지는 사회적 맥락, 문화적 관습, 미디어 환경을 분석하는 데 중요한 이론적 틀을 제공한다. 특히 디지털 미디어 시대의 푸드 미디어타이제이션 현상은 미디어 효과 이론, 수용자 연구, 플랫폼 연구 등 커뮤니케이션학의 핵심적인 연구 주제와 직접적으로 연결된다. 또한 음식 생산, 유통, 소비 과정에 얽힌 정치경제학적 문제, 음식과 관련된 사회 운동 및 정책 결정 과정 등은 정치학, 경제학, 정책학의 분석 대상이 되기도 한다.

셋째, 푸드커뮤니케이션은 식품학, 영양학 등 자연과학과의 접점도 가진다. 건강 정보, 식품 안전, 영양 성분 등 과학적 사실에 기반한 정보 전달은 푸드커뮤니케이션의 중요한 영역 중 하나다. 특히 건강 커뮤니케이션Health Communication 분야에서는 어떻게 하면 대중에게 정확하고 효과적으로 건강 및 영양 정보를 전달해 건강한 식습관 형성을 도울 수 있는지가 주요 연구 과제로 다뤄진다. 또한 최근 부상하는 지속가능성Sustainability 담론 안에서 푸드커뮤니케이션은 환경 문제, 기후 변화, 식량 안보 등 지구적 과제와 연결되며 생태학, 환경학과의 대화를 요구받고 있다(Godemann & Bartelmeß, 2017). 『*Food, Culture & Society*』와 같은 저명한 국제 학술지는 이러한 다학제적 연구 성과를 공유하고 학문적 논의를 심화시키는 중요한 플랫폼 역할을 하고 있다.

결국 푸드커뮤니케이션은 인간과 음식, 그리고 사회를 연결하는 다층적인 현상을 이해하기 위한 통합적 학문 분야다. 푸드커뮤니케이션의 미래는 "기술과 인문학, 글로벌과 로컬, 전통과 혁신, 개인과 공동체 사이의 창의적 균형과 대화 속에서 형성될 것"이며, 이는 곧 이 학문이 지닌 본질적인 다학제성과 개방성을 반영하는 것이다.

미래 식탁의 언어 '푸드커뮤니케이션'

푸드커뮤니케이션은 더 이상 주변적인 현상이나 단순한 정보 전달의 문제가 아니다. 롤랑 바르트가 간파했듯, 음식이 작동하는 방식 자체, 즉 감각적 경험을 넘어 사회적 의미와 문화적 코드를 생성하고 교환하는 복잡한 기호 체계에 대한 탐구다. 오늘날 디지털 미디어 환경은 이러한 소통 방식을 더욱 가속화하고 변형시키며, 이른바 '푸드 미디어타이제이션' 현상을 통해 음식을 단순한 생존 수단에서 정체성 표현, 감정 공유, 사회적 상호작용의 핵심 매개체로 격상시켰다. 우리는 이제 '무엇을 먹었는가' 만큼이나, 혹은 그 이상으로 '그것을 어떻게 보여주고, 누구와 공유하며, 어떤 의미를 부여했는가'를 통해 식사와 삶의 관계를 재구성하고 있다.

더 나아가 푸드커뮤니케이션은 브랜드의 감성적 가치Emotional Value를 창출하고, 국가의 문화적 매력을 알리는 가스트로디플로마시의 도구가 되며, 나아가 지역 공동체의 지속가능성과 사회적 연대를 강화하는 실천적 언어로 기능한다. 이는 푸드커뮤니케이션이 단순한 미식 담론을 넘어, 경제, 정치, 사회, 문화를 아우르는 광범위한 영향력을 지니고 있음을 보여준다. 이러한 다층적 현상을 이해하기 위해 푸드커뮤니케이션은 인문학적 성찰, 사회과학적 분석, 그리고 때로는 자연과학적 지식까지 통합하는 다학제적 학문으로 발전하고 있다. 그것은 식탁 위에 펼쳐진 작은 우주를 해독하는 사회학이자, 브랜드의 이야기를 감각적으로 엮어내는 브랜딩 전략이며, 기술과 인간성 사이의 균형을 묻는 철학적 질문이기도 하다.

푸드테크가 주도하는 미래 사회에서 푸드커뮤니케이션의 역할은 더욱 중요해질 것이다. 인공지능 기반의 맞춤형 식단, 지속 가능한 식량 시스템 구축, 글로벌 식문화 교류의 심화 등 새로운 기술적, 사회적 변화 속에서 음식과 인간, 음식과 사회의 관계는 끊임없이 재정의될 것이기 때문이다. 이러한 변화의 중심에서 푸드커뮤니케이션은 기술의 언어를 인간의 경험으로 번역하고, 다양한 가치들이 충돌하고 조화를 이루는 공론장을 형성하며, 궁극적으로 더 건강하고 의미 있으며 지속 가능한 식문화를 만들어가는 데 기여해야 할 것이다. 푸드커뮤니케이션은 과거의 기억과 현재의 경험, 그리고 미래의 가능성을 연결하는, 우리 시대 가장 인간적이면서도 역동적인 문화적 언어다.

레시피는 기억인가, 데이터인가?

디지털 푸드 시대, 맛은 데이터가 될 수 있는가?

푸드테크의 눈부신 발전은 인류의 오랜 숙제였던 '맛'을 정량화 가능한 데이터의 영역으로 끌어들였다. 염도, 당도, 산도, 감칠맛 같은 기본 미각 요소는 물론, 음식의 질감Texture, 씹힘의 정도Chewiness, 입안에서의 온도 변화 곡선, 심지어 특정 향 분자의 농도까지, 이 모든 감각 정보는 정교한 센서와 인공지능AI 기반의 조리 로직을 통해 객관적인 수치로 변환된다. 알고리즘은 이 방대한 데이터를 분석해 개인의 선호도나 특정 요리의 표준에 맞는 최적의 '맛 프로파일Taste Profile'을 설계하고 재현하려 시도한다. 마치 음악의 악보처럼, 맛의 구성 요소를 분해하고 조합해 예측 가능한 결과물을 만들어내려는 야심 찬 기획이다. 이는 맛을 과학적 분석과 통제의 대상으로 삼으려는 환원주의적 접근의 정점이라 할 수 있다.

인간에게 맛은 결코 혀끝의 화학적 반응이나 물리적 감각의 총합으로 환원될 수 없는 복합적 경험이다. 저명한 감각 마케팅 연구자인 아라드나 크리슈나Aradhna Krishna가 지적했듯, 인간의 지각은 단일 감각이 아닌

'다감각적Multisensory 상호작용'의 결과물이다(Krishna, 2012). 우리는 음식을 맛볼 때 미각뿐 아니라 후각, 시각, 청각(씹는 소리 등), 촉각(입안의 질감, 온도) 등 모든 감각을 동원한다. 이 감각 정보들은 서로 영향을 주고받으며 통합적인 '맛 경험'을 형성한다(Spence, 2015). 더욱 중요한 것은, 이 감각 경험이 단순히 현재의 자극에 대한 반응에 그치지 않고, 과거의 기억, 현재의 감정 상태, 그리고 음식을 둘러싼 사회문화적 맥락과 불가분하게 얽혀 있다는 점이다. 푸드테크가 아무리 정교한 센서로 맛의 물리화학적 속성을 측정하고 AI가 최적의 조합을 찾아낸다 한들, 그것이 특정 개인에게 '왜 의미 있는 맛'으로 다가오는지, 그 맛이 어떤 기억과 감정을 불러일으키는지에 대한 주관적이고 맥락적인 층위는 여전히 기술적 재현의 범위를 벗어난다.

디지털 푸드 시대의 맛은 과학적 환원주의와 총체적 인간 경험 사이의 긴장 관계 위에 놓여 있다. 기술은 맛의 '구성 요소'를 분석하고 복제하는 데 점점 더 능숙해지고 있지만, 맛의 '의미'와 '경험의 질'은 여전히 데이터로 완전히 포착하거나 설계하기 어려운 영역으로 남아 있다. 염도 1.2%, 감칠맛 지수 85점짜리 국물이 기술적으로 완벽하게 재현된다 해도, 그것이 어린 시절 할머니가 끓여주시던 된장찌개의 깊은 맛과 따스한 기억까지 담아낼 수는 없는 것이다. 따라서 맛을 데이터로 환원하려는 시도는 필연적으로 인간 경험의 풍부함과 복잡성을 단순화할 위험을 안고 있으며, 이는 푸드테크가 앞으로 나아가야 할 방향에 대한 근본적인 질문을 던진다. 맛의 과학화는 어디까지 가능하며, 그 과정에서 우리는 무엇을 얻고 무엇을 잃게 될 것인가?

신경과학이 밝히는 맛과 추억의 연결고리

인간에게 맛과 냄새가 유독 강렬한 기억과 감정을 불러일으키는 이유는 단순한 심리적 현상이 아니다. 이는 우리 뇌의 구조적 특성에 깊이 뿌리내리고 있다. 신경과학 연구에 따르면, 후각과 미각 정보는 다른 감각(시각, 청각 등)과는 달리 뇌의 변연계, 특히 기억 형성에 핵심적인 역할을 하는 해마와 감정 처리를 담당하는 편도체로 직접 전달되는 독특한 신경 경로를 가진다(Herz & Engen, 1996; Gottfried, 2010). 시각이나 청각 정보가 주로 이성적 판단을 담당하는 신피질을 먼저 거치는 것과 대조적으로, 맛과 냄새는 우리의 가장 원초적인 기억 및 감정 중추와 곧바로 연결되어 있는 것이다. 이것이 바로 특정 음식의 맛이나 냄새가 마치 타임캡슐처럼 과거의 특정 순간, 장소, 감정을 생생하게 소환하는 강력한 힘, 이른바 '프루스트 효과Proust Effect'의 신경학적 기반이다(Chu & Downes, 2000). 프랑스 작가 마르셀 프루스트가 쓴 『잃어버린 시간을 찾아서』의 화자가 마들렌 과자를 홍차에 적셔 먹는 순간 어린 시절의 기억이 통째로 되살아났던 것처럼, 맛과 냄새는 논리적 사고를 건너뛰고 우리의 가장 깊은 감정과 기억의 저장고를 직접 두드린다.

이러한 맛-기억-감정의 강력한 연결고리는 마케팅 분야, 특히 '향기 마케팅Scent Marketing' 또는 '감각 마케팅Sensory Marketing'에서 오랫동안 주목하고 활용해온 원리다. 예를 들어, 글로벌 디저트 카페 브랜드인 시나본Cinnabon[4] 매장에서 풍기는 달콤하고 따뜻한 계피 향은 단순히 후각적 즐거움을 넘어 고객의 매장 체류 시간을 늘리고 충동구매를 유도하는 효과가 있음이 알려져 있다. 의류 브랜드 아베크롬비 앤 피치Abercrombie & Fitch[5]는 특유의 강한 향수를 매장 전체에 분사해 젊고 활기찬 브랜드 이미지를 각인시키려 했으며, 싱가포르 항공Singapore Airlines[6]은 '스테판 플로리디안 워터스Stefan Floridian Waters'라는 고유의 향을 기내와 승무원 향수, 물수건 등에 사용해 고급스럽고 일관된 브랜드 경험을 제공한다.[7] 이러한 전략들은 냄새가 소비자의 감정과 기억에 직접 작용해 무의식적인 브랜드 선호도와 충성도를 형성할 수 있다는 실증적 연구 결과들에 의해 뒷받침된다(Spangenberg et al., 1996; Morrin & Ratneshwar, 2003). 즉, 성공적인 푸드 브랜드들은 미각을 단순히 혀끝의 쾌락으로 취급하는 것이 아니라, 소비자의 기억 속에 긍정적인 감정과 함께 각인될 수 있는 강력한 '경험의 단서Experiential Cue'로 전략적으로 활용하는 것이다.

결국 맛과 냄새는 시간이 흘러도 퇴색되지 않고 다시 호출될 수 있는 강력한 '감정적 언어Emotional Language'다. 우리가 어떤 음식을 '맛있다'라고 기억하는 것은 단순히 그 음식의 물리화학적 속성에 대한 평가가 아니라, 그 음식을 경험했던 순간의 분위기, 함께했던 사람, 느꼈던 감정 등 총체적인 삶의 맥락 속에서 이루어지는 복합적인 의미 부여 과정이다. 따라서 푸드테크가 아무리 맛의 객관적 재현에 성공한다 하더라도, 이처럼 깊숙이 각인된 개인적이고 감정적인 기억의 영역까지 완벽하게 복제하거나 대체하기는 어려울 것이다. 맛은 단순한 감각 데이터를 넘어, 우리 삶의 이야기를 담는 그릇이기 때문이다.

브랜드가 추억을 설계하려는 이유

맛과 기억, 감정의 강력한 연결고리를 이해한 브랜드들은 더 이상 제품의 기능적 속성만을 강조하지 않는다. 대신 소비자의 감각을 통해 긍정적이고 기억에 남는 '브랜드 경험Brand Experience'을 창출하는 데 집중한다. 브랜드 경험이란 소비자가 브랜드와 상호작용하는 과정에서 느끼는 주관적인 내적 반응과 감각적 인상의 총체로 정의되며(Schmitt, 1999; Brakus et al., 2009), 이는 브랜드 이미지와 충성도 형성에 결정적인 영향을 미친다. 특히 음식과 관련된 브랜드에게 '감각 브랜딩Sensory Branding'은 핵심 전략이 된다. 이는 시각, 청각, 후각, 미각, 촉각 등 오감을 자극하는 요소를 의도적으로 설계해 브랜드의 정체성을 전달하고 소비자와의 감성적 유대를 강화하는 접근법이다(Hultén, 2011). 단순히 맛있는 음식을 제공하는 것을 넘어, 그 맛이 특별한 경험과 긍정적인 기억으로 연결되도록 총체적인 감각 환경을 디자인하는 것이다.

성공적인 감각 브랜딩 사례는 우리 주변에서 쉽게 찾아볼 수 있다. 스타벅스Starbucks[8]는 단순히 커피를 파는 곳이 아니라, 특유의 원두 향, 편안한 음악, 부드러운 조명, 아늑한 인테리어 등 오감을 만족시키는 '제3의 공간Third Place' 경험을 제공함으로써 강력한 브랜드 충성도를 구축했다. 소비자는 스타벅스에서 커피 맛뿐만 아니라 그 공간이 주는 특유의 분위기와 감성적 경험 전체를 소비하고 기억한다. 앞서 언급된 싱가포르 항공의 시그니처 향인 스테판 플로리디안 워터스는 후각을 통해 고급스러움과 편안함이라는 브랜드 가치를 일관되게 전달하며, 특정 고급 초콜릿 브랜드가 사용하는 독특한 포장재의 질감이나 개봉 시 나는 소리 역시 촉각과 청각을 자극해 브랜드 경험을 풍부하게 만들고 기억에 남도록 돕는다. 이러한 브랜드들은 맛이나 향, 질감 같은 감각적 단서가 단순히 제품의 특징을 넘어, 브랜드와의 특별한 만남, 특정 공간, 즐거웠던 순간과 결합해 개인적인 애착이 담긴 '브랜드 기억Brand Memory'으로 진화한다는 사실을 잘 알고 이용한 것이다.

"소비자는 머리로 판단하지 않고 몸으로 기억한다"는 명제는 이러한 브랜드 전략의 핵심을 꿰뚫는다. 이는 단순히 비유적인 표현이 아니라, '체화된 인지Embodied Cognition'라는 인지과학 이론과도 맥을 같이 한다. 체화된 인지 이론은 인간의 인지 과정이 단순히 뇌 속의 추상적인 정보 처리가 아니라, 신체적 감각과 경험, 그리고 환경과의 상호작용을 통해 형성된다고 본다(Krishna, 2012). 즉, 소비자는 제품 정보를 이성적으로 분석하고 평가하기보다 제품을 사용하거나 브랜드와 상호작용하면서 느꼈던 감각적 경험과 그로 인해 유발된 감정을 몸으로 기억하고, 이것이 이후의 구매 결정이나 브랜드 태도에 더 큰 영향을 미친다는 것이다. 맛을 통해 형성된 즐겁고 인상적인 감정 기억은 논리적인 설득보다 훨씬 강력하게 브랜드에 대한 긍정적인 태도와 충성도를 유발한다.

결국 푸드커뮤니케이션은 단순히 제품 정보를 전달하거나 광고 메시지를 만드는 것을 넘어선다. 그것은 감각을 정보 전달의 수단이 아닌, 감정과 이야기, 그리고 기억을 연결하는 '접속점Interface'으로 재구성하는 섬세한 설계 기술이다. 브랜드가 소비자의 마음속에 오랫동안 기억될 수 있을지는 단순히 '맛의 객관적인 품질'에 달려 있는 것이 아니라, '그 맛의 경험이 얼마나 기억할 만한 감각적 서사Sensory Narrative로 구성되었는가'라는 질문에 의해 결정된다. 푸드커뮤니케이션은 바로 이 감각적 서사를 기획하고, 소비자의 기억 속에 긍정적인 흔적을 남길 수 있는 '기억 유발 요인Memory Trigger'을 전략적으로 배치하는 역할을 수행하는 것이다.

기억은 맥락이다: AI의 맛 재현과 인간 경험의 간극

인공지능AI과 푸드테크의 발전은 맛의 객관적 재현 가능성을 놀라운 수준으로 끌어올렸다. 특정 레시피의 맛 프로파일을 데이터로 분석하고, 로봇 팔이 정확한 양의 재료를 투입하며, 센서가 조리 과정을 실시간으로 모니터링해 일관된 결과물을 만들어내는 것은 더 이상 공상과학 소설 속 이야기가 아니다. AI는 방대한 데이터를 학습해 특정 소비자가 선호할 만한 맛 조합을 예측하거나, 특정 요리의 '표준적인 맛'을 오차 없이 구현해 낼 수 있다. 기술은 분명 맛의 '정확성'과 '일관성' 측면에서 인간의 능력을 뛰어넘는 잠재력을 보여준다. 그러나 여기서 우리는 중요한 질문에 봉착한다. 기술적으로 완벽하게 재현된 '맛있는' 맛이, 과연 인간에게 '잊지 못할' 경험과 동일시될 수 있는가?

문제는 '맛있다'는 평가가 종종 객관적인 감각 데이터의 합으로 설명될 수 있는 반면, '잊지 못할'이라는 기억의 강도는 지극히 주관적이고 맥락 의존적이라는 데 있다. AI가 아무리 정교하게 맛의 구성 요소를 분석하고 재현한다 해도, 그 맛이 우리 기억 속에 특별한 의미로 자리 잡는 과정에는 기술이 포착하기 어려운 무수한 변수들이 개입한다. 음식 인류학자 데이비드 서튼David Sutton이 그의 저서 『식사에 대한 기억*Remembrance of Repasts*』에서 탐구했듯이, 음식과 관련된 기억은 단순히 맛 자체에 대한 기억이 아니라, 그 음식을 둘러싼 사회적, 문화적, 개인적 맥락과 떼려야 뗄 수 없이 연결되어 있다(Sutton, 2001). 누가 그 음식을 만들어주었는가(어머니의 손맛, 연인의 정성), 언제, 어떤 상황에서 먹었는가(특별한 기념일, 위로가 필요했던 순간), 누구와 함께 나누었는가(가족과의 식사, 친구들과의 파티)와 같은 맥락적 요소들은 맛 경험에 깊은 의미와 감정적 색채를 부여하며, 이를 독특하고 잊을 수 없는 기억으로 만든다. 프랑스 사회학자 클로드 피슐러Claude Fischler 역시 음식이 단순한 영양 공급원을 넘어 사회적 관계를 형성하고 정체성을 표현하는 중요한 매개체임을 강조하며, 음식 경험의 사회문화적 맥락을 이해하는 것의 중요성을 역설했다(Fischler, 1988).

더 나아가, 음식 경험에서 중요한 가치 중 하나인 '진정성Authenticity'의 문제 역시 기술적 재현의 한계를 드러낸다. 기술은 특정 지역의 전통 음식 맛을 완벽하게 모방할 수 있을지 모른다. 그러나 소비자들이 그 음식에서 찾는 진정성은 단순히 맛의 정확한 복제를 넘어, 그 음식이 만들어진 역사적 배경, 장인의 손길, 특정 장소의 분위기, 그리고 그 음식을 둘러싼 이야기와 같은 무형의 요소들과 결합되어 있다. 아무리 기술이 발전해 3D 푸드 프린터가 완벽한 모양과 질감의 전통 과자를 만들어낸다 해도, 그것이 오랜 시간과 정성으로 만들어진 장인의 작품과 동일한 '진정성'을 지닌다고 느끼기는 어렵다. 기술은 감각적 '표현형Phenotype'을 모방할 수는 있지만, 그 안에 담긴 역사성, 문화적 의미, 인간적인 손길과 같은 '유전자형Genotype'까지 복제하기는 어렵기 때문이다.

결국 AI와 푸드테크가 아무리 발전한다 해도, 기술적 정확성과 인간적 의미 사이에는 간극이 존재할 수밖에 없다. 기술은 맛의 재현 가능성을 높이지만, 기억을 새기고 의미를 부여하는 경험의 질감은 여전히 예측 불가능하고 정량화하기 어려운 인간 고유의 영역으로 남아 있다. 이것이 바로 푸드커뮤니케이션이 단순한 제품 정보 전달이나 광고를 넘어서야 하는 이유다. 푸드커뮤니케이션은 기술이 놓치고 있는 이 간극을 인식하고, 객관적인 맛 데이터를 넘어서 소비자의 기억과 감정에 호소할 수 있는 '감각적 서사'와 '의미 있는 맥락Meaningful Context'을 설계하는 역할을 수행해야 한다. 기술의 정확성에 인간적인 따뜻함과 이야기의 깊이를 더하는 것, 그것이 바로 푸드테크 시대에 푸드커뮤니케이션이 추구해야 할 방향이다.

추억도 기획될 수 있는가?

푸드테크가 주도하는 새로운 시대, 맛은 그 어느 때보다 정교하게 분석되고 치밀하게 설계되고 있다. 센서는 미각과 후각의 미세한 차이를 포착하고, AI는 최적의 맛 조합을 계산하며, 로봇은 일관된 결과물을 만들어낸다. 맛의 '구성 요소'를 과학적으로 해체하고 재조립하는 기술은 분명 눈부신 발전을 거듭하고 있다. 그러나 이 과정에서 우리는 근본적인 질문과 마주하게 된다. 과학적으로 완벽하게 설계된 맛이, 과연 인간의 마음 속 깊이 자리한 '추억'까지 대체하거나 기획할 수 있는가?

이 글에서 살펴보았듯이, 맛은 단순한 감각 데이터의 합이 아니다. 그것은 우리의 신경 회로 깊숙이 각인된 기억과 감정의 방아쇠이며, 브랜드와의 관계를 형성하고 충성도를 결정짓는 핵심적인 경험의 축이다. 또한 맛 경험의 의미는 그것이 놓인 사회적, 문화적, 개인적 맥락 속에서 비로소 완성된다. 기술은 맛의 '정확성'을 높일 수 있지만, 기억의 '여운'과 경험의 '진정성'은 여전히 데이터로 환원하거나 알고리즘으로 완벽하게 예측하기 어려운 인간 고유의 영역으로 남아 있다. 소비자의 마음을 움직이는 것은 종종 완벽하게 계산된 맛 프로파일이 아니라, 그 맛과 연결된 따뜻한 이야기, 특별한 순간, 그리고 인간적인 감정의 교류다.

바로 이 지점에서 푸드커뮤니케이션의 역할과 가치가 빛을 발한다. 푸드커뮤니케이션은 기술이 만들어내는 효율성과 정확성의 세계와, 인간이 경험하는 의미와 기억의 세계 사이의 간극을 메우는 섬세한 가교 역할을 수행해야 한다. 단순히 맛의 과학적 우수성을 홍보하는 것을 넘어, 그 맛이 소비자의 삶 속에서 어떤 의미를 가질 수 있는지, 어떤 기억과 감정을 불러일으킬 수 있는지에 대한 '감각적 서사'를 설계하고 전달해야 한다. 이는 맛을 정제하는 것이 아니라, 맛이 기억될 수 있는 '상황'과 '언어'를 창조하는 작업이다. 예를 들어, 푸드테크 기업이 개발한 새로운 대체육 제품을 커뮤니케이션할 때, 단순히 영양학적 이점이나 기술적 혁신만을 강조하는 것이 아니라, 그 제품이 환경 보호에 기여하는 이야기, 혹은 새로운 식문화를 통해 얻을 수 있는 즐거움과 같은 가치 지향적인 메시지를 통해 소비자와의 감성적 연결고리를 만들 수 있다.

궁극적으로 "맛이 과학이라면, 추억은 어디에 남는가?"라는 질문에 대한 푸드커뮤니케이션의 대답은 명확하다. 추억은 과학으로 완전히 대체될 수 없으며, 기획된다기보다는 경험 속에서 자연스럽게 '발견'되고 '공유'되는 것이다. 푸드커뮤니케이션은 기술의 발전을 외면하지 않으면서도, 맛이 지닌 인간적인 차원—기억, 감정, 관계, 문화—을 존중하고 풍요롭게 만드는 방향으로 기술을 안내해야 한다. 맛의 과학화가 차가운 데이터의 지배로 귀결되지 않고, 오히려 인간의 감각적 경험을 더욱 깊고 다채롭게 만드는 데 기여할 수 있도록, 기술과 인간 사이의 창의적인 대화를 이끌어내는 것. 그것이 바로 푸드테크 시대에 푸드커뮤니케이션이 감당해야 할 중요한 사명이자, 미래 식탁을 더욱 의미 있게 만들어갈 유일한 길이다.

고기 없는 햄버거
육즙 없는 미식의 가능성을 열다

단백질 연금술사들의 시대

지글거리는 소리, 피처럼 붉은 육즙, 그릴 위에 선명하게 새겨진 격자무늬. 당신의 눈앞에 놓인 햄버거 패티는 의심할 여지 없이 '고기'다. 당신의 뇌는 수만 년간 축적된 경험을 바탕으로 즉각적인 판단을 내린다. 저것은 동물성 단백질, 풍부한 지방, 특유의 감칠맛을 품은, 원초적 욕망을 자극하는 바로 그 '고기'라고. 그러나 한 입 베어 무는 순간, 익숙하면서도 미묘하게 다른 감각의 파동이 혀끝을 감싼다. 이것은 동물의 살점이 아니다. 콩과 밀, 버섯과 완두콩에서 추출한 단백질을 정교하게 재조합하고, 식물성 헤모글로빈(레그헤모글로빈)으로 붉은 기운과 철분 향을 흉내 낸, 첨단 푸드테크의 산물이다. 우리는 지금, 고기가 아닌 것으로 만든 고기, 일종의 '음식 시뮬라크라food simulacra'의 시대를 살고 있다. 진짜보다 더 진짜 같은 가짜, 혹은 진짜의 정의 자체를 뒤흔드는 새로운 존재가 식탁 위에 등장한 것이다.

이 새로운 '미트Meat'는 단순한 식품 대체재를 넘어, 인류의 오랜 식문화 코드 자체를 해킹하고 있다. 맛과 식감, 향, 심지어 조리 과정에서의 변화까지 기존 육류를 놀라울 정도로 모방하지만, 그 존재론적 기반과 철학은 정반대다. 산업형 축산업이 야기하는 막대한 환경 파괴, 동물 복지에 대한 윤리적 성찰, 기후 변화를 가속하는 탄소 배출 문제, 그리고 건강에 대한 새로운 관심 속에서, 이 '가짜 고기'는 '진짜 고기'가 해결하지 못했던 문제들에 대한 대안적 내러티브를 제시한다. 이제 식탁 위의 선택은 단순히 '무엇을 먹을 것인가'라는 미각적 선호의 문제를 넘어, '나는 왜 이것을 먹는가'라는 가치 판단과 정체성 표현의 영역으로 확장되고 있다. 환경 지속성, 동물 복지, 윤리적 소비, 건강 증진 등 이러한 거대 담론들이 햄버거 패티 한 장에 응축되어 소비자의 신념과 선택을 요구한다. 이는 명백한 '인지 부조화Cognitive Dissonance'를 유발한다. 내 혀는 고기라고 말하는데, 내 머리는 고기가 아니라고 속삭인다. 이 감각과 신념 사이의 간극을 어떻게 메울 것인가? 이것이 바로 푸드테크 시대가 우리에게 던지는 첫 번째 질문이자 숙제다.

결국, "진짜 고기는 더 이상 고기일 필요가 없는가?"라는 질문은 단순한 수사를 넘어선다. 그것은 우리가 '진짜'라고 믿어왔던 감각적 경험의 기반이 흔들리고, 음식의 의미가 재구성되는 시대적 전환을 압축적으로 보여준다. 기술은 자연의 산물을 모방하는 것을 넘어, 자연의 개념 자체를 재정의하려 하고 있다. 이 거대한 변화 앞에서 우리는 익숙한 미각의 세계에 머물 것인가, 아니면 새로운 감각과 가치의 세계로 나아갈 것인가?

고기 없는 고기는 어떻게 만들어지는가?

그렇다면 이 놀라운 '고기 아닌 고기'는 대체 어떻게 탄생하는 것일까? 마치 현대판 연금술처럼, 과학자들과 푸드테크 기업들은 자연의 기본 구성 요소를 가지고 전에 없던 물질, 즉 미래의 단백질을 창조해내고 있다. 이 혁명의 최전선에는 크게 세 가지 기술 학파가 경쟁하며 식탁의 미래를 설계하고 있다.

첫 번째 주자는 식물성 대체육 진영이다. 이들은 콩, 밀, 버섯, 완두콩 등 식물에서 추출한 단백질을 주원료로 삼는다. 핵심 기술은 '고수분 압출성형HMEC: High-Moisture Extrusion Cooking'이다. 마치 파스타 면을 뽑아내듯, 식물성 단백질 반죽에 높은 온도와 압력, 그리고 수분을 가해 실제 고기의 근섬유와 유사한 쫄깃한 조직감을 만들어내는 것이다(Sha & Xiong, 2020). 여기에 식물성 지방(코코넛 오일, 해바라기 오일 등)을 첨가해 풍부한 식감을 더하고, 효모 추출물이나 천연 향료로 감칠맛과 고기 향을 입힌다. 비욘드 미트Beyond Meat[9]는 비트 주스로 붉은 육즙을, 임파서블 푸드는 유전공학 기술로 만든 식물성 '헴Heme' 분자로 고기 특유의 철분 향과 풍미를 재현하며 시장을 선도하고 있다. 이들은 마치 자연의 팔레트에서 색과 질감을 빌려와 새로운 그림을 그리는 화가와 같다.

두 번째 흐름은 더욱 급진적인 세포 배양육Cultured Meat, Cultivated Meat이다. 이들은 동물을 도축하는 대신, 살아 있는 동물로부터 소량의 세포(줄기세포 또는 근육세포)를 채취해 실험실의 '생물반응기Bioreactor' 안에서 영양액을 공급하며 배양한다. 세포는 분열하고 증식해 근육 조직을 형성하고, 때로는 식용 가능한 지지체Scaffold 위에서 3차원 구조로 자라나기도 한다. 네덜란드의 모사 미트Mosa Meat[10]가 2013년 세계 최초의 배양육

〈그림 6〉 비욘드 미트가 출시한 대체육 햄버거[11]

버거를 선보인 이후, 이스라엘의 알레프 팜Aleph Farms[12]이 소의 세포로 스테이크 형태의 배양육을 만드는 데 성공하는 등 기술은 빠르게 발전하고 있다. 이는 말 그대로 '진짜' 고기를 동물의 희생 없이 만들어내는, 생명공학의 정점에 선 기술이다. 하지만 대량 생산을 위한 비용 절감, 세포 배양액의 완전한 비동물성 전환, 복잡한 조직 구조(마블링 등) 재현, 그리고 각국의 규제 승인이라는 높은 허들을 넘어야 하는 과제를 안고 있다(Stephens et al., 2018).

마지막으로, 가장 미래적으로 보이는 접근은 미생물 기반 단백질Single-cell Protein, Microbial Fermentation이다. 이 기술은 박테리아, 효모, 곰팡이, 미세조류와 같은 미생물이 특정 조건하에서 단백질을 생산하는 능력을 활용한다. 특히 주목받는 것은 공기 중의 이산화탄소나 수소, 질소 등을 영양분 삼아 단백질 분말을 만들어내는 방식이다. 핀란드의 솔라 푸드Solar Foods[13]가 개발한 '솔레인Solein'은 공기와 전기, 물, 그리고 약간의 미네랄만으로 단백질 파우더를 생산하며 '공기로부터 식량을 만드는' 혁신을 보여준다. 미국의 에어 프로틴Air Protein 역시 유사한 기술을 개발 중이다. 이 방식은 토지나 물 사용을 최소화하고 기후 조건에 영향을 받지 않아 지속가능성이 매우 높지만, 아직 생산 규모 확대와 소비자 수용성 확보라는 과제가 남아 있다(Ritala et al., 2017).

이 세 가지 기술 흐름은 각기 다른 방식으로 '고기'라는 개념에 도전한다. 식물성 대체육은 익숙한 재료로 낯선 결과를 만들고, 배양육은 낯선 과정으로 익숙한 결과를 만들며, 미생물 단백질은 완전히 새로운 원료와 과정으로 미래의 단백질을 제시한다. 이들 모두 기존 축산업이 가진 환경적, 윤리적 문제에 대한 해결책을 자처하며, 단순히 맛의 재현을 넘어 '가치의 대체'를 통해 식탁의 혁명을 꿈꾸고 있다. 실험실의 연금술은 이제 막 시작되었고, 그 결과는 우리의 식탁과 지구의 미래를 바꿀 잠재력을 품고 있다.

미식, 혀끝의 과학과 마음의 서사 사이

기술은 경이로운 속도로 '고기다움'을 정복하고 있다. 비욘드 미트의 패티는 식물성 헤모글로빈을 이용해 선홍빛 육즙을 흘리고, 임파서블 푸드는 유전자 변형 효모로 만든 헴 분자로 고기 특유의 피 맛과 철 향을 완벽하게 구현해낸다. 압출성형 기술은 근섬유의 저항감을, 식물성 지방은 녹아내리는 부드러움을 모방한다. 혀끝의 감각 데이터만 놓고 본다면,

이들은 이미 '맛있는 고기'의 영역에 도달했거나 근접했다. 그러나 여기서 우리는 더 깊은 질문과 마주한다. 과연 '맛있다'는 감각적 판단이 '미식'의 전부일까? 기술로 완벽하게 복제된 감각이 인간의 마음을 움직이는 감동과 기억까지 만들어낼 수 있을까?

프랑스의 미식가 장 앙텔름 브리야사바랭Jean Anthelme Brillat-Savarin이 『미식 예찬*The Physiology of Taste*』에서 설파했듯, 미식은 단순히 배를 채우는 행위를 넘어선 지적이고 문화적인 향유다. 그것은 좋은 재료를 선별하고, 정성껏 조리하며, 아름답게 차려내고, 함께하는 사람들과 즐겁게 나누는 모든 과정과 경험을 아우른다. 전통적인 미식의 세계에서 중요하게 여겨지는 '테루아Terroir' 개념—특정 지역의 토양, 기후, 문화가 음식의 독특한 풍미와 개성을 형성한다는 믿음—은 이러한 맥락의존성을 잘 보여준다. 그렇다면 실험실에서 배양되거나 공장에서 압출된 대체육은 과연 어떤 '테루아'를 가질 수 있을까? 기술적 완벽함이 과연 오랜 시간과 자연, 그리고 인간의 손길이 빚어낸 이야기와 깊이를 대체할 수 있을까?

이 지점에서 우리는 음식에 대한 인간의 양가적 태도, 즉 '네오포비아

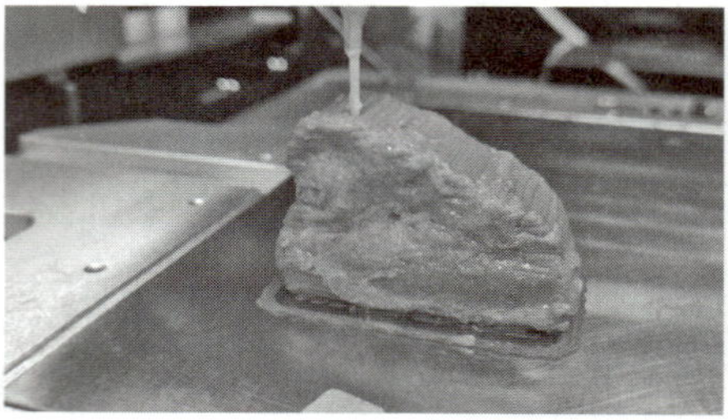

〈그림 7〉 이화여대와 스타트업 슈팹이 공동 개발한 '넥스트 미트(Next Meat)'의 스테이크(좌) 및 연어(우) 출력 장면
(출처: Consumer Technology Association, 2025)

Neophobia'(새로운 것에 대한 두려움)와 '네오필리아neophilia'(새로움에 대한 끌림) 사이의 긴장을 발견한다(Pliner & Hobden, 1992). 대체육은 한편으로는 익숙한 고기의 맛과 형태를 제공함으로써 네오포비아를 완화시키려 하지만, 다른 한편으로는 그 낯선 기원과 제조 과정 때문에 본능적인 거부감이나 불쾌감, 즉 음식 세계의 '언캐니 밸리Uncanny Valley'(불쾌한 골짜기)를 유발할 수도 있다. 상상해보자. 당신 앞에 놓인 스테이크는 완벽한 마블링과 육즙을 자랑하지만, 그것이 실험실의 생물반응기에서 몇 주간 배양된 세포 덩어리라는 사실을 아는 순간, 당신의 미각적 즐거움은 온전히 유지될 수 있을까? 반대로, 환경 파괴와 동물 학살 없이 만들어졌다는 '윤리적 만족감'이 미각적 경험을 오히려 더 풍부하게 만들 수도 있지 않을까? 이처럼 대체육을 둘러싼 미식 경험은 단순한 감각의 문제를 넘어, 개인의 가치관, 신념, 그리고 기술에 대한 태도와 복잡하게 얽혀 있다.

인간의 미식 경험은 혀끝의 감각 데이터만으로 완성되지 않는다. 그것은 음식에 얽힌 이야기, 함께하는 사람들과의 교감, 문화적 의미 부여, 그리고 개인적인 기억과 감정이 어우러진 총체적인 '경험의 직물'이다. 따라서 고기 없는 고기가 단순한 '대체재'를 넘어 진정한 의미의 '미식'으로 자리 잡기 위해서는, 감각적 유사성을 넘어 소비자의 마음을 사로잡는 '철학적 정당성'과 '문화적 의미'를 함께 제공해야 한다. 기술은 맛있는 감각을 복제할 수 있지만, 잊지 못할 감동과 의미를 만드는 것은 여전히 인간의 마음과 이야기의 영역이다. 혀끝의 과학과 마음의 서사, 이 둘을 어떻게 조화롭게 엮어낼 것인가? 이것이 대체육 시대, 미식의 미래를 결정할 핵심 과제다.

맛을 '설득'하는 푸드커뮤니케이션

대체육은 그 태생부터 기술과 커뮤니케이션이라는 두 개의 엔진으로 움직인다. 아무리 혁신적인 기술로 '고기 같은' 물질을 만들어낸다 해도, 소비자가 그것을 기꺼이 받아들이고 식탁 위에 올리도록 설득하는 과정 없이는 무용지물이기 때문이다. 특히 대체육은 '다르지만 같다' 혹은 '같지만 다르다'는 본질적인 인지적 역설Cognitive Paradox을 안고 있다. 기존 육류의 감각적 경험을 약속하면서도, 그 기원과 생산 방식, 그리고 담고 있는 가치는 전혀 다르다는 메시지를 동시에 전달해야 하는 고도의 커뮤니케이션 과제에 직면해 있다. 이는 마치 관객에게 마술의 환상을 보여주면서 동시에 그 트릭의 과학적 원리를 설명해야 하는 것과 같다. 따라서 대체육 분야에서 푸드커뮤니케이션은 단순한 마케팅이나 홍보를 넘어, 새로운 음식 범주를 정의하고 사회적 수용성을 구축하며 문화적 의미를 창조하는 핵심적인 역할을 수행해야 한다.

이 과정에서 핵심 전략은 "미각적 설득이 아닌, 철학적 정당성의 전달"에 있다. 단순히 '맛있다'고 주장하는 것을 넘어, '왜 이것을 먹어야 하는가'에 대한 설득력 있는 이유와 가치를 제시해야 한다는 의미다. 이는 커뮤니케이션 이론의 '프레이밍Framing' 개념과 연결된다. 어떤 프레임(틀)으로 대체육을 정의하고 제시하느냐에 따라 소비자의 인식과 태도가 크게 달라질 수 있다(Entman, 1993). 예를 들어, 대체육을 단순히 '가짜 고기'나 '콩고기'로 프레이밍하기보다는 '지구를 위한 스마트 단백질', '미래 세대를 위한 윤리적 선택', 혹은 '첨단 기술이 만든 새로운 미식 경험' 등으로 프레이밍함으로써 긍정적인 연상과 가치를 부여할 수 있다. 비욘드 미트가 자사 제품을 정육 코너에 진열하며 '고기'와의 직접 경쟁 구도를 만든 것이나, 임파서블 푸드가 환경적 이점을 강조하며 '지구를 구하는 버거'라는 서사를 구축한 것은 이러한 프레이밍 전략의 성공적인 사례다.

더 나아가, 푸드커뮤니케이션은 '서사 설득Narrative Persuasion'의 힘을 적극 활용해야 한다. 통계나 과학적 사실을 나열하기보다, 대체육이 가져올 긍정적인 변화에 대한 매력적인 이야기를 통해 소비자의 감성과 가치관에 호소하는 것이다(Green & Brock, 2000). 예를 들어, 배양육 기술이 동물의 고통 없는 미래를 어떻게 가능하게 하는지에 대한 감동적인 스토리텔링, 혹은 식물성 대체육을 선택한 소비자의 긍정적인 경험담 공유 등은 기술에 대한 막연한 불안감이나 혐오감을 줄이고 정서적 공감대를 형성하는 데 효과적일 수 있다. 이를 위해 브랜드는 인플루언서, 유명 셰프, 언론 미디어 등 다양한 채널을 통해 일관되고 진정성 있는 메시지를 전달하고, 소비자들이 직접 참여하고 경험하며 긍정적인 이야기를 만들어갈 수 있는 기회를 제공해야 한다. 가령, 유명 레스토랑과의 협업을 통해 대체육을 활용한 창의적인 미식 메뉴를 선보이거나, 소비자들이 직접 대체육 요리를 만들고 공유하는 소셜 미디어 캠페인을 진행하는 방식 등이 가능하다.

대체육 시대의 푸드커뮤니케이션은 '맛의 사전을 다시 쓰는' 작업과 같다. 기존의 '고기'나 '육즙', '미식'이라는 단어에 담긴 의미를 해체하고, 기술과 윤리, 지속가능성이라는 새로운 맥락 속에서 그 의미를 재구성하는 언어적 실천이다. 이는 단순히 제품을 파는 것을 넘어, 새로운 식문화와 가치관을 사회적으로 확산시키는 문화 변동의 과정이기도 하다. 따라서 푸드커뮤니케이션은 감각적 재현의 기술만큼이나, 아니 어쩌면 그 이상으로, 대체육의 미래를 결정짓는 중요한 열쇠를 쥐고 있다. 기술이 아무리 발전해도 그것을 이해하고 받아들이며 의미를 부여하는 것은 결국 인간의 마음과 언어이기 때문이다.

진짜 고기의 자리는 비워둘 수 있는가?

우리는 지금 식탁 위의 거대한 전환기, 혹은 혁명의 한복판에 서 있다. 한때 신성불가침의 영역처럼 여겨졌던 '고기'의 정의가 뿌리부터 흔들리고, '육즙 없는 고기'가 던지는 감각적 충격과 '고기 없는 미식'이 가능하다는 새로운 신념 사이에서 미각의 지형도가 재편되고 있다. 실험실의 과학자들과 푸드테크 기업들은 단백질 연금술사가 되어 식물과 세포, 심지어 공기 중의 원소로부터 새로운 형태의 '고기'를 빚어내고 있다. 혀끝의 감각 데이터는 점점 더 정교하게 복제되고 있지만, 과연 이것만으로 충분할까?

이 질문에 대한 답은 단순하지 않다. 기술은 분명 놀라운 속도로 발전해 맛과 질감, 심지어 육즙까지 모방해내고 있지만, 인간의 미식 경험은 결코 감각적 쾌락의 총합으로 환원될 수 없다. 그것은 음식에 얽힌 기억과 감정, 문화적 상징과 사회적 관계, 그리고 개인의 신념과 가치관이 복잡하게 얽힌 다층적인 경험이다. 따라서 대체육이 단순한 모방품을 넘어 진정한 의미의 식문화 주류로 편입되기 위해서는, 혀끝의 과학을 넘어 마음의 서사를 설득해야 하는 지난한 과제를 통과해야 한다. '맛있다'는 감각적 증명만큼이나, '왜 이것이 의미 있는가?'라는 철학적, 윤리적, 문화적 정당성을 설득력 있게 제시해야 하는 것이다.

바로 이 지점에서 푸드커뮤니케이션은 미래 식탁의 향방을 결정짓는 핵심적인 역할을 수행한다. 그것은 단순히 새로운 제품을 홍보하는 것을 넘어, '고기'와 '미식'에 대한 우리의 고정관념에 도전하고, 기술과 자연, 감각과 신념 사이의 복잡한 관계를 탐색하며, 새로운 음식 범주에 대한 사회적 합의와 문화적 의미를 창조하는 과정이다. '맛의 사전을 다시 쓰는' 작업이자, '미래 음식의 신화'를 만들어가는 여정이다. 이 과정에서 성공의 열쇠는 단순히 기술의 우수성을 알리는 데 있는 것이 아니라, 소비자들이 이 새로운 음식을 통해 어떤 가치를 실현하고 어떤 정체성을 표현할 수 있는지에 대한 매력적인 이야기를 들려주는 데 있다. 중요한 것은 육즙의 유무가 아니라, 그 빈자리를 채우는 새로운 이야기와 의미의 깊이다.

고기는 더 이상 특정 '동물의 살'만을 의미하지 않을 수 있다. 그것은 기술과 데이터, 철학과 윤리, 그리고 커뮤니케이션이 융합된 복합적인 구성물이 될 수 있다. 진짜 고기의 자리가 완전히 비워질지, 아니면 새로운 형태의 고기들과 공존하며 그 의미가 재정의될지는 아직 알 수 없다. 하지만 한 가지 분명한 것은, 미식의 미래는 더 이상 혀끝에서만 결정되지 않는다는 사실이다. 그것은 우리의 마음과 시대정신, 그리고 우리가 함께 만들어갈 이야기 속에서 결정될 것이다.

'인간이 아닌 존재가 만든 음식'을 사랑할 수 있을까?

푸드테크의 진화와 요리

푸드테크의 진화는 이제 단순히 주방의 효율성을 높이는 단계를 넘어선다. 그것은 감각의 영역, 나아가 인간 고유의 창조성이라 여겨졌던 요리의 심장부까지 파고든다. 한때 공상과학 영화의 소품처럼 느껴졌던 로봇 셰프는 현실의 주방으로 성큼 들어섰다. 영국의 몰리 로보틱스Moley Robotics[14]는 인간 셰프의 움직임을 그대로 학습해 수천 가지 레시피를 재현하는 로봇 팔을 선보였고, 미국의 스파이스 키친Spyce Kitchen(현재는 Sweetgreen에 인수)은 로봇이 자동으로 재료를 볶고 조리해 볼bowl 형태의 식사를 제공하는 시스템을 상용화하며 자동화된 식당의 가능성을 보여주었다. AI는 빅데이터를 분석해 개인의 취향과 영양 상태에 최적화된 메뉴를 추천하고(마치 IBM의 왓슨 셰프가 방대한 재료 조합 속에서 새로운 레시피를 창조하려 했던 시도처럼), 3D 푸드 프린터(스페인의 내추럴 머신스[15]가 개발한 푸디니Foodini나 네덜란드의 바이플로우byFlow[16] 등)는 반죽이나 퓨레 형태의 재료를 층층이 쌓아 올려 복잡한 모양의 음식을 눈앞에서 '출력'해낸다. 이 기술들은 명백한 이점을 약속한다. 24시간 지치지 않는 정확성, 레시피의 완벽한 일관성, 오염 가능성을 최소화한 위생적인 환경, 인건비 절감을 통한 효율적인 운영 구조까지. 마치 오류 없는 기계식 시계처럼, 푸드테크는 맛의 세계를 정량화하고 예측 가능한 시스템으로 만들려 한다.

로봇 셰프의 등장과 인간의 불안

이 눈부신 기술의 향연 속에서, 우리는 설명하기 어려운 미묘한 불안감과 마주하게 된다. 인간의 손길이 사라진 주방, 알고리즘이 설계한 식단, 프린터 노즐에서 뽑아져 나온 음식 앞에서 우리는 과연 온전한 만족감을 느낄 수 있을까? 더 나아가 이 '인간이 아닌 존재'가 만든 음식을 진정으로 '사랑'할 수 있을까? 이 질문은 단순히 기술의 성능이나 맛의 정확성에 대한 것이 아니다. 그것은 음식과 인간의 감정, 기억, 관계 맺음의 방식에 대한 근본적인 성찰을 요구한다. 왜 우리는 로봇 팔이 완벽하게 만들어낸 파스타보다 할머니의 손맛이 담긴 투박한 된장찌개에 더 깊은 애착을 느끼는 걸까? 왜 AI가 추천한 영양 만점 식단보다 친구와 함께 웃으며 먹었던 길거리 떡볶이가 더 오래 기억에 남는 걸까? 이 질문의 답은 음식의 물리적 속성을 넘어선, 인간 경험의 깊은 곳에 자리한다.

이러한 불안감의 정체는 일본의 로봇 공학자 모리 마사히로森政弘가 1970년에 제시한 '언캐니 밸리' 이론으로 일부 설명될 수 있다(Mori, 1970/2012). 로봇이나 인공물이 인간과 어설프게 닮았을 때는 호감도가 증가하지만, 일정 수준 이상으로 너무 비슷해지면 오히려 강한 불쾌감과

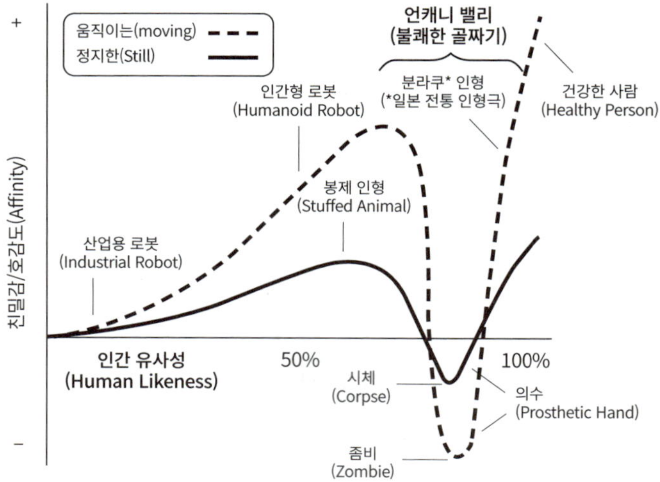

〈그림 8〉 모리 마사히로가 제시한 '언캐니 밸리' 이론

〈그림 9〉 배달의민족[17]이 선보인 배달 로봇 '딜리'[18]

혐오감을 유발한다는 것이다. 로봇 셰프의 움직임이 인간과 흡사하지만 미묘하게 부자연스러울 때, 혹은 3D 푸드 프린터로 만든 음식이 실제 음식과 거의 똑같지만 어딘가 인공적인 느낌을 줄 때, 우리는 이 '불쾌한 골짜기'에 빠질 수 있다. 완벽하게 계산된 맛, 한 치의 오차도 없는 조리 과정, 인간적 실수나 변덕이 배제된 결과물은 오히려 그 완벽함 때문에 낯설고 차갑게 느껴질 수 있다. 기술은 분명 효율과 정확성을 가져왔지만, 그 과정에서 우리가 무의식적으로 기대했던 '인간적인 것', 다시 말해 따뜻함, 정성, 예측 불가능한 매력, 심지어 사소한 실수까지 함께 제거해버린 것은 아닐까? 푸드테크의 정점에서 우리는 역설적으로 인간다움의 의미와 음식에 담긴 감정의 무게를 되묻게 된다. 마치 완벽하게 조율된 자동 피아노 연주가 때로는 인간 연주자의 미세한 숨결과 감정의 떨림을 그리워하게 만드는 것처럼 말이다.

기억의 화학, 애착의 연금술

인간은 단순히 영양소를 섭취하기 위해 음식을 먹지 않는다. 우리는 음식에 감정을 불어넣고, 기억을 저장하며, 관계를 엮어낸다. 특정 음식의 맛과 향기는 때로 잊고 있던 시간의 빗장을 열어젖히는 강력한 열쇠가 된다. 신경과학자들은 이것이 우연이 아님을 밝혀냈다. 특히 후각 정보는 다른 감각들과 달리 감정과 기억을 관장하는 뇌의 변연계, 그중에서도 편도체와 해마로 직접 전달된다(Gottfried, 2010). 레이첼 허즈Rachel Herz와 트뤼그 엥엔Trygg Engen 같은 연구자들은 후각 기억이 다른 감각 기억보다 훨씬 더 감정적으로 강렬하고 오래 지속되는 경향이 있음을 보여주었다(Herz & Engen, 1996; Chu & Downes, 2000). 즉, 할머니 부엌의 냄새, 처음 데이트할 때 먹었던 파스타의 향기, 비 오는 날 친구와 나눠 먹던 부침개의 고소함은 단순한 감각 정보를 넘어, 우리의 정서적 삶의 일부로 깊숙이 각인되는 것이다. 음식에 대한 애착은 바로 이처럼 맛과 향, 그리고 그것을 둘러싼 모든 상황적 맥락—누구와 함께였는지, 어떤 분위기였는지, 어떤 이야기를 나누었는지—이 복잡하게 얽혀 만들어내는 '경험의 총체'에서 비롯된다.

그렇다면 푸드테크는 이 섬세하고 복잡한 '애착의 연금술'을 재현할 수 있을까? AI는 방대한 레시피 데이터와 사용자 피드백을 분석해 '최적의 맛 조합'을 찾아내고, 개인의 건강 상태나 '기분에 맞는 메뉴'를 제안하며, 심지어 조리 과정 자체를 자동화해 '가장 반응이 좋은 결과물'을 일관되게 만들어낼 수 있다. 기술은 맛의 구성 요소를 분해하고 재조합해 감각적 쾌락을 극대화하는 데 점점 더 능숙해지고 있다(Spence, 2015). 그러나 AI가 아무리 정교한 알고리즘으로 '당신이 좋아할 만한 맛'을 예측한다 해도, 그것이 '당신에게 의미 있는 맛'이 될 수 있을지는 별개의 문제다. AI는 당신이 특정 음식에 왜 끌리는지, 그 음식이 당신의 삶에서 어떤 기억과 연결되어 있는지, 그 기억이 당신에게 어떤 감정을 불러일으키는지까지는 이해하지 못한다. 기술은 '무엇What'과 '어떻게How'에 답할 수 있지만, '왜Why'의 영역에는 침묵한다. 마치 완벽한 악보 해독 능력을 갖춘 연주 로봇이 작곡가의 숨겨진 의도나 곡에 얽힌 개인적인 사연까지는 연주하지 못하는 것처럼 말이다.

MIT의 사회학자 셰리 터클Sherry Turkle은 『외로워지는 사람들*Alone Together*』에서 기술이 우리에게 더 많은 연결을 약속하지만, 역설적으로 우리를 더 고립시킬 수 있다고 경고한다(Turkle, 2011). 푸드테크의 맥락에서도 유사한 질문을 던질 수 있다. AI가 완벽하게 개인화된 식단을 제공하고 로봇이 홀로 식사를 준비해주는 미래는, 과연 우리를 더 행복하게 만들까? 아니면 식사를 통해 이루어졌던 인간적인 교류, 예측 불가능한 만남, 함께 요리하고 나누는 과정의 즐거움을 앗아가 버리는 것은 아닐까? 기억이 없는 기술은 관계없는 요리를 만들 뿐이다. 기술이 아무리 완벽하게 감각을 재현한다 해도, 인간이 진정으로 갈망하고 사랑하는 음식은 그 감각을 넘어선 이야기, 관계, 그리고 시간의 흔적이 새겨진 감정 그 자체이기 때문이다. 기술의 식탁 앞에서 우리는 어쩌면 완벽한 맛 대신, 불완전하지만 따뜻했던 인간의 기억을 그리워하게 될지도 모른다.

왜 우리는 '손맛'을 원할까?

푸드테크가 아무리 완벽한 맛과 효율성을 약속한다 해도, 인간은 왜 여전히 '사람의 손맛'을 그리워하는 걸까? 이 질문은 단순히 과거에 대한 막연한 향수나 기술에 대한 비합리적인 거부감으로 치부할 수 없다. 여기에는 음식과 인간의 관계에 대한 더 깊은 심리적, 문화적, 심지어 철학적인 이유가 자리한다. 음식 만들기는 단순한 기술적 행위를 넘어 기억을 만들고, 관계를 형성하며, 정체성을 표현하는 사회적 실천이다(Sutton, 2001). 그리고 이 실천 속에는 종종 '인간적인 결함'의 흔적이 묻어난다.

조금 짜게 끓여진 된장국, 한쪽 귀퉁이가 살짝 탄 계란말이, 예상보다 질겨서 아쉬웠던 갈비찜 같은 '실수'들은 역설적으로 그 음식을 더 특별하게 만드는 요소가 될 수 있다. 왜일까? 완벽하지 않기에 오히려 진실하게 느껴지기 때문이다. 일본의 미학 개념인 '와비사비侘寂'는 불완전하고, 비영구적이며, 미완성된 것들 속에서 아름다움을 찾는 태도를 말한다. 서툴지만 정성껏 차려낸 음식 속에는 만드는 사람의 마음, 즉 '돌봄Care'의 윤리가 깃들어 있다. 그것은 받는 사람을 생각하며 시간과 노력을 들인 흔적이며, 때로는 실수마저도 그 진심의 일부로 받아들여진다. 반면 기계는 지치지 않고, 실수하지 않으며, 언제나 정확하게 레시피를 따른다. 하지만 바로 그 완벽함 때문에 차갑고 비인격적으로 느껴질 수 있다. 로봇 셰프가 만든 요리는 기술적으로는 흠잡을 데 없을지 몰라도, 그 속에는 감정의 여백, 인간적인 온기, 그리고 '이야기'가 들어설 자리가 부족하다. 이는 앞서 논의한 '언캐니 밸리' 현상과도 연결된다. 기술이 인간의 영역을 너무 완벽하게 모방하려 할 때, 우리는 오히려 그것의 비인간적인 측면을 더 강하게 인식하고 불편함을 느끼게 되는 것이다(Mori, 1970/2012).

더 나아가 음식은 종종 '진정성'의 문제와 결부된다. 우리는 '진짜' 음식, '전통적인' 방식, '손수 만든' 요리에 특별한 가치를 부여하는 경향이 있다(Fischler, 1988). 물론 무엇이 '진짜'인가는 시대와 문화에 따라 끊임없이 변화하는 개념이지만, 적어도 현재까지는 '진정성 있는' 음식이란 기계가 대량 생산한 규격화된 제품보다는 사람의 손길과 이야기가 담긴 무언가를 의미한다. 기술철학자들은 기술이 인간의 경험 세계를 어떻게 변화시키는지 탐구해왔다. 푸드테크의 발전은 분명 우리에게 편리함과 새로운 가능성을 열어주지만, 동시에 우리가 음식을 경험하고 관계 맺는 방식을 근본적으로 바꾸고 있다. '사람의 손'을 원하는 우리의 마음은 어쩌면 이 급격한 변화 속에서 잃어버리고 싶지 않은 인간적인 가치, 이를테면 관계, 기억, 돌봄, 그리고 불완전함 속에 깃든 진정성에 대한 무의식적인 갈망일지도 모른다. 기술이 아무리 발전한다 해도, 이 깊은 갈망까지 완전히 대체하기는 어려울 것이다.

기술과 감정 사이의 다리를 놓는 푸드커뮤니케이션

"기술이 만든 음식을 사랑할 수 있는가?"라는 푸드테크가 던진 질문 앞에서, 푸드커뮤니케이션의 역할은 그 어느 때보다 중요하고 명확해진다. 단순히 로봇 셰프의 성능을 홍보하거나 3D 푸드 프린팅의 신기함을 전시하는 것을 넘어, 기술과 인간의 감정 사이에 끊어진 다리를 놓고, 차가운 효율성에 따뜻한 의미를 불어넣는 섬세한 작업이 요구된다. 기술이 필연적으로 가질 수밖에 없는 감성적 결핍, 즉 '기억 없음'과 '관계없음'의 빈자리를 채우는 것은 결국 인간의 언어, 이야기, 그리고 소통의 몫이다.

예를 들어, 로봇 셰프가 운영하는 레스토랑을 단순히 '인건비 절감과 효율성 극대화'의 프레임(Entman, 1993)으로만 소통한다면, 소비자들은 기술의 차가움만을 느낄 가능성이 크다. 하지만 여기에 '전통 레시피를 완벽하게 보존하고 재현하는 장인의 기술', 혹은 '인간 셰프가 창의적인 메뉴 개발에 더 집중할 수 있도록 돕는 파트너'라는 프레임을 덧씌운다면 어떨까? 마찬가지로 3D 푸드 프린터로 만든 음식을 '영양소를 정밀하게 제어하는 맞춤형 건강식' 또는 '멸종 위기 식재료를 대체하는 지속 가능한 미식 경험'으로 프레이밍한다면, 소비자는 기술 너머의 가치를 발견하고 긍정적인 태도를 형성할 수 있다. 중요한 것은 기술 자체의 속성이 아니라, 그 기술을 어떤 의미의 맥락 속에 위치시키고 해석하도록 유도하는가이다.

더 나아가, 심리학자 멜라니 그린Melanie Green과 티머시 브록Timothy Brock 등이 연구한 서사 설득 이론Narrative Persuasion은 감성적 공감을 이끌어내는 데 이야기의 힘이 얼마나 강력한지를 보여준다(Green & Brock, 2000). 사람들은 통계나 사실적 정보보다 잘 짜인 이야기에 더 깊이 몰입하고 감정적으로 동화되며, 그 결과 태도 변화를 일으킬 가능성이 높다. 따라서 로봇 셰프가 만든 음식에는 그 기술을 개발한 사람들의 열정, 로봇과 협업하는 인간 셰프의 경험담, 혹은 그 음식이 탄생하기까지의 특별한 사연 같은 '인간적인 이야기'를 덧입힐 필요가 있다. 3D 프린팅된 음식에는 단순히 영양 성분표를 제시하는 대신, 그 음식이 구현하는 특정 지역의 문화적 배경, 사라져가는 식재료에 대한 기억, 혹은 미래 식량 문제 해결에 기여하는 가치 등을 담은 감동적인 내러티브를 제공할 수 있다. 또한 AI 기반의 레시피 추천 앱이나 스마트 키친 인터페이스UI/UX 디자인에 있어서도, 단순히 기능적인 편리함을 넘어 사용자와 감성적인 유대감을 형성할 수 있는 언어(예: "오늘 날씨엔 따뜻한 수프가 어울릴 것 같아요", "어머니의 레시피를 기억해둘까요?")나 시각적 요소(예: 손글씨 느낌의 폰트, 따뜻한 색감의 이미지)를 활용하는 것이 중요하다. 기술의 감성적 결핍은 결국 인간 중심의 커뮤니케이션 설계를 통해 보완되어야 한다.

물론 이러한 '감정 이식' 혹은 '이야기 덧입히기'가 자칫 인위적이거나 상업적인 조작으로 느껴질 위험도 존재한다. 브랜드 경험 연구(Brakus et al., 2009; Schmitt, 1999)에서 강조하듯, 진정성 없는 감성 마케팅은 오히려 역효과를 낳을 수 있다. 진정한 공감대 형성과 피상적인 감성 마케팅 사이의 경계는 늘 신중하게 고려되어야 할 윤리적 과제다. 그럼에도 푸드테크 시대의 커뮤니케이션은 기술의 언어와 인간의 언어 사이에서 균형점을 찾고, 차가운 데이터에 따뜻한 의미를 부여하며, 궁극적으로는 기술이 인간의 삶을 더 풍요롭게 만드는 데 기여하는 방향으로 나아가야 할 것이다.

기술이 사람의 '이야기'를 품는다면

앞서 살펴본 것처럼, 푸드테크는 식재료 생산(대체육, 배양육)부터 조리(로봇, AI), 소비(맞춤형 추천, 3D 프린팅), 그리고 그 경험을 둘러싼 감각과 기억(미각 과학, 감각 마케팅)에 이르기까지 식문화의 모든 단계를 혁신하고 있다.

하지만 이 모든 기술의 향연 속에서 우리는 근본적인 질문과 마주하게 된다. 인간은 과연 '사람의 마음'이 담기지 않은 음식을 진정으로 사랑하고, 그 속에서 깊은 만족과 감동을 얻을 수 있을까? 기술이 아무리 완벽하게 맛과 향, 식감을 재현한다 해도, 그것이 할머니의 손맛, 친구와의 추억, 혹은 낯선 곳에서의 특별한 경험이 담긴 음식과 같은 무게를 가질 수 있을까? 아마도 아닐 것이다. 왜냐하면 인간에게 음식은 단순한 물질적 존재를 넘어, 기억과 감정, 관계와 문화, 그리고 정체성이 얽혀 있는 복합적인 의미의 집합체이기 때문이다. 기술은 감각을 복제할 수는 있어도, 그 감각에 얽힌 인간적인 서사와 시간의 깊이까지 복제할 수는 없다.

그렇다면 푸드테크 시대의 음식은 결국 차가운 기능성만을 추구하며 인간적인 온기를 잃어버리게 될 운명일까? 반드시 그렇지는 않다. 기술 자체는 가치중립적이다. 중요한 것은 우리가 그 기술을 어떻게 받아들이고, 어떤 의미를 부여하며, 어떤 이야기를 통해 인간의 삶과 연결시키는가이다. 기술은 사랑받는 음식이 될 수 없을지 모른다. 하지만 기술로 만든 음식이 '사람의 이야기'를 품을 수 있다면, 즉 그 속에 개발자의 열정, 사용하는 사람의 경험, 혹은 그것이 지향하는 사회적 가치(지속가능성, 윤리적 소비 등)와 같은 인간적인 맥락이 담길 수 있다면, 그 음식은 단순한 '영혼 없는 복제품'을 넘어 우리에게 '의미 있는 창조물'로 다가올 수 있다. 그리고 바로 여기에 푸드커뮤니케이션의 핵심적인 역할이 있다.

로봇과 AI가 우리의 식사를 돕겠지만, 그 식탁을 진정으로 풍요롭게 만드는 것은 여전히 인간의 이야기, 관계, 그리고 함께 나누는 시간의 온기일 것이다. 기술이 아무리 발전한다 해도, 결국 음식의 마지막 맛을 완성하는 것은 우리의 마음과 기억, 그리고 그것을 나누는 방식에 달려 있지 않을까? 당신의 식탁에 놓인 미래의 음식은 과연 어떤 이야기를 들려주게 될까? 그 이야기에 귀 기울이는 것, 그것이 바로 푸드테크 시대를 살아가는 우리가 마주한 새로운 소통의 과제일 것이다.

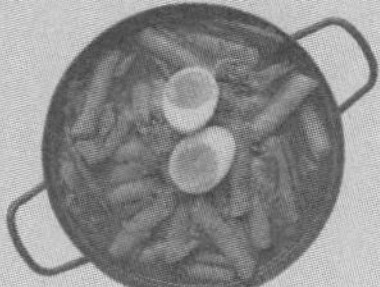

Food
Communication

4장

푸드 미디어타이제이션

음식은 어떻게 소셜 콘텐츠가 되었는가?

눈으로 먼저 맛보는 시대

보기 위한 음식의 탄생

"잠깐만요, 아직 찍기 전이에요!"

레스토랑이나 카페에서 흔히 들을 수 있는 말이다. 갓 나온 음식의 김이 모락모락 피어오르는 순간, 혹은 정성껏 쌓아 올린 디저트의 완벽한 자태 앞에서, 우리는 숟가락이나 포크 대신 스마트폰을 먼저 집어 든다. 먹음직스러운 음식 앞에서 침샘 대신 카메라 렌즈가 먼저 반응하는 시대. 이것은 단순한 유행이나 개인의 취향 문제를 넘어, 우리가 음식을 경험하고 관계 맺는 방식 자체가 근본적으로 변화하고 있음을 보여주는 상징적인 풍경이다. 음식은 이제 입으로 들어가기 전에, 스마트폰 화면 속에서 먼저 '소비'되고 '공유'되는 콘텐츠가 되었다.

우리는 왜 이토록 음식 사진에 열광하는가? 단순히 맛있는 음식을 기록하고 기억하려는 욕구 차원을 넘어선다. 소셜 미디어의 발달은 '보여지는 삶'의 중요성을 그 어느 때보다 부각시켰고, 음식은 그 삶을 전시하는 가장 매력적이고 손쉬운 소재 중 하나가 되었다. 인스타그램 피드를 화려하게 장식하는 음식 사진들은 단순히 '오늘 무엇을 먹었는가'를 알리는 정보를 넘어, '나는 어떤 사람인가'를 드러내는 정체성의 표현이자 사회적 기호로 작동한다. 먹는 행위 자체가 일종의 퍼포먼스가 되고, 식탁은 개인의 취향과 감각, 나아가 사회경제적 지위까지 암시하는 무대가 된 것이다. 이른바 '인스타그래머블Instagrammable', 즉 인스타그램에 올릴 만한 가치가 있는지Insta-worthy가 음식의 새로운 미덕으로 떠올랐다. 맛이나 영양 같은 전통적인 가치보다 시각적인 매력, 희소성, 트렌디함이 음식 선택의 중요한 기준이 된 배경이다.

물론 미디어가 음식 문화를 다루고 영향을 미친 것은 어제오늘의 일이 아니다. 이전 장들에서 살펴보았듯, 요리책의 등장부터 TV 요리 쇼, '먹방' 열풍에 이르기까지 미디어는 끊임없이 우리의 식탁과 입맛에 개입해왔다. 레시피를 표준화하고, 음식에 대한 환상을 심어주며, 새로운 식문화를 전파하고, 때로는 음식 윤리에 대한 질문을 던지기도 했다. 하지만 지금 우리가 목격하는 현상은 이전과는 또 다른 차원의 변화다. 스마트폰과 소셜 미디어라는 강력한 시각 매체가 일상 깊숙이 파고들면서, 음식 경험의 중심축 자체가 미각에서 시각으로 급격히 이동하고 있기 때문이다. 이제 음식은 단순히 미디어에 '재현'되는 대상을 넘어, 미디어 플랫폼에서의 '공유'와 '소통'을 위해 처음부터 시각적으로 기획되고 소비되는 대상이 되었다. 이 글에서는 바로 이 '시각적 전복' 현상에 주목해, 디지털 시대 우리의 감각 경험이 어떻게 재구성되고 있는지, 그리고 그 속에서 푸드커뮤니케이션은 어떤 역할을 해야 하는지를 탐색해보고자 한다.

맛보다 사진 찍기 좋은 음식으로

소셜 미디어라는 거대한 렌즈를 통해 세상을 보는 시대, 음식 역시 이 시각 중심의 질서에서 자유로울 수 없다. 인스타그램의 정사각형 프레임, 틱톡의 짧고 강렬한 영상, 유튜브의 화려한 섬네일은 음식을 평가하고 소비하는 방식 자체를 뒤흔들었다. 맛과 향, 영양이라는 음식의 본질적 가치는 이제 '좋아요'와 '공유'를 부르는 시각적 매력 앞에서 종종 뒷전으로 밀려난다. 음식은 혀끝의 즐거움 이전에 눈의 쾌락을 먼저 충족시켜야 하는 대상이 된 것이다.

이러한 변화를 극명하게 보여주는 사례는 우리 주변에서 쉽게 찾아볼 수 있다. 무지개 빛깔을 뽐내는 베이글, 반짝이는 식용 글리터와 휘핑크림으로 뒤덮인 유니콘 프라푸치노, 식용 숯을 넣어 햄버거 번과 치즈를 새까맣게 만든 블랙버거, 혹은 지나치게 화려한 색소와 장식으로 뒤덮인 케이크들. 이 음식들의 공통점은 무엇일까? 맛에 대한 기대보다는 시각적인 충격과 호기심을 먼저 자극한다는 점이다. '맛은 평범하지만 사진은 기가 막히게 나온다'는 후기들은 이제 낯설지 않다. 심지어 맛이 없다는 것을 알면서도 오직 사진 한 장을 위해 기꺼이 지갑을 여는 소비 행태까지 나타난다. 이는 음식이 미각적 경험의 대상을 넘어, 시각적 스펙터클이자 소셜

〈그림 10〉 일본 버거킹에서 출시한 블랙버거[1]

미디어상의 '인증샷'을 위한 소품으로 전락하고 있음을 보여주는 단적인 예다.

이 현상을 설명하는 용어 중 하나가 바로 '푸드 포르노'다. 원래는 탐스럽고 먹음직스러운 음식 이미지를 통해 대리 만족을 얻는 현상을 지칭했지만, 점차 그 의미가 확장되어 실제 맛이나 건강과는 무관하게 오직 시각적 자극과 쾌락을 극대화하는 방식으로 연출된 음식 이미지를 포괄하게 되었다. 클로즈업된 단면, 흘러내리는 소스, 과장된 색감과 질감 표현 등 모든 것이 보는 이의 즉각적인 감탄과 욕망을 끌어내도록 치밀하게 계산된다. 이러한 이미지들은 실제 음식 경험과는 거리가 멀지만, 디지털 공간에서는 그 자체로 강력한 영향력을 발휘하며 새로운 미식 트렌드를 만들어낸다. 맛집을 검색할 때 상세한 맛 평가보다 먹음직스러운 사진 한 장에 더 끌리는 우리의 모습 속에도, 이미 시각적 자극에 길들여진 감각의 단면이 숨어 있다.

결국 디지털 미디어 환경은 전통적인 감각의 위계질서를 전복시킨다. 본래 음식 경험은 맛과 향을 중심으로 촉각(식감, 온도), 청각(씹는 소리), 그리고 시각이 복합적으로 작용하는 다감각적 과정이었다. 하지만 스마트폰 화면을 통해 음식을 먼저 만나는 시대에는 시각 정보가 다른 모든 감각을 압도하는 경향을 보인다. 우리는 음식을 맛보기도 전에 이미 눈으로 '판단'하고 '평가'하며, 그 시각적 인상이 실제 미각 경험에까지 영향을 미친다. 레스토랑은 플레이팅에 더욱 공을 들이고, 식품 회사는 패키지 디자인에 막대한 비용을 투자하며, 심지어 셰프들조차 '사진발 잘 받는' 메뉴 개발에 골몰한다. 음식은 이제 단순히 배를 채우거나 맛을 즐기는 대상을 넘어, 스크린 속에서 끊임없이 생산되고 소비되는 눈부신 시각 콘텐츠로 변모하고 있는 것이다.

나를 보여주는 #먹스타그램

그렇다면 우리는 왜 이토록 열심히 음식 사진을 찍고, 보정하고, 해시태그를 붙여 공유하는 것일까? 단순히 '오늘 점심은 이거 먹었다'는 사실을 알리기 위해서만은 아닐 것이다. 디지털 시대의 음식 사진 공유는 훨씬 더 복잡하고 다층적인 의미를 지닌 사회문화적 행위다. 그것은 때로 섬세하게 연출된 자기표현의 방식이자, 보이지 않는 사회적 관계망 속에서 자신의 위치를 알리는 신호이며, 끊임없이 유동하는 정체성을 구축해 나가는 과정 그 자체이기도 하다.

소셜 미디어 속 음식 사진은 종종 개인의 취향과 라이프스타일을 드러내는 가장 직접적인 수단이 된다. 값비싼 파인 다이닝 레스토랑에서의 식사, 구하기 어려운 희귀한 식재료로 만든 요리, 혹은 요즘 가장 '힙한' 카페의 시그니처 메뉴 사진은 단순히 음식 자체를 보여주는 것을 넘어, 그것을 소비할 수 있는 자신의 경제적 능력, 문화적 감각, 정보력을 과시하는 효과를 낳는다. 이는 사회학자 소스타인 베블런(Veblen, 1899)이 지적한 '과시적 소비Conspicuous Consumption'의 현대적 버전이라 할 수 있다. 과거 상류층이 사치품을 통해 자신의 부와 지위를 드러냈다면, 오늘날에는 많은 이들이 소셜 미디어 속 음식 사진을 통해 자신의 사회경제적 위치와 세련된 취향을 은근히, 혹은 노골적으로 드러내고자 하는 것이다. 프랑스 사회학자 피에르 부르디외(Bourdieu, 1984)의 개념을 빌리자면, 음식 취향은 다른 집단과 자신을 '구별짓기Distinction' 위한 문화 자본으로 작동하며, 음식 사진은 그 자본을 전시하는 효과적인 도구가 된다.

또한 음식 사진 공유는 소속감과 유대감을 확인하고 강화하는 역할을 하기도 한다. 특정 맛집이나 음식 트렌드에 대한 정보를 공유하고 '인증샷'을 남기는 행위는 같은 취향을 가진 사람들끼리의 동질감을 형성하고, '나도 이 유행에 동참하고 있다'는 소속감을 느끼게 한다. "#먹스타그램", "#맛집탐방", "#카페투어"와 같은 해시태그는 단순히 사진을 분류하는 기능을 넘어, 공통의 관심사를 가진 이용자들을 연결하고 특정 커뮤니티를 형성하는 매개가 된다. '좋아요'와 댓글을 통해 이루어지는 상호작용은 이러한 유대감을 더욱 강화하며, 디지털 공간에서의 사회적 관계망을 유지하고 확장하는 데 기여한다. 셰리 터클이 『외로워지는 사람들』에서 기술이 매개하는 관계의 양면성을 지적했듯, 음식 사진 공유는 때로 피상적인 연결에 머무를 위험도 있지만, 분명 현대 사회에서 관계를 맺고 소통하는 중요한 방식 중 하나로 자리 잡았다.

결국 디지털 시대의 음식 소비는 '무엇을 먹는가'만큼이나, 혹은 그 이상으로 '어떻게 보여주는가'의 문제가 된다. 음식은 더 이상 개인적인 미각 경험의 대상에 머무르지 않고, 타인에게 보여지고 평가받는 공적인 퍼포먼스의 영역으로 확장되었다. 수년 전 한국을 강타한 오마카세お任せ[2] 열풍도 같은 맥락이다. 스마트폰 렌즈를 통해 재구성된 음식 이미지는 개인의 정체성을 표현하고 사회적 관계를 형성하는 복잡한 기호 체계 속에서 끊임없이 의미를 생산하고 유통시킨다. 우리가 무심코 올리는 한 장의 음식 사진 속에는 이처럼 다양한 사회적 욕망과 문화적 코드가 촘촘히 얽혀 있는 것이다.

미디어가 입맛을 길들이다: 시각적 유행과 미각의 변화

소셜 미디어에서 반복적으로 노출되는 화려한 음식 이미지는 단순히 눈을 즐겁게 하는 데 그치지 않는다. 그것은 우리의 미각적 기대치를 형성하고, 나아가 실제 입맛과 음식 선호도에까지 영향을 미치는 보이지 않는 힘으로 작용한다. 특정 비주얼의 음식이 유행처럼 번져나가면, 우리는 자신도 모르게 그 음식을 맛보고 싶다는 욕망을 느끼고, 설령 직접 맛보지 못했더라도 마치 그 맛을 아는 것처럼 느끼거나 이야기하게 된다. 시각 정보가 미각 경험을 선점하고 재구성하는 현상이 일상화되는 것이다.

이러한 시각 중심의 음식 문화는 레스토랑과 식품산업 전반에 걸쳐 큰 변화를 가져왔다. 메뉴 개발 단계에서부터 '사진발'을 고려하는 것은 이제 필수가 되었다. 음식의 맛과 질감만큼이나 색감, 형태, 플레이팅의 독창성이 중요해졌고, 때로는 맛을 희생하더라도 시각적인 임팩트를 극대화하는 선택이 이루어지기도 한다. 마케팅 전략 역시 마찬가지다. 먹음직스러운 음식 사진이나 짧고 강렬한 영상 콘텐츠는 소비자의 시선을 사로잡고 구매 욕구를 자극하는 가장 효과적인 수단으로 활용된다. 인증샷을 유도하는 인테리어나 특별한 식기, 혹은 한정판 메뉴 등은 모두 이러한 시각 중심 소비 트렌드에 발맞춘 전략의 일환이다. 미디어가 만들어낸 시각적 유행이 현실의 식탁 풍경과 산업 구조까지 바꾸고 있는 셈이다.

하지만 이러한 변화가 긍정적인 측면만 있는 것은 아니다. 시각적인 매력에 지나치게 집중하다 보면 음식의 본질적인 가치, 즉 맛과 영양, 식재료의 신선함 등이 소홀해질 위험이 있다. 또한 특정 비주얼 트렌드가 획일적으로 유행하면서 지역의 고유한 음식 문화나 다양한 미각 경험이 사라지고 음식 경험 자체가 단조로워질 수도 있다. 소셜 미디어 속 '완벽해 보이는' 음식 이미지와 실제 경험 사이의 괴리는 소비자에게 실망감을 안겨주거나, 현실의 불완전한 음식 경험을 부정적으로 인식하게 만들 수도 있다. 더욱이 인스타그램이나 유튜브 같은 플랫폼의 추천 알고리즘은 우리가 접하는 음식 정보를 필터링하고 편향시킬 수 있다. 알고리즘이 추천하는 인기 콘텐츠나 광고에 반복적으로 노출되면서, 우리의 음식 선호도나 미각 자체가 특정 방향으로 '길들여질' 가능성도 배제할 수 없다. 마치 보이지 않는 손에 의해 우리의 입맛이 조종당하는, 이른바 '알고리즘적 미각Algorithmic Palate'의 시대가 도래하고 있는지도 모른다.

결국 디지털 미디어는 단순히 음식을 보여주는 창을 넘어, 우리의 감각 질서를 재편하고 입맛의 경로를 설계하는 강력한 환경으로 작동한다. 시각적 자극에 익숙해진 우리의 혀는 점점 더 즉각적이고 강렬한 맛을 선호하게 될 수도 있고, 음식에 담긴 섬세한 풍미나 시간의 리듬을 느끼는 능력을 잃어버릴 수도 있다. 미디어가 우리의 눈을 사로잡는 동안 우리의 입맛과 기억, 그리고 음식을 통한 경험의 깊이까지 바꾸고 있다는 사실을 인식해야 한다.

디지털 식탁 위, 감각의 균형을 찾아서

스마트폰 렌즈를 통해 음식을 먼저 '맛보는' 시대. 이제 우리는 물리적인 식탁과 디지털 스크린이라는 두 개의 식탁 앞에 동시에 앉아 있다. 음식은 더 이상 혀끝의 미각과 코끝의 후각만으로 경험하는 대상이 아니다. 그것은 스크린 속에서 끊임없이 재생산되고 공유되며, 시각적인 매력을 통해 우리의 욕망과 정체성, 사회적 관계까지 엮어내는 복잡한 문화적 텍스트가 되었다. '보기 좋은 음식'이 '맛있는 음식'을 압도하고, 음식 사진 한 장이 개인의 취향과 사회적 지위를 대변하며, 미디어의 시각적 유행이 우리의 입맛까지 길들이는 현상. 이 모든 것은 디지털 기술이 우리의 감각 경험과 식문화를 얼마나 근본적으로 재구성하고 있는지를 보여준다.

이러한 변화 앞에서 푸드커뮤니케이션의 역할은 더욱 중요하고 섬세해질 수밖에 없다. 단순히 시각적으로 매력적인 음식 콘텐츠를 생산하고 유통시키는 것을 넘어, 이 시각 중심 문화의 이면을 성찰하고 대안적인 소통 방식을 모색해야 할 책임이 있다. 어떻게 하면 화려한 이미지의 홍수 속에서 음식의 본질적인 가치인 맛, 영양, 식재료의 이야기, 만드는 이의 정성을 되살릴 수 있을까? 어떻게 하면 시각에 포획된 감각의 불균형을 회복하고 미각, 후각, 촉각 등 다른 감각들과의 조화로운 경험을 이끌어낼 수 있을까? 디지털 식탁 위에서도 진정한 '맛'의 의미와 '함께 먹는 즐거움'을 복원할 수 있는 소통 전략은 무엇일까?

궁극적으로 기술이 아무리 발전하고 미디어가 우리의 감각을 현혹한다 해도, 음식 경험의 핵심에는 여전히 '인간'이 있다. 이전 장에서 논했듯, 우리는 로봇이 완벽하게 만든 요리보다 사람의 손길과 이야기가 담긴 음식에 더 깊은 애착을 느낀다. 마찬가지로 아무리 화려한 음식 사진이라도 실제 사람들과 함께 나누는 식사의 온기, 대화의 즐거움, 그리고 그 순간에 얽힌 기억과 감정을 온전히 대체할 수는 없을 것이다. 푸드커뮤니케이션은 바로 이 지점에서 기술과 인간, 시각적 자극과 다감각적 경험, 디지털 연결과 실제적 관계 사이의 균형점을 찾아야 한다. 단순히 '보여주기' 위한 소통을 넘어, 음식에 담긴 진정한 의미와 가치를 '경험하게' 하는 소통으로 나아가야 하는 것이다.

미래의 식탁은 아마도 '현실과 가상'이 더욱 긴밀하게 얽힌 모습일 것이다. 우리의 눈은 스크린 속 음식 이미지에 열광하고, 우리의 손가락은 끊임없이 '좋아요'를 누르며 소통할 것이다. 하지만 그럴수록 우리는 더욱 더 혀끝의 진실한 맛, 코끝의 향긋한 냄새, 그리고 사람들과 함께하는 식탁의 따뜻함을 갈망하게 될지도 모른다. 당신의 디지털 식탁 위에는 오늘 어떤 감각의 이야기가 펼쳐지고 있는가? 그리고 그 속에서 당신은 무엇을 진정으로 '맛보고' 있는가? 이 질문에 대한 답을 찾아가는 여정이야말로, 눈으로 먼저 맛보는 시대를 살아가는 우리 모두의 과제일 것이다.

유튜브가 설계하는 미각 시나리오

유튜브, 보이지 않는 미각 설계자

오늘날 우리의 식탁은 더 이상 물리적인 공간에만 머무르지 않는다. 스마트폰 화면 속에서 펼쳐지는 화려한 음식의 향연은 현실의 식사만큼이나, 아니 어쩌면 그 이상으로 우리의 미각 경험과 음식에 대한 인식을 강력하게 지배하고 있다. 그리고 그 중심에는 세계 최대의 동영상 플랫폼이자 가장 영향력 있는 디지털 푸드 콘텐츠 유통 채널로, 2005년에 탄생한 유튜브YouTube가 자리 잡고 있다. 유튜브에서 음식 콘텐츠는 단순한 레시피 공유나 맛집 소개를 넘어, 지식 전달, 엔터테인먼트, 브랜딩 전략, 감정 치유, 심지어 정치적 메시지까지 담아내는 복합 미디어 장르로 진화했다. 2020년 한 해 동안 미국과 캐나다에서만 음식 및 음료 산업 관련 유튜브 인플루언서 영상의 도달 범위가 수십억 회에 달했다는 통계(Statista, 2024)는 유튜브가 식문화에 미치는 막대한 영향력을 단적으로 보여준다.

우리가 유튜브에서 접하는 수많은 음식 콘텐츠는 과연 개인의 순수한 취향을 반영하는 거울일까, 아니면 플랫폼에 의해 교묘하게 설계된 미각 시나리오의 결과일까? 이 글에서는 유튜브라는 거대한 플랫폼 자체가 어떻게 보이지 않는 손처럼 우리의 입맛을 설계하고 취향을 조형하는지에 주목하고자 한다. 그 핵심은 바로 유튜브의 심장부에서 작동하는 '알고리즘 기반 추천 시스템Algorithm-based Recommendation System'이다. 이 시스템은 우리가 무엇을 보고, 무엇을 먹고 싶어 하게 될지에 대해 생각보다 훨씬 더 깊숙이 관여하며, 때로는 인지하지 못하는 사이에 특정 방향으로 우리의 미각 세계를 이끌어간다. 유튜브는 과연 우리의 식사 동반자인가, 아니면 우리의 입맛마저 데이터로 관리하는 거대한 설계자인가? 이 질문을 따라가며, 알고리즘 시대의 식문화와 취향의 주권 문제를 탐색해볼 것이다.

알고리즘의 식탁 지배

유튜브의 추천 시스템은 언뜻 사용자의 취향을 존중하고 편리함을 제공하는 것처럼 보인다. 내가 즐겨 본 요리 채널, 검색했던 특정 메뉴, '좋아요'를 누른 영상 등을 기억하고 비슷한 콘텐츠를 끊임없이 제안한다. 하지만 이 개인 맞춤형 추천의 이면에는 우리가 미처 인지하지 못하는 강력한 '설계'의 힘이 숨어 있다. 유튜브 알고리즘의 최우선 목표는 사용자의 만족도 극대화가 아니라 '플랫폼 체류 시간의 극대화'다. 시스템은 사용자가 무엇을 '보고 싶어 하는지'보다 무엇을 '가장 오래 볼 것인지'를 예측하고, 그 가능성이 높은 콘텐츠를 우선적으로 노출시킨다. 이 과정에서 사용자의 과거 기록은 미래의 선택지를 제한하는 족쇄가 될 수 있다.

인터넷 활동가 일라이 패리저Eli Pariser가 그의 저서 『생각 조종자들*The Filter Bubble*』(2011)에서 경고했듯이, 알고리즘은 사용자를 자신만의 정보 거품, 즉 '필터 버블' 안에 가두는 경향이 있다. 사용자가 과거에 클릭하고 시청했던 콘텐츠와 유사한 정보만을 계속해서 보여줌으로써, 자신도 모르는 사이에 편향된 정보 환경에 갇히게 되는 것이다. 이는 음식 콘텐츠 소비에서도 예외가 아니다. 몇 번의 영상 시청 기록만으로도 알고리즘은 사용자의 '입맛 프로필'을 구축하고, 그에 맞춰 비슷한 종류의 음식(예: 일식 위주), 비슷한 조리 방식(예: 자극적인 매운 음식), 혹은 비슷한 국가의 요리 영상만을 집중적으로 추천할 수 있다. 사용자는 자신이 능동적으로 취향에 맞는 영상을 '선택'한다고 느끼지만, 실제로는 알고리즘이 미리 좁혀놓은 제한된 범위 안에서 움직이고 있을 가능성이 높다. 이는 마치 잘 꾸며진 뷔페식당에 초대받았지만, 안내받은 테이블 주변의 몇 가지 음식 외에는 다른 메뉴가 있다는 사실조차 모르게 되는 상황과 같다.

이러한 필터 버블은 단순히 정보 편식을 넘어, 미각 경험의 다양성을 심각하게 저해할 수 있다. 알고리즘이 추천하는 익숙하고 안전한 선택지에 길들여지면서, 우리는 낯설지만 새로운 맛, 다른 문화권의 음식, 혹은 건강하지만 덜 자극적인 요리에 대한 탐색 기회를 점점 잃어버리게 된다. 또한 알고리즘은 종종 사회적으로 이미 널리 퍼져 있는 편견이나 고정관념을 학습하고 증폭시키는 경향을 보이기도 한다(Noble, 2018). 예를 들어 특정 문화권의 음식에 대한 부정적인 이미지가 담긴 콘텐츠가 알고리즘에 의해 반복 노출된다면, 사용자는 무의식적으로 해당 음식 문화에 대한 편견을 강화할 수 있다. 결국 알고리즘의 식탁 지배는 개인의 미각 경험을 획일화하고, 문화적 다양성에 대한 이해를 저해하며, 나아가 우리가 세상을 인식하는 방식마저 왜곡할 수 있는 잠재적 위험을 가지고 있다.

플랫폼 최적화의 그늘

유튜브 알고리즘의 영향력은 단순히 시청자의 선택 범위를 제한하는 데 그치지 않는다. 이는 콘텐츠를 생산하는 크리에이터들의 제작 방식에도 깊숙이 관여하며, 결과적으로 플랫폼 생태계 전체의 콘텐츠 지형을 바꾸어놓는다. 크리에이터들은 더 많은 노출과 수익을 얻기 위해 알고리즘이 선호하는 방식으로 콘텐츠를 '최적화'하려는 강한 유혹을 받는다. 시청 시간, 클릭률, 시청자 유지율 등 알고리즘이 중요하게 여기는 지표들을 높이기 위해 영상의 길이, 편집 속도, 섬네일 디자인, 제목 키워드 등을 전략적으로 조정하는 것이다(Hootsuite, 2025). 이러한 알고리즘 친화적 제작 방식은 음식 콘텐츠 영역에서도 예외 없이 나타나며, 때로는 내용의 질이나 다양성보다 플랫폼에서의 생존과 성공을 우선시하는 결과를 낳는다.

'먹방' 현상은 이러한 플랫폼 최적화의 대표적인 사례로 볼 수 있다. 먹방이 지닌 여러 매력 요소들, 예를 들어 과장된 양의 음식, 자극적인 소리, 빠른 편집 리듬, 크리에이터의 즉각적인 반응 등은 단순히 시청자의 원초적 욕망을 자극하는 것을 넘어, 유튜브 알고리즘이 선호하는 특성들과 절묘하게 맞아떨어진다. 높은 시청각적 자극은 시청자의 이탈을 막고 시청 시간을 늘리는 데 유리하며, 실시간 소통과 크리에이터의 퍼포먼스는 시청자 참여와 충성도를 높이는 효과를 가져온다. 크리에이터들은 이러한 점을 인지하고 더욱 자극적이고 극단적인 방식으로 콘텐츠를 제작하려는 경향을 보이며, 이는 다시 알고리즘에 의해 더 많은 시청자에게 추천되는 선순환(혹은 악순환) 구조를 만든다. 결과적으로 '보고 싶은 음식'은 점차 '알고리즘이 계속 보여주는 음식', 즉 플랫폼에 최적화된 형식의 콘텐츠로 대체될 위험이 커진다.

이러한 플랫폼 최적화 경쟁은 음식 콘텐츠의 획일화를 심화시킬 수 있다. 알고리즘의 선택을 받기 위해 특정 형식이나 자극적인 요소가 반복적으로 사용되면서, 차분하고 깊이 있는 내용을 다루거나 실험적인 형식을 시도하는 콘텐츠는 상대적으로 주목받기 어려워진다. '좋아요'와 조회수가 높은 음식이 곧 '맛있는 음식'이나 '가치 있는 음식'으로 여겨지게 되고, 시청자들은 점차 이러한 인기 콘텐츠의 기준에 자신의 입맛을 맞춰가게 된다. 이는 마치 베스트셀러 목록이 시민의 독서 취향을 획일화하는 것과 유사한 효과를 낳는다. 유튜브라는 거대한 플랫폼 안에서 알고리즘은 보이지 않는 편집자처럼 작동하며, 어떤 음식이 더 많이 보여지고 이야기될지를 결정한다. 그 결과, 우리의 식탁은 더욱 풍성해지는 것처럼 보이지만, 실제로는 플랫폼이 선호하는 특정 취향과 형식의 그림자 아래 놓이게 되는 것이다.

K-푸드 확산 vs 식문화 획일화

유튜브 알고리즘이 주도하는 음식 콘텐츠 생태계는 분명 긍정적인 측면도 가지고 있다. K-푸드의 세계적인 인기는 유튜브를 통한 확산 없이는 불가능했을 것이며, 지역의 숨겨진 맛집이나 잊혀가던 전통 음식이 재조명받는 기회를 얻기도 한다. 다양한 문화권의 음식이 국경을 넘어 소개되고 소통되는 창구로서 유튜브의 역할은 분명 의미가 있다. 하지만 이러한 빛의 이면에는 우리가 경계해야 할 짙은 그림자 또한 존재한다. 알고리즘이 만들어내는 필터 버블과 플랫폼 최적화 경향은 자칫 식문화의 획일화를 초래하고, 우리의 미각 경험을 편협하게 만들며, 현실과 동떨어진 음식 이미지를 확산시킬 수 있기 때문이다.

가장 우려되는 지점은 앞서 언급한 '미각 경험의 편향성' 심화다. 알고리즘이 추천하는 익숙하고 자극적인 콘텐츠에 반복적으로 노출되면서, 사용자들은 점차 새로운 맛이나 낯선 식재료, 다른 문화권의 음식에 대한 호기심과 수용성을 잃어버릴 수 있다. 이는 개인의 식습관을 단조롭게 만들 뿐만 아니라, 장기적으로는 사회 전체의 식문화 다양성을 위축시키는 결과를 낳을 수 있다. 실제로 최근 연구들은 소셜 미디어 이용이 특히 청소년과 청년층의 식습관에 부정적인 영향을 미칠 수 있음을 지속적으로 경고하고 있다. 과도한 소셜 미디어 사용이 아침 식사 거르기, 가공식품 섭취 증가 등 건강하지 못한 식습관과 연관되거나(Li et al., 2025), 심지어는 소셜 미디어상의 음식 관련 게시물이 실제 식습관 변화에 영향을 미친다는 연구 결과도 보고되고 있다(Alruwaili et al., 2023). 알고리즘이 추천하는 인기 푸드 콘텐츠가 대부분 고칼로리, 고지방, 고당분 음식에 집중되는 경향(Kang et al., 2020)을 고려할 때, 이러한 우려는 더욱 커질 수밖에 없다.

또한 유튜브 속 음식 이미지는 종종 현실의 복잡한 맥락이 제거된 채 이상화되거나 과장되어 소비된다. 화려한 플레이팅, 극적인 조명, 과장된 리액션 속에서 음식은 맛과 영양, 문화적 의미보다는 시각적 스펙터클이나 감정적 대리 만족의 대상으로 전락하기 쉽다. 이는 음식에 대한 피상적인 이해를 낳고, 실제 식사 경험과의 괴리를 심화시킨다. 예를 들어, 특정 국가의 음식이 오직 맵고 자극적인 '챌린지'의 대상으로만 소비되거나, 복잡한 조리 과정과 문화적 배경이 생략된 채 인증샷의 소재로만 활용되는 경우가 그렇다. 이러한 '알고리즘적 미각'은 우리를 플랫폼이 설계한 입맛에 길들게 하고, 음식과 식문화에 대한 깊이 있는 이해와 존중을 방해할 수 있다. 우리는 화면 속에서 넘쳐나는 음식 정보의 홍수 속에, 오히려 진짜 맛과 그 의미를 잃어버리고 있는 것은 아닐까?

취향의 주권을 되찾기 위한 푸드커뮤니케이션

우리는 유튜브에서 원하는 영상을 자유롭게 선택하고 소비한다고 믿지만, 그 믿음은 절반의 진실일 뿐이다. 유튜브 알고리즘은 보이지 않는 손처럼 작동하며 우리가 무엇을 보고, 무엇에 끌리고, 궁극적으로 무엇을 '맛있다'고 느끼게 될지에 깊숙이 관여한다. 그 결과, 유튜브 시대의 입맛은 개인의 순수한 경험과 주체적인 선택의 결과라기보다는, 플랫폼이라는 거대한 구조 속에서 데이터에 의해 훈련되고 설계된 산물일 가능성이 커진다. 우리는 알고리즘적 미각에 길들여져, 정작 우리 자신의 진정한 취향과 식문화의 다채로움을 잃어버리고 있는 것은 아닐까?

이러한 현실 인식은 절망적이지만, 동시에 새로운 가능성을 열어준다. 바로 '취향의 주권'을 되찾기 위한 노력의 필요성이다. 우리는 알고리즘의 영향력을 인지하고, 그것이 만들어내는 정보 환경과 미각 시나리오를 비판적으로 성찰할 필요가 있다. 이를 위해 푸드커뮤니케이션의 역할은 그 어느 때보다 중요해진다. 푸드커뮤니케이션은 단순히 음식 정보를 전달하는 것을 넘어, 사람들이 미디어 환경을 주체적으로 이해하고 건강한 식문화를 형성하도록 돕는 적극적인 개입 전략이 되어야 한다.

구체적으로는 미디어 리터러시Media Literacy(매체 문해력)[3] 교육의 강화가 시급하다. 사용자, 특히 어린이와 청소년들이 알고리즘의 작동 원리를 이해하고, 추천되는 콘텐츠의 이면을 비판적으로 읽어낼 수 있는 능력을 길러주어야 한다(Pinto et al., 2022). 음식 광고나 인플루언서 마케팅의 숨겨진 의도를 파악하고, 화면 속 이미지와 현실의 식사 경험 사이의 간극을 인식하는 훈련이 필요하다. 또한 푸드커뮤니케이션은 획일화된 미각 경험에서 벗어나 다양한 맛과 식문화를 탐색하도록 장려해야 한다. 지역 식재료 활용, 슬로푸드 운동, 타문화 음식 체험 등 알고리즘의 추천 목록 바깥에 있는 풍부한 미각 세계를 적극적으로 소개하고 연결하는 노력이 필요하다. 디지털 플랫폼을 활용하되, 그 안에서 길을 잃지 않고 오히려 현실 식탁의 의미와 가치를 재발견하도록 돕는 것, 이것이 디지털 시대 푸드커뮤니케이션의 핵심 과제가 될 것이다(Spiteri et al., 2025).

"당신의 입맛은 누구의 데이터로 만들어지고 있는가?" 이 질문에 대한 답은 우리 각자의 성찰과 선택에 달려 있다. 알고리즘의 편리함에 안주할 것인가, 아니면 조금 불편하더라도 내 감각과 경험을 믿고 주체적으로 미각 세계를 넓혀갈 것인가? 푸드커뮤니케이션은 이 질문 앞에서 소비자가 현명한 길을 찾도록 돕는 나침반이 되어야 할 것이다.

누구를 위해 먹는가?

먹방과 혼밥 사이

혼밥은 외로워

혼자 사는 사람은 늘어나지만, 혼자 밥 먹는 일은 여전히 많은 이들에게 쓸쓸함으로 다가온다. 통계청(2024)에 따르면 2023년 기준 한국의 1인 가구는 이미 전체 가구의 35.5%를 넘어섰고, 세 집 건너 한 집은 홀로 살아가는 시대가 되었다. 하지만 이 숫자의 증가가 곧 '혼자'에 대한 완전한 적응을 의미하지는 않는다. 북적이는 식탁의 온기, 마주 앉은 이와의 눈 맞춤, 소소한 대화가 사라진 자리에 놓인 것은 차가운 정적과 고립감일 때가 많다. 실제로 서울연구원(2022)의 조사에서 서울시 1인 가구의 외로움 경험 비율은 무려 62.1%에 달했으며, 많은 이들이 균형 잡힌 식사의 어려움(한국경제, 2024)과 함께 정서적 공허함을 호소했다. 바로 이 현대 사회의 깊어진 '공감의 공백' 속에서, 어쩌면 필연적으로, '먹방'이라는 기묘한 미디어 장르가 탄생했는지도 모른다. 먹방은 단순히 누군가가 음식을 먹는 모습을 보여주는 것을 넘어, 외로운 식사 시간을 '함께하는 듯한' 감각으로 채우려는 미디어적 발명품에 가깝다.

공감의 공백과 먹방의 발명

먹방의 기본 구조는 놀라울 정도로 단순하다. 1인 방송 진행자(BJ, 스트리머)가 카메라 앞에 홀로 앉아 산더미처럼 쌓인 음식을 먹는다. 때로는 맛을 음미하는 소리를 내고, 표정으로 반응을 보여주며, 시청자들과 실시간으로 소통한다. 이 단출한 형식은 한국에서 시작되어 일본, 중국, 미국을 비롯한 전 세계로 빠르게 퍼져나가 하나의 문화 현상이 되었다. 2016년에는 CNN이 'Mukbang'을 "함께 식사하는 소셜 이팅social eating"으로 소개하며 세계적으로 주목받았다. 하지만 이 단순함 뒤에는 현대인의 복잡한 심리 구조와 사회적 욕망이 겹겹이 숨겨져 있다. 먹방은 왜 이토록 많은 사람을 사로잡는 것일까? 화면 속 누군가의 식사 행위가 어떻게 외로움을 달래고, 욕망을 충족시키며, 심지어 공동체적 유대감까지 만들어내는 것일까?

앞선 장에서는 스마트폰과 소셜 미디어가 주도하는 시각 중심 문화 속에서 음식 이미지가 어떻게 소비되고 우리의 감각 경험을 재구성하는지를 살펴보았다. 음식 사진이 정체성 표현의 수단이 되고, '인스타그래머블'한 비주얼이 맛보다 중요해지는 현상을 통해, 우리는 디지털 시대 식문화의 단면을 목격했다. 이 글에서는 그 논의를 더욱 구체적인 미디어 장르인 '먹방'으로 옮겨와, 그 속에 담긴 사회심리학적 의미를 깊이 파헤쳐 보고자 한다.

먹방은 단순히 시각적 자극을 넘어 청각, 그리고 '대리 감각'과 '정서적 교감'이라는 더 복잡한 차원의 경험을 제공한다. 먹방은 과연 무엇을 먹고, 무엇을 보여주는 콘텐츠인가? 우리는 화면 속 식탁을 통해 무엇을 욕망하고, 무엇으로부터 위로받는가? 이 질문들을 따라가며, 먹방이라는 프리즘을 통해 디지털 시대 식사의 의미와 푸드커뮤니케이션의 새로운 과제를 탐색해본다.

먹지 않고도 먹은 듯한 감각

먹방이 제공하는 가장 즉각적이고 강력한 매력은 바로 '대리 만족'에 있다. 화면 가득 펼쳐놓은 기름진 치킨, 산처럼 쌓인 매운 떡볶이, 입안 가득 터지는 육즙 소리, 후루룩 면을 흡입하는 경쾌한 리듬……. 먹방은 종종 현실에서는 쉽게 허락되지 않는 과잉된 식욕과 감각적 쾌락을 극대화해 전시한다. 시청자들은 이를 지켜보며 마치 자신이 직접 그 음식을 먹는 듯한 착각에 빠지거나, 혹은 먹고 싶은 욕망을 화면 속 BJ를 통해 간접적으로 해소한다. 다이어트 중이거나 건강상의 이유로 특정 음식을 피해야 하는 상황에서 먹방 시청은 금지된 쾌락을 안전하게 즐기는 하나의 방편이 된다. '먹지 않고도 먹은 듯한 감각', 이것이야말로 먹방이 제공하는 핵심적인 판타지 중 하나다.

이러한 대리 만족의 심리는 현대 사회의 자기 억제적 문화와 깊은 관련이 있다. 건강과 외모 관리에 대한 사회적 압박 속에서 우리는 끊임없이 식욕을 통제하고 칼로리를 계산하도록 요구받는다. 먹고 싶은 것을 마음껏 먹는 행위는 종종 죄책감이나 불안감을 동반한다. 먹방은 바로 이러한 억눌린 욕망이 분출되는 안전한 배출구 역할을 한다. BJ의 과장된 식사 행위는 현실의 제약을 뛰어넘는 해방감을 선사하며, 시청자는 이를 통해 자신의 욕망을 투사하고 대리 실현하는 경험을 한다. 신경과학에서는 타인의 행동을 관찰하는 것만으로도 마치 자신이 그 행동을 하는 것처럼 뇌의 특정 영역, 이른바 '거울 뉴런Mirror Neuron' 시스템이 활성화된다고 설명한다. 먹방 시청 시 느끼는 생생한 대리 감각 역시 이와 무관하지 않을 것이다. 화면 속 BJ의 즐거움과 만족감이 고스란히 시청자에게 전이되는 듯한 느낌을 주는 것이다. 실제로 한 연구에서는 긍정적 감정 상태에서 먹방을 시청할 때 대리 만족감이 더 증가하는 경향을 보이기도 했다(Kim & Hwang, 2022).

더 나아가 먹방은 단순한 식욕 해소를 넘어, 감각적 경험 자체를 소비하는 형태로 진화한다. 극단적으로 맵거나 단 음식, 희귀하거나 값비싼 식재료, 혹은 기상천외한 조합의 메뉴 등은 시청자의 호기심을 자극하고 새로운 감각적 경험에 대한 기대를 품게 한다. 특히 ASMRAutonomous Sensory Meridian Response(자율 감각 쾌락 반응)과 결합된 먹방은 바삭거리는 튀김 소리, 꾸덕한 소스의 질감, 아삭한 채소 소리 등을 극대화해 청각적 쾌감을 제공한다. 이는 앞서 다룬 '푸드 포르노' 현상과 유사하게, 음식의 실제 맛이나 영양보다는 시청각적 자극 자체에 집중하는 경향을 보여준다. 다만 푸드 포르노가 주로 정지된 이미지나 짧은 영상을 통해 시각적 탐닉을 유도한다면, 먹방은 실시간 상호작용과 BJ의 퍼포먼스를 통해 더욱 생생하고 몰입감 있는 대리 감각 경험을 제공한다는 차이가 있다.

먹방은 우리의 원초적인 식욕과 감각적 쾌락에 대한 갈망을 정확히 파고든다. 현실의 제약 속에서 억눌렸던 욕망은 스크린이라는 가상의 공간에서 BJ의 몸을 빌려 마음껏 펼쳐지고, 시청자는 이를 안전하게 관음하며 대리 만족을 얻는다. 먹방은 그렇게 현대인의 욕망이 투사되고 소비되는 거대한 스크린이자, 감각적 판타지가 실현되는 디지털 극장이 되었다.

먹방=혼밥 시대의 디지털 동반자

물론 먹방이 단지 억눌린 욕망을 해소하는 대리 만족의 스크린 역할만 하는 것은 아니다. 그 이면에는 외로움과 고립감에 지친 현대인들에게 따뜻한 위로와 정서적 유대감을 제공하는 '디지털 식탁'으로서의 기능이 자리 잡고 있다. 특히 1인 가구가 급증하고 사회적 관계망이 약화되는 추세 속에서, 먹방은 혼자 밥 먹는 이들에게 가상의 동반자이자 소통의 창구가 되어준다.

먹방의 가장 큰 매력 중 하나는 BJ와 시청자, 혹은 시청자들 사이에서 형성되는 실시간 상호작용과 친밀감이다. 시청자들은 라이브 스트리밍 중 채팅을 통해 BJ에게 말을 걸고, 음식에 대한 감상을 나누며, 때로는 개인적인 고민을 털어놓기도 한다. BJ는 이러한 소통에 적극적으로 반응하며 마치 친구나 가족과 함께 식사하는 듯한 분위기를 연출한다. 이러한 상호작용은 단순한 정보 교환을 넘어 정서적 교감을 가능하게 하며, 시청자들에게 소속감과 안정감을 제공한다. 한 연구에서는 특정 먹방 BJ의 시청자들이 서로를 '가족'으로 인식하며 강한 정서적 유대감을 형성하는 사례를 보고하기도 했다(안진, 최영, 2016). 이는 물리적인 공간을 공유하지 않더라도 미디어를 매개로 친밀한 관계와 공동체 의식이 형성될 수 있음을 보여준다.

이러한 '디지털 동석자'로서의 먹방의 역할은 코로나19 팬데믹을 거치면서 더욱 중요해졌다. 사회적 거리두기로 인해 대면 만남이 어려워지고 고립감이 심화되면서, 많은 이들이 먹방을 통해 외로움을 달래고 타인과의 연결감을 유지하려 했다. 화면 속 BJ와 함께 식사 시간을 공유하는 것은 단절된 일상 속에서 예측 가능하고 안정적인 위안을 주는 하나의 루

틴이 되었다. 설문 조사에서도 먹방 시청자들이 BJ와의 가상 커뮤니케이션을 통해 심리적 만족감과 위로를 얻는다는 응답이 다수 나타났다(엠브레인 트렌드모니터, 2021). 이는 먹방이 단순한 오락 콘텐츠를 넘어, 현대인의 정서적 허기를 채우고 사회적 관계를 보완하는 중요한 역할을 수행하고 있음을 시사한다(나은경, 이승선, 2016).

물론 이러한 디지털 유대감은 실제 대면 관계를 완전히 대체할 수는 없다. 화면 너머의 관계는 때로 피상적이거나 일방적일 수 있으며, 과도한 몰입은 현실 도피로 이어질 위험도 있다. 하지만 분명한 것은, 먹방이 혼밥 시대의 외로움이라는 사회적 문제에 대한 하나의 문화적 대응 방식으로 자리 잡았다는 점이다. 먹방은 차갑게 식어버린 식탁 위에 온기를 불어넣고, 끊어진 관계의 틈을 메우며, 외로운 개인들을 느슨하게 연결하는 가상의 식사 공동체를 만들어가고 있다. 그것은 때로는 시끌벅적하고 때로는 조용하지만, 분명 누군가에게는 절실한 위로의 식탁이 되어주고 있다.

먹방의 빛과 그림자

이처럼 먹방이 현대인의 욕망을 대리 충족시키고 외로움을 달래주는 긍정적인 기능을 수행하는 것은 분명해 보인다. 하지만 그 화려한 스크린 뒤편에는 우리가 간과해서는 안 될 어두운 그림자 또한 드리워져 있다. 먹방은 단순한 위로의 식탁을 넘어, 때로는 과도한 소비주의를 부추기고, 건강에 대한 왜곡된 인식을 심어주며, 먹는 행위 자체의 진정성을 훼손하는 양날의 검이 되기도 한다.

가장 먼저 지적되는 문제점은 먹방이 조장하는 소비주의적 미학이다. 더 많은 양, 더 자극적인 맛, 더 비싼 음식, 더 화려한 퍼포먼스를 향한 경쟁은 끝없이 이어진다. BJ들은 시청자의 시선을 사로잡기 위해 점점 더 극단적인 섭취 방식을 선보이고, 이는 종종 음식 낭비나 불필요한 과소비로 이어진다. '먹방 세트'라는 이름으로 판매되는 과도한 양의 음식 메뉴들은 이러한 소비문화를 단적으로 보여준다. 시청자들은 화면 속 풍요로움을 대리 경험하며 쾌감을 느낄지 모르지만, 그 과정에서 음식의 소중함이나 적절한 소비에 대한 감각은 무뎌지기 쉽다. 또한 먹방 콘텐츠의 상당수가 특정 음식이나 브랜드에 대한 광고·협찬과 연결되면서, 시청자들은 자신도 모르게 상업적 메시지에 노출되고 소비를 유도당하기도 한다.

〈그림 11〉 인기 먹방 유튜버와 협업한 먹방 세트[4]

더욱 심각한 문제는 먹방이 건강에 미치는 잠재적인 악영향이다. 밤늦게 고칼로리 음식을 폭식하거나, 비정상적으로 많은 양을 한꺼번에 섭취하는 행위가 미디어에서 반복적으로 노출되면서, 이러한 식습관이 마치 정상적이거나 심지어 매력적인 것처럼 왜곡될 수 있다. 실제로 다수의 연구에서 먹방 시청과 비만 위험 증가 사이의 연관성이 제기되고 있다. 연세의대 연구팀은 먹방 시청이 청소년의 비만 위험을 높일 수 있다고 경고했으며(김수진, 2024), 다른 연구에서는 주당 먹방 시청 시간이 길수록 체중이 더 많이 나가는 경향을 보이거나(김민준, 2021), 식사량이 평소보다 증가하고 과식하는 문제와 관련될 수 있음을 시사했다(하이닥, 2022). 물론 먹방 시청이 직접적인 원인이라고 단정하기는 어렵지만, 폭식하는 식습관을 미화하고 모방 심리를 자극할 수 있다는 점은 분명 우려스러운 대목이다.

마지막으로, 먹방은 먹는 행위 자체를 '과시적인 엔터테인먼트 퍼포먼스'로 전락시킬 위험을 안고 있다. BJ에게 식사는 더 이상 개인적인 즐거움이나 영양 섭취의 과정이 아니라, 시청자의 '좋아요'와 후원(별풍선 등)을 얻기 위한 수단이 된다. 맛을 음미하기보다는 과장된 리액션을 보여주고, 더 자극적인 도전을 감행하며, 때로는 건강을 해치면서까지 시청자의 요구에 부응하려 한다. 이러한 과정에서 음식에 대한 존중이나 식사 예절, 함께 먹는 즐거움과 같은 전통적인 가치는 희미해지고, 오직 '보여주기 위한 식사'만이 남게 될 수 있다. 먹는 행위가 조회수와 수익을 위한 도구가 되면서, 그 본질적인 의미와 즐거움이 퇴색되는 것이다.

먹방은 욕망의 해소와 위로라는 달콤한 얼굴 뒤에 소비주의, 건강 문제, 퍼포먼스화라는 씁쓸한 이면을 동시에 가지고 있다. 우리는 먹방이 제공하는 즐거움과 위안을 누리면서도, 그 안에 숨겨진 문제점들을 비판적으로 인식하고 성찰할 필요가 있다. 미디어 리터러시 교육 등을 통해 먹방 콘텐츠를 건강하게 소비하고, 그 이면에 가려진 식사의 진정한 의미를 되새기는 노력이 요구되는 시점이다.

'먹방'을 넘어 '술방'으로

이제 우리는 단순히 음식을 '먹는' 것을 넘어서, 누군가의 '마시는' 모습도 시청한다. 그것도 혼자 술을 마시는 장면이다. 소위 먹방의 하위 장르인 '술방酒放'이라 불리는 이 장르는 1인 미디어의 새로운 형태로 자리 잡았고, 그 안에는 음주 이상의 커뮤니케이션 코드가 숨어 있다. 술방은 단순한 관음적 콘텐츠가 아니라, 현대인의 정서적 허기를 달래는 푸드커뮤니케이션의 새로운 양태이자, '주류광고의 우회적 진화'다.

한 연구(강승미, 유주연, 유승철, 2021)는 술방의 시청 동기를 다섯 가지로 정리한다. ① 스트레스 해소, ② 외로움 해소, ③ 정보 탐색, ④ 시간 때우기, ⑤ 재미 추구. 주목할 점은 술방이 단순히 오락적 목적을 넘어, 시청자의 감정적 결핍과 심리적 욕구를 메우는 매개체로 기능한다는 점이다. 즉 술을 마시는 콘텐츠는 '혼술'을 하는 시청자에게 일종의 대리적 동반자 역할을 하며, 외로움을 상쇄하는 소통의 장場을 제공한다. 이는 푸드커뮤니케이션이 단순한 음식 정보 전달을 넘어, 감정적 연대Empathic Bonding와 정체성 구성Identity Construction에 기여하는 새로운 양상으로 진화하고 있다는 것을 보여준다. 특히 코로나19 팬데믹 시기, 사회적 고립감이 극대화되면서 이 같은 정서적 니즈는 더욱 강화되었다.

2022년 후속 연구(강승미, 유승철)에서 두 저자는 술방이 실제로 주류 브랜드에 대한 태도와 구매 의도에 어떤 영향을 미치는지를 실증적으로 분석했다. 핵심 변수는 '진정성 인식Perceived Authenticity'이었다. 시청자가 술방 콘텐츠에 대해 얼마나 진정성을 느꼈는가가 주류 제품에 대한 호감도, 신뢰도, 구매 의도에 모두 긍정적 영향을 미쳤다. 이는 푸드커뮤니케이션이 단순히 정보를 전달하거나 시청을 유도하는 차원을 넘어, 감정적 설득Emotional Persuasion과 브랜드 태도 형성에 중대한 역할을 한다는 것을 시사한다. 특히 술방은 광고임을 명시하지 않아도 시청자는 콘텐츠의 분위기, 진행자의 말투, 소비 행태를 통해 브랜드에 대한 신뢰를 자연스럽게 형성하게 된다. 이것이야말로 기존 광고의 제한을 우회하는 '하이브리드 광고형 커뮤니케이션'의 전형이다.

대한민국은 세계적으로도 주류광고 규제가 강한 나라다. 방송 시간, 모델 연령, 음주 장면 노출 등 다양한 제한이 존재한다. 그러나 유튜브와 같은 플랫폼에서는 이러한 규제가 사실상 작동하지 않는다. 따라서 술방은 콘텐츠라는 이름으로 포장된, 그러나 감정적 설득을 무기로 하는 신新광고 영역이다. 이러한 현상은 푸드커뮤니케이션의 윤리적 경계Ethical Boundary에 대한 재논의를 촉발한다. 술방은 마케팅적 측면에서는 주류 브랜드에게 중요한 기회지만, 동시에 사회적 책임의 무게도 따른다. 특히 청소년 유입 가능성, 음주 행동의 미화, 비건·건강 트렌드와의 충돌 등 복합적 쟁점이 존재한다. 이는 앞으로 술방이 브랜드 커뮤니케이션 도구로 계속 확장되기 위해서는 자율 규제 및 윤리 가이드라인 구축이 병행되어야 함을 시사한다.

먹방은 '먹는 감정'이다

결국 먹방은 단순히 '먹는 행위'를 보여주는 콘텐츠가 아니다. 그것은 외로움, 욕망, 관계에 대한 갈망, 그리고 때로는 과시와 경쟁 심리까지, 현대인의 복잡다단한 감정이 투영되고 소비되는 '먹는 감정'의 현장이다. 화면 속 BJ는 음식을 대신 먹어주는 대리자이자, 외로운 식사 시간을 함께 해주는 디지털 동반자이며, 때로는 우리가 선망하거나 혹은 비판하는 욕망의 화신이 된다. 먹방 시청은 단순히 눈과 귀를 즐겁게 하는 오락을 넘어, 현대 사회의 심리적 공백을 메우고 감각적 경험을 재구성하며, 나아가 식사의 의미 자체를 변화시키는 강력한 문화적 실천으로 자리잡았다.

먹방과 술방 현상은 푸드커뮤니케이션 연구에 중요한 질문을 던진다. 나은경과 이승선(2016) 등이 지적했듯, 먹방/쿡방의 유행은 음식과 요리에 대한 사회적 관심 증가와 함께 1인 가구 증가, 미디어 환경 변화 등 복합적인 사회문화적 맥락 속에서 이해되어야 한다. 미디어가 어떻게 식사라는 지극히 개인적이고 감각적인 경험을 공적인 소통과 사회적 관계로 확장시키는가? 디지털 기술은 우리의 미각 경험과 음식에 대한 인식을 어떻게 재편하고 있는가? 먹방이 제공하는 대리 만족과 정서적 유대감의 이면에는 어떤 위험과 한계가 도사리고 있는가? 푸드커뮤니케이션은 이러한 질문들에 답하며, 먹방이라는 현상을 통해 드러나는 디지털 시대 식문화의 명암을 깊이 있게 성찰해야 한다. 단순히 현상을 분석하는 것을 넘어, 어떻게 하면 미디어를 통해 더욱 건강하고 의미 있는 식사 경험과 소통 문화를 만들어갈 수 있을지에 대한 대안적 고민 또한 필요하다.

기술은 외로움을 달래는 가상의 동반자를 제공하고, 현실의 제약을 넘어선 감각적 판타지를 실현시켜주지만, 동시에 과도한 소비를 부추기고 건강을 위협하며, 진정한 인간관계와 식사의 의미를 퇴색시킬 위험도 안고 있다. 미래의 식탁은 아마도 현실과 가상이 더욱 복잡하게 얽히고, 기술이 매개하는 감각 경험이 더욱 일상화될 것이다. 이러한 시대에 우리는 무엇을 ‘먹고’ 무엇을 ‘느끼며’ 살아갈 것인가? 푸드커뮤니케이션은 바로 이 질문 앞에서, 기술과 인간, 감각과 감정, 미디어와 식탁 사이의 건강한 균형점을 찾아가는 길을 끊임없이 모색해야 할 것이다.

콘텐츠 스튜디오가 된 식당

식공간 커뮤니케이션

식당은 여전히 '밥 먹는 곳'인가?

오늘날 식당은 많은 이들에게 더 이상 단순히 허기를 달래는 장소가 아니다. 오히려 그곳은 '먹는 경험' 자체를 하나의 콘텐츠로 만들고, 소셜 미디어 속 디지털 자아를 연출하기 위한 정교하게 꾸며진 무대이자 배경 세트가 되었다. 인스타그램 피드를 가득 채운 화려한 음식 사진과 감각적인 공간 이미지는 이러한 변화를 극명하게 보여준다. 우리는 이제 음식을 '먹기' 전에 '찍고', 경험을 '즐기기' 전에 '공유'하는 시대에 살고 있다. 맛있는 음식을 먹는 행위만큼이나, 혹은 그 이상으로, 그 경험을 어떻게 기록하고 타인에게 보여줄 것인가가 중요해진 것이다.

이러한 푸드 콘텐츠화 현상은 소셜 미디어의 일상화와 밀접하게 연관된다. 한국언론진흥재단의 조사(2025)에 따르면, 한국인의 유튜브 이용률은 84.9%, 인스타그램 이용률은 38.6%에 달하며, 특히 젊은 세대를 중심으로 소셜 미디어를 통해 외식 정보를 얻고 공유하는 행태가 보편화되었다. 소셜 네트워크 서비스SNS 이용률이 높을수록 방문 외식 및 배달 외식 빈도가 높다는 연구 결과(김선영, 이주현, 2023)는 소셜 미디어가 단순히 정보를 얻는 채널을 넘어 실제 외식 행동에 직접적인 영향을 미치고 있음을 시사한다. 사람들은 더 이상 혼자 조용히 식사를 즐기는 데 만족하지 않고, 자신의 경험을 타인에게 전시하고 또 인정받으려는 욕구를 식공간을 통해 충족시킨다. 이는 사회학자 어빙 고프먼(Goffman, 1959)이 제시한 '자아 연출Presentation of Self' 개념과 맞닿아 있다. 개인이 사회적 상호작용 속에서 타인에게 특정한 인상을 심어주기 위해 자신의 외양, 태도, 언행 등을 관리하는 것처럼, 오늘날 소비자들은 소셜 미디어라는 확장된 무대 위에서 '어떤 식당에 가고 무엇을 먹는지'를 통해 자신의 정체성과 취향, 사회적 지위를 드러내고자 하는 것이다.

이처럼 식공간이 개인의 정체성을 표현하고 사회적 관계를 맺는 중요한 매개체로 부상하면서, 공간 자체가 지니는 의미와 역할 또한 변화하고 있다. 식당은 단순히 음식을 제공하는 기능을 넘어, 특정한 분위기, 감성, 스토리를 전달하는 '커뮤니케이션 채널'로 작동하기 시작했다. 우리는 이를 '식공간 커뮤니케이션'이라 부를 수 있다. 벽의 색감, 조명의 밝기, 테이블의 배치, 배경 음악, 심지어 직원의 유니폼까지, 공간을 구성하는 모든 요소가 의도된 메시지를 전달하며 소비자의 감각과 감정에 영향을 미친다. 이제 식당은 단순히 '밥 먹는 곳'이 아니라, 브랜드와 소비자가 만나고, 경험이 생산되며, 의미가 교환되는 '복합적인 커뮤니케이션의 장場'으로 진화하고 있는 것이다. 이 글에서는 이러한 식공간 커뮤니케이션이 구체적으로 어떻게 구현되고 있으며, 특히 '인스타그래머블'이라는 키워드를 중심으로 어떻게 공간 디자인과 메뉴 구성에까지 영향을 미치고 있는지 자세히 살펴볼 것이다.

인스타그래머블 디자인이 메뉴를 결정한다

소셜 미디어 시대, 특히 인스타그램의 막강한 영향력 아래 식공간 디자인의 문법이 근본적으로 재편되고 있다. '인스타그래머블Instagrammable', 즉 '인스타그램에 올릴 만한'이라는 신조어는 이제 단순히 시각적으로 매력적인 것을 넘어, 공간의 성공을 좌우하는 핵심 경쟁력이자 소비자의 선택을 이끄는 강력한 기준으로 자리 잡았다. 식당과 카페는 더 이상 음식의 맛이나 서비스의 질만으로 승부하지 않는다. 그 공간이 얼마나 '사진 찍기 좋은가', 얼마나 '독특하고 감각적인 이미지를 연출해 소셜 미디어 피드에서 주목받을 수 있는가'가 생존과 번영을 가르는 중요한 변수가 된 것이다.

이러한 인스타그래머블 디자인은 공간의 모든 요소를 카메라 렌즈를 통해 재구성한다. 벽면의 색감은 더 화사하고 대담하게, 조명은 음식과 인물을 가장 아름답게 비추도록 세심하게 조절되며, 테이블 간격은 옆 사람과의 대화보다는 배경이 잘 나오는 구도를 위해 조정되기도 한다. 네온사인 문구, 독특한 형태의 가구, 아기자기한 소품, 심지어 화장실의 거울 디자인까지, 공간의 모든 디테일은 잠재적인 '포토 스폿Photo Spot'으로서 기능하도록 치밀하게 계산된다. 서울 연남동의 핑크빛 디저트 카페, 성수동의 폐공장을 개조한 인더스트리얼 감성의 레스토랑, 혹은 제주도의 통유리창 너머로 바다가 보이는 오션뷰 카페 등은 모두 이러한 트렌드를 반영하며 소비자의 인증샷 욕구를 자극하는 대표적인 사례들이다. 흥미로운 점은 이러한 디자인 경쟁이 때로는 기능성이나 편안함 같은 전통적인 공간 가치를 부차적인 것으로 만들기도 한다는 것이다. 다소 불편한 의자, 협소한 테이블 간격, 혹은 비효율적인 동선마저도 '독특한 감성'이나

'힙한 분위기'라는 이름 아래 용인되곤 한다.

더 나아가 인스타그래머블 디자인은 단순히 공간의 미학을 넘어 메뉴 구성과 음식 자체의 형태에도 직접적인 영향을 미친다. 음식의 맛만큼이나, 혹은 그 이상으로 '보기 좋은' 비주얼이 중요해지면서, 플레이팅은 더욱 화려하고 예술적으로 진화하고 있다. 형형색색의 식용 꽃, 드라이아이스 연기, 독특한 모양의 식기 등은 이제 고급 레스토랑뿐만 아니라 일반 카페나 식당에서도 흔히 찾아볼 수 있는 요소가 되었다. 심지어 메뉴 개발 단계에서부터 '사진에 잘 나올 것인가'를 염두에 두고 색감, 형태, 질감 등을 고려하는 경우도 많다. 예를 들어, 무지개색 크림이 올라간 케이크, 구름 모양의 솜사탕이 얹어진 음료, 혹은 극단적으로 매운맛을 강조해 챌린지를 유도하는 음식 등은 맛 자체보다는 시각적 임팩트와 소셜 미디어에서의 화제성을 우선시한 결과물이라 할 수 있다. 인스타그램에서 푸드 스타일링의 시각적 요소가 소비자의 신뢰 및 구매 의도에 긍정적인 영향을 미친다는 연구는 이러한 현상이 단순한 유행을 넘어 실질적인 마케팅 효과로 이어지고 있음을 뒷받침한다. 결국 인스타그래머블 디자인은 소비자의 시선을 사로잡는 것뿐만 아니라 무엇을 먹고 마실지에 대한 결정 과정과 음식 자체의 본질까지 변화시키고 있는 것이다.

공간은 브랜드의 언어다

식공간이 단순히 음식을 소비하는 장소에서 경험을 생산하고 공유하는 무대로 변화하면서, 공간 자체가 브랜드의 정체성을 전달하는 강력한 커뮤니케이션 도구로 부상하고 있다. 이를 '공간 브랜딩Spatial Branding'이라 부를 수 있는데, 단순히 로고를 붙이거나 인테리어를 예쁘게 꾸미는 차원이 아니라 건축 디자인, 내부 레이아웃, 가구, 조명, 색채, 소재, 심지어 향기와 음악까지 공간의 모든 요소를 통해 브랜드의 철학과 가치, 스토리를 일관되게 전달하려는 전략적 접근이다. 소비자는 공간에 머무는 동안 오감을 통해 브랜드를 경험하고, 그 과정에서 브랜드에 대한 특정한 인상과 감정을 형성하게 된다.

이러한 공간 브랜딩 전략을 성공적으로 구사하는 대표적인 사례로 스타벅스를 들 수 있다. 스타벅스는 전 세계 어디를 가든 유사하면서도 각 지역의 특색을 반영한 공간 디자인을 통해 일관된 브랜드 경험을 제공한다. 편안한 소파와 의자, 따뜻한 조명, 부드러운 음악, 그리고 커피 향이 어우러진 스타벅스의 공간은 단순히 커피를 마시는 곳을 넘어, 집과 직장 사이의 '제3의 공간'으로서 휴식과 만남, 혹은 개인적인 작업을 위한 편안한 장소를 제공한다는 브랜드 철학을 효과적으로 전달한다(Michelli, 2007). 특히 '리저브Reserve' 매장과 같은 고급화 전략에서는 더욱 차별화된 소재와 디자인, 그리고 바리스타와의 긴밀한 소통을 강조하는 공간 구성을 통해 프리미엄 브랜드 이미지를 강화한다. 스타벅스의 성공은 단순히 커피 맛 때문만이 아니라, 이러한 공간 경험을 통해 소비자와 감성적인 유대감을 형성하고 브랜드 충성도를 높였기 때문에 가능했다.

또 다른 흥미로운 사례는 일본의 라이프스타일 브랜드 무지MUJI가 운영하는 '무지 호텔MUJI Hotel'과 '무지 다이너MUJI Diner'이다. 무지는 '이것으로 충분하다This is enough'라는 미니멀리즘 철학을 바탕으로, 불필요한 장식을 배제하고 소재 본연의 아름다움과 기능성에 집중하는 브랜드로 알려져 있다. 이러한 철학은 무지 호텔과 무지 다이너의 공간 디자인에도 그대로 반영된다. 간결한 선과 형태, 나무와 같은 자연 친화적인 소재, 부드럽고 차분한 색감으로 구성된 공간은 화려함보다는 편안함과 실용성을 강조하며, 무지가 추구하는 '간소하고 기분 좋은 삶'이라는 가치를 소비자가 직접 체험하게 한다. 특히 무지 다이너는 단순히 식사를 제공하는 것을 넘어, 식재료 본연의 맛을 살린 건강한 메뉴와 함께 식문화와 관련된 워크숍이나 이벤트를 개최하며 브랜드 철학을 더욱 깊이 있게 전달하는 커뮤니케이션 플랫폼 역할을 수행한다. 이러한 공간 브랜딩 전략은 소비자들이 단순히 제품을 구매하는 것을 넘어 브랜드의 가치관에 공감하고 라이프스타일 자체를 공유하도록 유도한다. 체험 마케팅을 활용한 브랜드 전략 연구들(예: Schmitt, 1999)은 이처럼 오감을 통해 긍정적인 브랜드 경험을 제공하는 것이 소비자의 감성적 만족도와 브랜드 충성도를 높이는 데 매우 효과적임을 보여준다.

결국 성공적인 공간 브랜딩은 단순히 보기 좋은 공간을 만드는 것을 넘어, 브랜드의 핵심 가치를 공간 언어로 번역해 소비자와 소통하는 과정이다. 스타벅스와 무지의 사례처럼, 잘 설계된 식공간은 브랜드의 철학을 전달하고, 소비자의 감성을 자극하며, 궁극적으로는 브랜드와 소비자 간의 깊은 관계를 구축하는 핵심적인 역할을 수행한다.

먹는 행위에서 '기록하는 경험'으로

식공간이 미디어 콘텐츠 생산을 위한 스튜디오로 진화하면서, 그곳을 찾는 소비자의 행동 양식 역시 근본적인 변화를 겪고 있다. 과거 소비자들이 식당을 찾는 주된 목적이 '맛있는 음식을 먹는 것'이었다면, 이제는

'특별한 경험을 하고 그것을 기록하고 공유하는 것'으로 무게 중심이 이동하고 있다. 음식의 맛은 여전히 중요한 요소지만, 그것만으로는 더 이상 충분하지 않다. 공간이 주는 분위기, 디자인의 독창성, 메뉴의 시각적 매력, 그리고 이 모든 것을 얼마나 효과적으로 사진이나 영상으로 담아낼 수 있는지가 소비자의 만족도와 재방문 의향에 결정적인 영향을 미치게 된 것이다.

이러한 변화는 특히 MZ세대에게서 두드러지게 나타난다. 이들은 디지털 환경에서 성장해 자신의 경험을 소셜 미디어를 통해 공유하고 타인과 소통하는 데 익숙하다. 이들에게 식공간은 단순히 식사를 해결하는 장소가 아니라, 자신의 취향과 라이프스타일을 드러내고 사회적 관계망 속에서 자신의 존재감을 확인하는 중요한 무대이다. 인증샷을 찍어 인스타그램에 올리고, 친구들과 공유하며 '좋아요'와 댓글을 통해 상호작용하는 일련의 과정은 이제 식사 경험의 일부가 되었다. 한 연구(Spence, 2017)에 따르면, 음식을 먹기 전에 사진을 찍는 행위가 이후 음식 맛에 대한 인식을 긍정적으로 변화시킬 수 있다고 한다. 이는 단순히 기록을 남기는 것을 넘어, 시각적 경험이 미각적 경험에 선행하거나 영향을 미치는 '감각의 전이' 현상을 보여준다. 또한 '경험 소비' 트렌드의 확산은 이러한 변화를 더욱 가속화한다. 소비자들은 단순히 물건을 소유하는 것보다 특별하고 기억에 남는 경험을 추구하며, 식공간은 이러한 경험을 제공하는 중요한 플랫폼으로 인식된다. 맛있는 음식과 더불어 독특한 인테리어, 흥미로운 스토리텔링, 혹은 참여형 이벤트 등을 통해 오감을 만족시키는 총체적인 경험을 제공하는 식당들이 각광받는 이유이다.

하지만 이러한 변화가 긍정적인 측면만 있는 것은 아니다. 경험의 기록과 공유에 대한 집착은 때때로 식사 본연의 즐거움, 즉 음식의 맛과 향을 음미하고 동반자와의 대화에 집중하는 행위를 방해하기도 한다. 끊임없이 스마트폰 카메라를 들이대고 완벽한 구도를 찾으려는 노력 속에서 음식은 식어버리고 대화는 단절되기 쉽다. 또한 소셜 미디어에 전시되는 화려하고 이상화된 식사 경험은 현실과의 괴리를 낳고, 타인과의 비교를 통해 상대적 박탈감이나 불안감을 유발할 수도 있다. 우리는 타인과 연결되고 인정받기 위해 끊임없이 경험을 전시하지만, 정작 그 과정에서 눈앞의 사람과 음식, 그리고 현재의 순간으로부터 소외될 위험에 처해 있는 것이다. 따라서 식공간에서의 경험 소비와 기록 행위가 가져오는 긍정적 측면과 부정적 측면을 균형 있게 인식하고, 기술과 인간적인 교감 사이에서 조화를 찾는 노력이 필요하다.

공간이 콘텐츠가 되는 시대, 푸드커뮤니케이션의 미래

인스타그래머블 디자인은 공간의 미학뿐 아니라 메뉴 구성과 음식 자체의 본질까지 변화시켰고, 공간 브랜딩은 소비자와 브랜드 간의 감성적 유대감을 형성하는 핵심 전략으로 부상했다. 또한 소비자들은 이제 단순히 음식을 '먹는' 행위를 넘어, 그 경험을 '기록하고 공유'하는 데 더 큰 가치를 두게 되었다.

이러한 변화의 흐름 속에서 미래의 식공간 커뮤니케이션은 어떤 방향으로 나아갈까? 몇 가지 중요한 흐름을 예측해볼 수 있다. 첫째, '진정성'에 대한 요구가 더욱 커질 것이다. 소셜 미디어에 넘쳐나는 과장되고 연출된 이미지에 대한 피로감이 쌓이면서, 소비자들은 꾸며지지 않은 날것

그대로의 경험, 지역의 특색이 담긴 고유한 이야기, 그리고 인간적인 교감을 갈망하게 될 것이라는 전망이 우세하다(예: Mintel, 2024). 따라서 단순히 시각적으로 화려한 공간보다는 그 공간만이 가진 진솔한 스토리와 철학을 전달하고 소비자와 진정성 있는 관계를 맺으려는 노력이 중요해질 것이다. 둘째, 기술과 경험의 융합이 가속화될 것이다. 증강현실AR 메뉴판, 개인 맞춤형 추천 시스템, 로봇 서빙 등 첨단 기술은 식공간 경험을 더욱 편리하고 흥미롭게 만들 잠재력을 지니고 있다(Grubtech, 2024). 중요한 것은 기술 자체가 목적이 아니라, 기술을 통해 어떻게 더 풍부하고 의미 있는 인간적인 경험을 제공할 것인가에 대한 고민이다. 셋째, 지속가능성과 윤리적 가치가 중요한 기준으로 부상할 것이다. 환경 문제와 사회적 책임에 대한 관심이 높아지면서, 친환경적인 소재를 사용하고 지역사회와 상생하며 공정무역 식재료를 사용하는 등 윤리적 가치를 실천하는 식공간이 소비자들의 지지를 얻게 될 것이다. 이는 단순히 트렌드를 따르는 것을 넘어, 브랜드의 진정성을 보여주는 중요한 척도가 될 수 있다.

결국 식공간이 콘텐츠 스튜디오가 된 시대에 푸드커뮤니케이션의 역할은 더욱 중요해진다. 단순히 정보를 전달하는 것이 아니라, 공간이라는 매체를 통해 브랜드의 가치를 공유하고, 소비자와 의미 있는 관계를 구축하며, 나아가 사회적으로 긍정적인 영향을 미치는 방향으로 나아가야 한다. 기술의 발전과 소비자의 변화 속에서, 식공간은 앞으로도 계속해서 진화하며 우리에게 새로운 미식 경험과 소통의 가능성을 열어줄 것이다. 중요한 것은 그 변화 속에서 우리가 무엇을 보고, 무엇을 느끼며, 어떤 이야기를 만들어갈 것인가 하는 점이다.

콘텐츠 셰프와 팬덤

콘텐츠 셰프의 시대

어느 날 당신은 스마트폰 화면 속에서 화려한 칼질이나 섬세한 플레이팅 대신, 엉뚱한 실수담을 늘어놓으며 소탈하게 웃는 요리 유튜버를 발견한다. 그의 주방은 최고급 설비로 빛나지도 않고, 레시피는 때로 투박하며, 요리 실력 자체만 놓고 보면 동네 맛집 사장님보다 뛰어나다고 말하기 어려울지 모른다. 하지만 당신은 어느새 그의 다음 영상을 기다리고, 그의 이야기에 귀 기울이며, 심지어 그가 추천하는 밀키트를 장바구니에 담는다. 무엇이 당신의 마음을 움직였을까? 정교한 손맛인가, 아니면 화면 너머로 느껴지는 그의 '사람 냄새'인가?

불과 얼마 전까지만 해도 '셰프'라는 단어는 하얀 조리복과 높은 모자, 그리고 오랜 수련으로 다져진 장인의 이미지를 떠올리게 했다. 주방은 신성한 공간이었고, 셰프의 권위는 미슐랭 별점이나 화려한 경력으로 증명되었다. 그들의 요리는 맛과 기술의 정점을 보여주는 예술 작품과 같았으며, 대중은 경외심을 가지고 그 결과물을 맛보거나 멀리서 동경했다. 그러나 디지털 미디어와 SNS의 발달은 주방의 풍경을 송두리째 바꾸어놓았다. 이제 주방은 누구나 카메라를 켜고 자신의 요리 과정을 공유할 수 있는 열린 무대가 되었고, 새로운 유형의 스타가 탄생했다. 바로 '콘텐츠 셰프'다.

이들은 전통적인 의미의 셰프와는 다른 방식으로 대중과 소통하고 영향력을 행사한다. 뛰어난 요리 실력은 여전히 중요한 요소일 수 있지만 그것이 전부는 아니다. 오히려 그들의 매력은 자신만의 독특한 캐릭터, 진솔한 이야기, 그리고 구독자와의 친밀한 상호작용에서 비롯되는 경우가 많다. 레시피는 더 이상 비밀스러운 비법이 아니라 소통의 매개체가 되고, 요리 과정은 기술 시연을 넘어 창작자의 개성과 삶을 보여주는 퍼포먼스가 된다. 음식은 이제 단순히 입으로 맛보는 미각의 대상을 넘어, 눈으로 보고 귀로 들으며 마음으로 공감하는 다층적인 콘텐츠로 소비된다.

레시피의 종말? 기술보다 중요한 것

과거, 요리의 세계는 비밀스러운 레시피와 숙련된 기술의 영역이었다. 대대로 내려오는 손맛, 스승에게서 제자로 이어지는 비법, 혹은 값비싼 요리책 속에 숨겨진 황금 비율은 요리의 핵심이자 권위의 상징이었다. 사람들은 더 나은 맛을 위해 기꺼이 시간과 노력을 투자해 레시피를 탐구하고 기술을 연마했다. 그러나 디지털 시대는 이러한 전통적인 지식 전달 방식을 근본적으로 뒤흔들었다. 이제 우리는 손가락 몇 번의 움직임만으로 전 세계의 레시피를 검색하고, AI에게 맞춤형 조리법을 추천받으며, 심지어 요리 과정을 단계별로 보여주는 동영상 튜토리얼을 손쉽게 찾아볼 수 있다. 레시피는 더 이상 소수에게만 허락된 비밀이 아닌, 누구나 접근 가능한 보편적인 정보가 된 것이다.

이러한 '정보 접근성의 혁명'은 자연스럽게 요리 콘텐츠의 무게 중심을 이동시켰다. 단순히 레시피를 정확하게 전달하거나 현란한 기술을 선보이는 것만으로는 더 이상 시청자들의 마음을 사로잡기 어려워졌다. 대학내일20대연구소의 조사(2020)에 따르면, MZ세대는 요리 콘텐츠를 통해 '할 수 있는 요리가 다양해졌다'고 느끼지만, 동시에 콘텐츠를 선택하는 기준은 단순히 정보의 유용성을 넘어선다. 중요한 것은 레시피 자체가 아니라, 그 레시피를 '누가', '어떻게' 보여주느냐이다. 즉, 요리 과정 자체가 하나의 흥미로운 '수행Performance'으로 변모한 것이다.

콘텐츠 셰프들은 카메라 앞에서 요리하는 행위를 통해 자신만의 매력을 발산한다. 그들의 주방은 무대가 되고, 조리 도구는 소품이 되며, 요리 과정은 한 편의 드라마가 된다. 때로는 실수를 연발하며 인간적인 매력을 드러내고, 때로는 구독자와 실시간으로 소통하며 친밀감을 형성하고, 때로는 요리와 관련된 개인적인 이야기를 풀어내며 감성적인 연결고리를 만든다. 이 과정에서 레시피는 부차적인 요소가 되거나, 혹은 창작자의 개성을 드러내는 도구로 활용된다. 예를 들어, 같은 김치찌개 레시피라도 어떤 유튜버가 만드느냐에 따라 전혀 다른 분위기와 재미를 선사하는 것처럼 말이다. TV 요리 프로그램 역시 단순한 정보 전달에서 벗어나 예능적 요소와 전문성을 결합한 혼합형 콘텐츠로 진화해왔다(정태섭, 2019). 이는 기술적 완벽함보다는 시청자와의 교감과 콘텐츠 자체의 매력이 더욱 중요해졌음을 방증한다.

결국, 현대 푸드 콘텐츠에서 '기술'의 의미는 재정의되고 있다. 칼질 솜

씨나 불 조절 능력과 같은 전통적인 조리 기술의 중요성이 사라진 것은 아니지만, 그보다 더 중요해진 것은 카메라 앞에서 자신을 매력적으로 표현하고 시청자와 소통하는 '미디어 수행 능력'이다. 레시피는 검색하면 그만이지만, 그 사람만의 매력과 이야기는 쉽게 복제할 수 없기 때문이다. 이제 시청자들은 완벽한 레시피를 배우기 위해서가 아니라, 요리하는 사람의 매력에 빠져들고 그 과정을 함께 즐기기 위해 콘텐츠를 소비한다. 레시피의 시대가 저물고, 퍼포먼스의 시대가 열린 것이다.

왜 '사람'에 열광하는가?

레시피가 보편화되고 기술의 경계가 허물어지면서, 푸드 콘텐츠의 성공 방정식은 새로운 국면을 맞이했다. 이제 시청자들은 단순히 무엇을 어떻게 만드는지에 대한 정보를 넘어, 그 음식을 만드는 '사람'에게 주목하고 감정적으로 연결되기를 원한다. 그렇다면 무엇이 우리를 화면 속 요리하는 이에게 이토록 끌리게 만드는 것일까? 그 비밀은 바로 '페르소나Persona'[5]의 힘과 시청자와의 깊은 심리적 유대감 형성에 있다.

'유사사회적 상호작용PSI: Parasocial Interaction'은 미디어 수용자가 미디어 속 인물(TV 스타, 라디오 진행자, 그리고 오늘날의 유튜버나 인플루언서)과 마치 실제적인 사회적 관계를 맺고 있는 것처럼 느끼는 현상을 말한다(Horton & Wohl, 1956). 콘텐츠 셰프들은 카메라를 향해 직접 말을 걸고, 개인적인 일상이나 생각을 공유하며, 댓글이나 라이브 스트리밍을 통해 시청자와 소통함으로써 이러한 유사사회적 관계를 효과적으로 구축한다. 시청자들은 화면 속 인물을 마치 친한 친구나 이웃처럼 느끼게 되고, 이는 단순한 정보 습득을 넘어선 정서적 애착으로 이어진다. 1인 미디어 환경에서는 이러한 진행자와 이용자 간의 상호작용이 브랜드 관여나 구매 의도에도 영향을 미칠 수 있다는 연구 결과도 있다(예: 이진균, 2021).

이러한 유사사회적 관계가 깊어지는 데 결정적인 역할을 하는 것은 '진정성'과 '공감'이다. 완벽하게 연출된 모습보다는 때로는 서툴고, 솔직하며, 인간적인 면모를 보여주는 크리에이터에게 시청자들은 더 큰 매력을 느낀다. 자신의 실패담을 유머러스하게 풀어내거나, 요리 외적인 고민이나 일상을 공유하는 모습은 시청자들에게 '나와 다르지 않은 사람'이라는 동질감을 느끼게 하고, 이는 강력한 심리적 거리 좁히기로 작용한다. 콘텐츠 셰프들은 이러한 진정성과 공감대를 바탕으로 자신만의 고유한 '브랜드 페르소나'를 구축한다. 건강한 라이프스타일을 추구하는 모습, 특정 가치관을 드러내는 발언, 혹은 독특한 말투와 유머 코드 등은 그들을 다른 크리에이터와 차별화하는 요소가 되며, 비슷한 가치관이나 취향을 가진 구독자들을 끌어모으는 구심점이 된다.

시청자들이 푸드 콘텐츠에 열광하는 이유는 단순히 맛있는 음식이나 유용한 레시피 때문만은 아니다. 그들은 음식을 매개로 크리에이터의 페르소나와 관계를 맺고, 그들의 이야기에 공감하며, 마치 친구와 함께하는 듯한 정서적 만족감을 얻는다. 기술은 모방할 수 있지만, 사람의 매력과 진정성, 그리고 그를 둘러싼 이야기는 쉽게 따라 할 수 없다. 이것이 바로 레시피보다 사람이, 기술보다 페르소나가 중요해진 시대의 핵심 동력이다. 시청자는 이제 레시피를 구독하는 것이 아니라, 사람을 구독하고 있는 것이다.

스토리텔러가 된 셰프들

푸드 콘텐츠가 단순히 레시피를 전달하고 크리에이터의 매력을 보여주는 것을 넘어, 더욱 깊은 차원으로 진화하고 있다. 바로 '서사', 즉 이야기의 힘을 통해서다. 음식은 본질적으로 이야기를 담고 있는 매체다. 할머니의 손맛이 담긴 된장찌개에는 가족의 역사가, 명절에 먹는 송편에는 공동체의 문화가, 여행지에서 맛본 낯선 향신료에는 개인적인 추억과 경험이 깃들어 있다. 콘텐츠 셰프들은 이러한 음식에 얽힌 다층적인 이야기를 발굴하고 재구성해 시청자들과 공유함으로써, 단순한 정보 전달이나 피상적인 관계 맺기를 넘어선 깊은 공감대를 형성한다.

이제 푸드 콘텐츠 소비는 단순히 '무엇을 먹을까' 혹은 '어떻게 만들까'에 대한 해답을 찾는 행위를 넘어, 창작자가 들려주는 서사를 소비하는 경험으로 확장되고 있다. 시청자들은 요리 과정을 지켜보며 크리에이터의 개인적인 성장 스토리, 특정 음식에 얽힌 문화적 배경 설명, 혹은 요리를 통해 전달하고자 하는 가치관이나 철학에 귀를 기울인다. 예를 들어, 투박하지만 정성껏 차린 시골 밥상 콘텐츠에서는 느림과 자연의 가치를 발견하고, 실패를 거듭하며 베이킹에 도전하는 영상에서는 좌절과 성장의 서사에 공감한다. 음식 스토리텔링은 이처럼 음식을 매개로 소비자와 소통하는 강력한 전략이 된다(송영애, 2013).

이러한 서사 중심의 콘텐츠 소비는 현대 사회의 중요한 특징과 맞닿아 있다. 파편화된 관계와 불확실성이 만연한 시대에 사람들은 의미 있는 연결과 소속감을 갈망한다. 푸드 콘텐츠 속 서사는 이러한 갈증을 해소하는 역할을 한다. 시청자들은 크리에이터의 이야기에 공감하고 감정을 이입하면서 공동체 의식을 느끼고, 나아가 자신의 정체성을 탐색하고 확인하는 계기를 마련한다. 특정 유튜버의 팬이 된다는 것은 단순히 그의 요리를 좋아하는 것뿐만 아니라, 그가 추구하는 가치관이나 라이프스타일을 공유하고, 그의 서사에 자신의 이야기를 겹쳐보는 행위와 같다. 음식은 이 과정에서 개인의 정체성을 표현하고 타인과 관계 맺는 상징적인 도구가 되는 것이다. 서울의 음식문화 정체성을 스토리텔링으로 풀어내려는 시도 역시 음식이 단순한 먹거리를 넘어 문화적, 사회적 의미를 담는 서사적 매체임을 보여준다.

세계적 명성을 지닌 셰프인 고든 램지Gordon James Ramsay Jr.는 '욕쟁이 셰프', '지옥의 주방장'으로 불렸다. 유명 프로그램인 「헬스 키친Hell's Kitchen, Kitchen Nightmares」 등을 통해 보여준 날카로운 언행과 고압적인 카리스마는, 그의 브랜드에 분명한 이미지를 부여했다. 그러나 최근 몇 년간 램지는 눈에 띄게 달라졌다. 그의 SNS에는 막내딸 틸리Tilly와 함께 요리를 하며 웃는 모습이 올라오고, 유튜브에는 팬들이 보낸 요리를 솔직하게 리뷰하는 '리액션 영상'이 업로드되었다. 거친 셰프에서 따뜻한 아버지로의 전환, 이 극적인 이미지 변화는 우연이 아니다. 고든 램지는 스타 셰프에서 콘텐츠 셰프로, 다시 가족 셰프로 진화했다. 그리고 그 과정에서 그는 팬들과 함께 브랜드를 공동 창조하는 '팬덤 셰프Fandom Chef'가 된 것이다.

〈그림 12〉 고든 램지가 출연한 「헬스 키친」[6]

1999년, 영국 BBC에서 첫

방송된 「The Naked Chef」에 출연해 유명해진 스타 셰프 제이미 올리버 Jamie Oliver 역시 팬덤을 성공적으로 활용했다. 요리책, 레스토랑, 조리도구, 온라인 콘텐츠 등 다양한 사업으로 큰 성공을 거둔 뒤 현재는 범위를 넓혀 사회 시스템을 향해 메시지를 던지고 있다. 영국 학교 급식 개선 캠페인 'Jamie's School Dinners'을 통해 전국 학교의 식단을 바꾸고 있기도 하다. 이처럼 팬덤 셰프의 영향력은 단지 상업적 측면을 넘어선다.

현대 푸드 콘텐츠의 핵심 경쟁력은 얼마나 맛있는 음식을 만드느냐 만큼이나, 얼마나 매력적인 이야기를 들려주느냐에 달려 있다. 음식은 핑계일 뿐, 사람들은 그 안에 담긴 서사를 통해 위로받고 공감하며 자신의 삶과 연결점을 찾는다. 콘텐츠 셰프는 이제 단순한 요리사를 넘어, 음식이라는 매력적인 소재를 활용해 우리 시대의 이야기를 써 내려가는 스토리텔러로 자리매김하고 있다. 그들의 이야기는 우리의 미각뿐만 아니라 마음까지 사로잡으며, 음식과 인간의 관계를 더욱 풍요롭게 만들고 있다.

팬덤 경제와 미디어화된 주방

콘텐츠 셰프와 구독자 간의 끈끈한 유대감과 깊은 서사적 공감대는 단순히 심리적인 만족감을 넘어, 강력한 경제적 가치를 창출하는 기반이 된다. 바로 '팬덤 경제Fandom Economy'의 부상이다. 팬덤은 더 이상 특정 연예인이나 스포츠 팀에 국한된 현상이 아니다. 푸드 콘텐츠 영역에서도 크리에이터를 향한 팬들의 열정적인 지지와 참여는 새로운 시장을 형성하고 산업 지형도를 바꾸고 있다. 이제 구독자는 단순한 시청자를 넘어, 크리에이터의 성장을 지원하고 그들의 브랜드 가치를 함께 만들어가는 적극적인 파트너가 되었다.

팬덤 경제는 다양한 방식으로 구현된다. 크리에이터들은 자신의 페르소나와 스토리를 기반으로 굿즈Goods를 제작해 판매하고, 특정 브랜드와 협력해 광고 콘텐츠를 제작하며, 심지어 자신의 이름을 내건 밀키트나 레스토랑을 론칭하기도 한다. 팬들은 기꺼이 지갑을 열어 크리에이터를 응원하고, 그들의 활동을 지지한다. 이는 크리에이터에게 안정적인 수입원을 제공할 뿐만 아니라 브랜드 가치를 높이는 선순환 구조를 만든다. 하나금융경영연구소(2024)의 보고서에 따르면, 팬덤은 관광, 푸드, 콘텐츠 등 다양한 산업에서 경제적 부가가치를 창출하는 핵심 동력으로 작용하고 있다. 식품업계 역시 이러한 팬덤을 공략하는 '패노크라시Fanocracy' 마케팅에 주목하며(구은모, 2024), 팬들과의 직접적인 소통과 관계 구축에 힘쓰고 있다.

이러한 팬덤 경제의 중심에는 '미디어화된 주방Mediatized Kitchen'이 있다. 잘 꾸며진 주방 배경, 고성능 카메라와 조명, 그리고 편집 기술은 콘텐츠의 질을 높이는 중요한 요소가 된다. 크리에이터는 이 미디어화된 주방에서 요리 과정을 촬영하고, 라이브 스트리밍을 통해 팬들과 실시간으로 소통하며, 댓글과 커뮤니티를 통해 팬들의 피드백을 반영한다. 팬들의 '좋아요', '공유', '댓글' 하나하나는 콘텐츠의 확산과 성공에 직접적인 영향을 미치는 중요한 자원이 된다.

콘텐츠 셰프의 성공은 단순히 요리 실력이나 레시피의 독창성에만 달려 있는 것이 아니다. 얼마나 강력한 팬덤을 구축하고, 그들과 얼마나 효과적으로 소통하며, 미디어화된 주방이라는 플랫폼을 얼마나 잘 활용하느냐가 핵심 경쟁력으로 작용한다. 팬들은 더 이상 수동적인 소비자가 아니라, 콘텐츠의 공동 생산자이자 브랜드의 옹호자로서 팬덤 경제를 이끌어가는 주역이 되었다. 이 미디어화된 주방에서 만들어지는 것은 음식뿐만이 아니라, 크리에이터와 팬이 함께 만들어가는 관계와 이야기, 그리고 새로운 경제적 가치인 것이다.

구독자 경제의 콘텐츠 셰프

우리는 '셰프보다 셀럽, 레시피보다 구독자'가 중요해진 시대를 살아가고 있다. 푸드 콘텐츠의 풍경은 지난 몇 년간 극적으로 변화했다. 과거에는 요리의 가치가 정교한 기술과 비밀스러운 레시피에 기반했다면, 이제는 화면 너머의 '사람'과 그가 들려주는 '이야기'가 핵심적인 매력으로 부상했다. 디지털 기술의 발달로 레시피는 누구나 쉽게 접근할 수 있는 정보가 되었고, 이는 역설적으로 요리 기술 자체보다 요리하는 사람의 페르소나, 진정성, 그리고 소통 능력을 더욱 중요하게 만들었다.

이 글에서 살펴보았듯이, 현대 푸드 콘텐츠는 단순히 음식을 만들고 보여주는 행위를 넘어섰다. 시청자들은 콘텐츠 셰프와의 유사 사회적 상호작용을 통해 정서적 유대감을 형성하고, 그들의 서사에 공감하며 자신의 정체성을 탐색한다. 주방은 더 이상 고립된 작업 공간이 아니라, 팬들과 소통하고 관계를 맺으며 새로운 경제적 가치를 창출하는 미디어 플랫폼으로 진화했다. 팬덤은 이러한 변화를 추동하는 강력한 힘으로 작용하며, 크리에이터와 함께 콘텐츠를 만들어가는 적극적인 참여자로 부상했다. 기술 중심에서 페르소나 중심으로, 레시피에서 서사 중심으로, 일방적 전달에서 상호적 관계 맺기로의 전환은 거스를 수 없는 흐름이 되었다.

이러한 변화는 우리에게 요리와 음식의 본질에 대해 다시 한번 생각하게 만든다. 요리는 단순히 생존을 위한 행위나 미각적 즐거움을 추구하는 기술을 넘어, 사람과 사람을 연결하고 감정을 나누며 문화를 공유하는 소통의 행위가 될 수 있음을 보여준다. 콘텐츠 셰프의 시대는 어쩌면 요리가 가진 이러한 본연의 '연결' 기능이 디지털 기술을 만나 더욱 확장되고 있는 과정일지도 모른다. 물론, 이러한 현상 이면에는 상업주의 심화, 진정성 논란, 과도한 사생활 노출 등 풀어야 할 과제들도 존재한다.

그럼에도 한 가지 분명한 것은 음식과 요리가 우리 시대의 중요한 문화적 코드로 자리 잡았으며, 앞으로도 계속해서 새로운 의미와 가치를 창출해나갈 것이라는 점이다. 미래의 주방은 어떤 모습일까? 인공지능 셰프가 인간 크리에이터를 대체할까? 아니면 기술과 인간의 감성이 더욱 정교하게 결합된 새로운 형태의 푸드 콘텐츠가 등장할까? 확실한 답을 내릴 수는 없지만, 분명한 것은 앞으로의 요리는 단순히 '무엇을 먹느냐'의 문제를 넘어, '누구와 어떻게 연결되느냐'의 문제, 즉 '연결의 미학'을 탐구하는 방향으로 나아갈 것이라는 점이다.

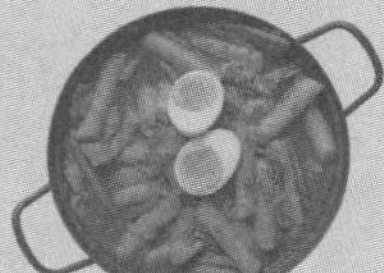

Food
Communication

5장
브랜드는 어떻게 식품산업을 움직이는가?

푸드 브랜딩의 탄생

브랜드는 소비자의 마음속 좌표를 찍는다

"사람은 음식을 먹는 것이 아니라, 의미를 먹는다"라는 말처럼, 현대인의 식탁은 단순한 생리적 충족을 넘어선 복잡한 상징과 가치의 경연장이 되었다. 오늘날 소비자는 "무엇을 먹을까?"를 넘어 "왜 이것을 먹어야 하는가?"를 묻는다. 배고픔을 해결하려는 기본적인 '욕구Needs'에서 시작해, 더 나은 삶, 더 나은 나를 꿈꾸는 '욕망Desire', 그리고 개인의 신념과 사회적 책임을 반영하는 '가치Value'에 이르기까지, 음식 선택은 곧 정체성의 표현이자 철학의 실천이 되었다. 푸드 브랜딩은 바로 이 지점, 소비자의 마음속 깊은 곳에서 시작된다.

'브랜드Brand'는 가축에 낙인을 찍어 소유권을 표시하던 'Brandr'라는 노르딕어에서 유래했다. 현대적인 의미에서 브랜드는 단순한 상표가 아니라, 제품이 가진 철학과 스토리를 소비자에게 전달하는 연결자로서의 '매개체Mediator'다. 푸드 브랜드의 경우, 이는 더욱 중요하게 작용한다. 왜냐하면 음식은 인간의 감각을 직접적으로 자극하는 경험적 소비재이기 때문이다. 맥도날드는 '빅맥'이라는 단순한 제품을 넘어, 빅맥 지수로 대표되는 "패스트푸드의 표준"이라는 선두 아이덴티티를 구축했다. 스타벅스는 커피 한 잔을 넘어 '제3의 공간'이라는 개념을 창조하며 글로벌 커피 커뮤니티를 형성했다. 이처럼 브랜드는 제품 자체보다 소비자와의 관계에서 만들어지는 것이며, 이를 지속적으로 강화하는 것이 바로 '브랜딩Branding'이다.

브랜드는 기업이 만들지만, 그 생명력을 불어넣고 기억하는 주체는 소비자다. 현대 마케팅의 구루 필립 코틀러Philip Kotler나 브랜드 자산 이론의 대가 데이비드 아커David A. Aaker 등이 강조하듯, 브랜드는 단순한 이름이나 로고가 아니라 소비자와 맺는 '약속'이다(Aaker, 1991). 이 약속은 제품의 기능적 편익을 넘어 감성적, 상징적 가치를 포괄한다. 미래학자 제러미 리프킨(Jeremy Rifkin, 1994)은 21세기에는 공장이나 토지 같은 유형자산보다는 브랜드 파워Brand Power와 같은 무형자산이 기업 가치를 좌우하게 될 것이라고 주장했다. 또 토지, 자본과 같은 유형자산의 소유자 이상으로 아이디어, 노하우, 개념, 운영 기술을 가진 사람이 실질적 자산의 소유권자가 될 것이라 역설했다. 성공적인 브랜딩은 기업이 세상에 내보내고자 하는 메시지, 즉 브랜드 아이덴티티Brand Identity와 소비자가 실제로 느끼고 해석하는 브랜드 이미지Brand Image가 성공적으로 만날 때 이루어진다. 아이덴티티가 브랜드의 내면적 철학이라면, 이미지는 소비자의 마음속에 맺히는 외부적 결과인 셈이다.

이 간극을 메우고 소비자의 마음을 사로잡기 위해 브랜드는 '명확한 가치 제안Value Proposition'을 던져야 한다. 예를 들어, '샛별배송'으로 신선식품 시장의 판도를 바꾼 마켓컬리는 단순히 빠른 배송을 넘어 "깐깐하게 고른 신선한 식재료를 다음 날 아침 문 앞까지"라는 약속을 통해, 바쁜 현대 도시인들의 시간 절약 욕구(실용성)와 믿을 수 있는 먹거리에 대한 갈망(신뢰)을 동시에 충족시키는 가치를 제안했다. 이는 단순한 기능적 편익을 넘어 소비자의 라이프스타일과 가치관에 부합하는 브랜드 경험을 제공한 사례다.

푸드 브랜드의 가치는 단순히 제품의 맛을 넘어선다. 소비자가 같은 콜라를 마시더라도, 코카콜라와 펩시 사이에서 고민하는 이유는 무엇일까? 패스트푸드와 외식 브랜드가 넘쳐나는 시장에서 스타벅스, 맥도날드, 도미노피자가 여전히 강력한 브랜드 파워를 유지하는 이유는 무엇일까? 그것은 이들 브랜드가 단순한 제품을 제공하는 것이 아니라, 소비자에게 익숙한 경험을 설계하고 브랜드만의 고유한 가치를 만들어냈기 때문이다.

욕구에서 가치 소비로

과거에는 식품 소비가 주로 생존과 직결된 기본적인 욕구 충족에 머물렀다면, 21세기 소비자는 훨씬 더 복잡하고 다층적인 기준으로 식탁을 마주한다. 맛과 영양은 기본이고, 건강, 안전, 편의성, 그리고 나아가 윤리, 환경, 사회적 책임까지 고려하는 '가치 소비'가 중요한 트렌드로 부상한 것이다. 특히 디지털 환경에 익숙하고 사회적 이슈에 민감한 MZ세대는 브랜드의 철학, 생산 과정의 투명성, 환경에 미치는 영향 등을 따져 물으며 '나를 대표할 수 있는 음식', '나의 신념을 보여주는 브랜드'를 적극적으로 선택한다(KPMG, 2019; 서울대학교 소비트렌드분석센터, 2023).

에비앙Evian[1]은 프랑스 다논[2]사에서 만든 생수 브랜드로, 라틴어로 '물'을 의미하며, 알프스산에서 유래했다. 이 생수 브랜드의 상품은 사람의 손을 거치지 않고 직접 병에 담기며, 화학적 처리 없이 300개 이상의 수질 검사를 통해 우수한 수질을 자랑한다. 140개 지역에 수출되어 세계적으로 많은 사람이 애용하는 브랜드인 에비앙의 슬로건은 "젊게 살아라Live Young"이며, 이 슬로건을 핵심 콘셉트로 삼아 '건강'과 '자연'을 강조하고 있다. 에비앙은 환경보호에도 신경을 쓰고 있다. 2008년에는 재활용 페트로 병을 제조하기 시작했고, 2014년에는 플라스틱 뚜껑 대신 열 밀봉 시스템을 도입했다. 2020년에는 선두적으로 라벨이 없는 디자인의 페트병을 출시하기도 했다. 현재 에비앙에서 생산되는 병의 25~50%만 재활용 페트로 만들어지고 있지만, 2025년 말까지 100% 재활용 페트로 만드는 것을 목표로 하고 있다. [3]

〈그림 13〉 에비앙의 2019년 캠페인 'The Baby Bare Necessities'[3]

소비자의 윤리적 요구를 명민하게 포착한 브랜드들은 단순히 제품의 기능적 속성을 넘어 브랜드가 추구하는 가치와 철학을 전면에 내세운다. 미국의 대체육 브랜드인 임파서블 푸드나 비욘드 미트는 단순히 '고기 맛이 나는 식물성 제품'을 파는 것이 아니다. 이들은 '지구를 위한 선택', '지속 가능한 미래'라는 거시적인 가치를 브랜드의 핵심 정체성으로 삼고, 환경 문제와 동물 복지에 관심이 많은 소비자들에게 강력하게 어필한다. 소비자는 이들 제품을 구매함으로써 맛있는 식사뿐만 아니라 더 나은 세상을 만드는 데 기여한다는 윤리적 만족감까지 얻게 된다. 이처럼 현대의 푸드 브랜드는 기능을 넘어 이데올로기를, 제품을 넘어 신념을 판매하는 시대로 나아가고 있다.

감정에 투자하는 푸드 브랜드

이성보다 감성이, 논리보다 경험이 때로는 더 강력한 힘을 발휘하는 영역이 바로 음식이다. 성공적인 푸드 브랜드는 단순히 '맛있다'는 감각적 만족을 넘어, 소비자의 마음속에 특별한 '경험'과 '기억'을 심어준다. 브랜드 경험 연구의 선구자인 번 슈미트Bernd Schmitt는 소비자가 브랜드를 통해 느끼는 감각Sense, 감성Feel, 인지Think, 행동Act, 관계Relate의 총체적 경험이 브랜드 자산 구축에 핵심적인 역할을 한다고 강조했다(Schmitt, 1999).

21세기 기업의 가치는 더 이상 토지나 공장과 같은 유형자산에 의해 결정되지 않는다. 브랜드는 단순한 로고나 제품명을 넘어, 소비자와의 관계, 기업의 철학, 그리고 감성적 경험을 포함하는 조직과 개인의 강력한 비즈니스 자산으로 자리 잡았다. 브랜드의 가치는 기업이 단순히 제품을 판매하는 것이 아니라, 소비자에게 일관된 의미와 경험을 제공하는 데 있다. 영국의 광고 전략가 스티븐 킹Stephen King은 이 개념을 명확히 정의하며, "공장에서 제조되는 것은 제품이지만, 소비자가 구매하는 것은 브랜드"라고 말했다. 이 말은 브랜드가 단순한 물성을 지닌 제품 이상의 가치로 소비자와 연결된다는 점을 시사한다.

코카콜라가 수십 년간 '행복Happiness', '함께하는 즐거움Share a Coke'과 같은 긍정적인 감정을 브랜드 메시지에 일관되게 녹여낸 것 역시, 맛 이상의 감성적 유대를 통해 시대를 초월하는 브랜드 파워를 유지하는 비결이다. 푸드 브랜드에게 감성적 가치는 소비자의 마음을 움직이고, 오래도록 기억에 남게 하는 가장 강력한 무기 중 하나다.

브랜드가 된 제품과 그렇지 못한 제품 사이에는 근본적인 차이가 있다. 브랜드를 가진 제품은 단순한 소비를 넘어 경험을 제공하며, 소비자와의 정서적 유대를 형성한다. 예를 들어, 고급 초콜릿 브랜드인 '고디바Godiva'[4] 역시 단순한 초콜릿이 아니다. 소비자들은 고디바를 구매할 때 그저 달콤한 간식을 얻는 것이 아니라, 브랜드가 제공하는 '럭셔리한 경험'을 소비하는 것이다. 고디바의 세련된 패키지, 프리미엄 재료 사용, 고급스러운 브랜드 이미지가 결합되면서, 소비자는 '특별한 브랜드 순간Special Brand Moment'을 위한 제품을 구매하는 것이다. 가격이 더 높더라도 소비자는 브랜드가 제공하는 정서적 가치를 인식하고, 그 가치를 경험하기 위해 기꺼이 비용을 지불한다.

푸드테크 시대, 새로운 욕망의 설계와 브랜드의 역할

AI가 개인의 유전자 정보와 건강 상태를 분석해 맞춤형 식단을 추천하고, 로봇이 정교한 레시피를 구현하며, 배양육과 식물성 대체 식품이 식탁의 풍경을 바꾸는 푸드테크 시대가 도래했다. 이러한 기술의 발전은 소비자의 욕망을 더욱 세분화하고, 브랜드에게 새로운 기회와 도전 과제를 동시에 안겨주고 있다. 이제 브랜드는 단순히 맛있는 음식을 제공하는 것을 넘어, 소비자의 건강, 취향, 라이프스타일을 예측하고 관리하며, 더 나아가 지속 가능한 미래에 대한 열망까지 충족시키는 솔루션 제공자로 진화하고 있다.

예를 들어, 미국의 유기농 간편식 구독 서비스 업체인 데일리 하베스트Daily Harvest[5]는 바쁜 현대인들을 위해 건강하고 편리한 맞춤형 냉동 스무디, 수프, 볼 등을 정기 배송하며 "당신의 라이프스타일에 최적화된 영양 솔루션"이라는 가치를 제안한다. 소비자는 이를 통해 시간과 노력을 절약하면서도 건강한 식습관을 유지하고 있다는 만족감을 얻는다. 이는 기술을 통해 개인화된 편리함과 건강 관리라는 현대인의 욕망을 정확히 충족시킨 사례다. 또한 푸드테크는 지속 가능한 포장재 개발, 푸드 업사이클링, 블록체인 기반 식품 이력 추적 등 윤리적이고 투명한 생산 및 유통 시스템 구축을 가능하게 함으로써, 가치 소비를 중시하는 소비자들의 새로운 욕구를 만족시키는 중요한 도구가 되고 있다. 푸드테크 시대의 브랜드는 기술을 활용해 소비자의 숨겨진 욕망을 발견하고, 이를 충족시키는 혁신적인 제품과 서비스를 통해 새로운 가치를 창출해야 하는 과제를 안고 있다.

푸드 브랜딩, 의미를 먹는 시대를 열다

결국 푸드 브랜딩의 본질은 제품을 포장하고 이름을 붙이는 표면적인 작업이 아니다. 그것은 소비자의 가장 깊은 곳에 자리한 욕구와 욕망, 그리고 삶의 가치를 읽어내고, 이를 브랜드라는 그릇에 담아내는 '상징의 설계 과정'이다. 현대 소비자는 더 이상 단순히 칼로리나 영양 성분만을 따지지 않는다. 그들은 음식을 통해 의미를 소비하고, 철학을 공유하며, 정체성을 표현한다. '나는 무엇을 먹는다'는 선택은 곧 '나는 누구이며, 어떻게 살고 싶은가'라는 자기 선언과 맞닿아 있다.

따라서 성공적인 푸드 브랜드는 끊임없이 자문해야 한다. "우리는 왜 이 음식을 만드는가?", "우리는 소비자의 어떤 욕망에 응답하고 있는가?", "우리는 세상에 어떤 가치를 더하고 있는가?" 이 질문에 대한 진정성 있는 답을 찾고, 이를 일관된 브랜드 경험으로 구현해낼 때, 브랜드는 비로소 소비자의 마음속에 깊이 각인될 수 있다. 푸드 브랜드는 이제 맛의 경쟁을 넘어 가치의 경쟁, 철학의 경쟁 시대로 나아가고 있다. 소비자가 기꺼이 자신의 일부로 받아들이고 사랑할 수 있는 '의미 있는 브랜드'를 만드는 것, 이것이 바로 푸드커뮤니케이션의 새로운 시작점이자 푸드 브랜딩의 궁극적인 목표가 되어야 할 것이다.

김밥에도 철학이 필요하다

브랜드의 아이덴티티와 이미지

브랜드는 무엇으로 존재하는가?

김밥 한 줄은 누군가에게는 허기를 달래는 간편식, 다른 이에겐 어린 시절 소풍의 추억, 또 다른 이에겐 건강을 생각한 영양식이다. 이처럼 평범한 음식조차도 그것을 제공하는 브랜드의 이름과 이야기에 따라 전혀 다른 의미와 가치로 다가온다. '김밥천국'의 친숙함, '고봉민김밥人'의 정갈함, 혹은 골목길에 자리 잡은 이름 모를 수제 김밥집의 손맛. 이 차이는 단순히 재료나 가격의 문제를 넘어선다. 그것은 브랜드가 세상에 존재하는 이유, 즉 '브랜드 아이덴티티'를 어떻게 설정하고, 그것이 소비자의 인식 속에서 어떤 모습, 즉 '브랜드 이미지'로 투영되는가의 문제와 맞닿아 있다.

브랜드 아이덴티티는 단순히 기업이 '되고 싶은 모습'을 나열한 마케팅 구호가 아니다. 그것은 브랜드가 이 세상에 존재하는 근본적인 이유, 즉 브랜드의 존재론적 자기 규정Ontological Self-Definition에 가깝다. 기업은 왜 이 브랜드를 만들었는가? 이 브랜드는 세상에 어떤 고유한 가치를 더하고자 하는가? 마치 철학자들이 인간 존재의 의미를 묻듯, 브랜드 아이덴티티는 브랜드의 본질Essence과 목적Telos에 대한 근원적인 질문에서 출발한다. 이는 기업의 비전, 미션, 핵심 가치 등을 포괄하며, 브랜드의 모든 활동을 관통하는 철학적 기둥이 된다. 예를 들어, 어떤 김밥 브랜드가 단순히 '맛있는 김밥'을 넘어 '지역 농산물 소비를 촉진하고 건강한 식문화를 선도하는 공동체적 가치 실현'을 아이덴티티로 삼는다면, 이는 브랜드의 존재 이유를 단순한 이윤 추구를 넘어 사회적 기여로 확장하는 철학적 선언이 된다.

이러한 브랜드의 본질(아이덴티티)이 외부 세계(소비자)와 만나는 지점에서 진정성의 문제가 제기된다. 앞 장에서 진정성을 '말과 행동의 일치'로 논의했다면, 여기서는 더 깊이 들어가 브랜드의 내면적 본질이 외부로 왜곡 없이, 참되게 발현되는 상태로 이해할 수 있다. 소비자들이 왜 그토록 브랜드의 진정성에 열광하는가? 이는 단순히 속지 않으려는 방어기제를 넘어, 현대 사회에서 파편화된 자아를 회복하고 진정한 자기 자신으로 존재하고자 하는 실존적 갈망과 맞닿아 있다(cf. 사르트르의 실존은 본질에 앞선다는 명제와 자기기만 비판; Gilmore & Pine, 2007). 소비자는 진정성 있는 브랜드를 통해 대리 만족을 느끼거나, 자신의 가치관과 부합하는 브랜드를 선택함으로써 자신의 진정한 정체성을 확인하고 표현하고자 한다. 따라서 브랜드가 아이덴티티를 진정성 있게 구현하는 것은 단순한 마케팅 전략이 아니라, 소비자와의 깊은 실존적 공감대를 형성하는 과정이다. '건강'을 내세운 김밥 브랜드가 실제로는 값싼 수입 식자재를 사용하거나 위생 관리에 소홀하다면, 이는 단순한 약속 위반을 넘어 브랜드의 존재 이유 자체를 부정하는 행위로 인식될 수 있다.

브랜드는 어떻게 의미를 만들고 문화 속에 자리 잡는가?

브랜드 이미지는 소비자의 머릿속에 떠오르는 단순한 연상이 아니다. 그것은 브랜드가 발신하는 다양한 기호Sign들이 소비자의 문화적 배경과 경험 속에서 해석되고 의미화된 결과물이다. 프랑스 기호학자 롤랑 바르트가 신화를 사회적 의미가 자연스러운 것처럼 받아들여지는 과정으로 설명했듯, 브랜드 이미지 역시 특정 가치나 라이프스타일을 자연스럽고 당연하게 연상시키는 문화적 기호 체계로 작동한다(Barthes, 1972). 김밥 브랜드의 로고 디자인, 이름, 매장 인테리어, 광고 모델, 심지어 김밥을 싸는 방식까지 모든 요소는 기호로서 작용하며, 소비자에게 '저렴함', '고급스러움', '건강함', '전통', '트렌디함' 등의 다양한 의미를 전달한다. 예를 들어, 복고풍 간판과 할머니의 손맛을 강조하는 김밥집은 '과거에 대한 향수'와 '정겨움'이라는 기호를 통해 특정 세대의 감성을 자극하고, 이는 맛 이상의 문화적 의미를 생성한다.

글로벌 푸드 브랜드 네슬레는 "더 나은 삶을 위한 영양Nutrition for a Better Life"이라는 철학을 바탕으로, 영양학적 가치를 높인 식품을 지속적으로 연구하고 있다. 소비자는 네슬레의 브랜드를 선택함으로써 건강한 식습관을 유지할 수 있다는 확신을 갖게 된다. 오뚜기[6]는 "자연과 함께 맛으로 행복한 세상"이라는 슬로건 아래, 정직한 원료 사용과 친숙한 브랜드 이미지를 바탕으로 소비자에게 신뢰를 주는 전통을 이어가고 있다. 오뚜기가 '갓뚜기'라는 별명을 얻은 데에는 수십 년간 쌓인 진정성 있는 윤리경영과 사회공헌, 그리고 소비자에 대한 신뢰와 책임감이 결정적인 역할을 했다.

더 나아가, 브랜드 아이덴티티와 이미지는 고정된 실체가 아니라 특정 사회문화적 맥락 속에서 끊임없이 상호작용하며 변화한다. 김밥이라는 음식 자체가 한국 사회의 변화와 밀접하게 연관되어 있듯이, 김밥 브랜드 역시 시대적 가치관과 라이프스타일의 변화를 반영하고 또 역으로 영향을 미친다. 1인 가구 증가와 간편식 선호 트렌드는 편의점 김밥 시장의 성장을 이끌었고, 건강과 웰빙에 대한 관심 증가는 저염, 저칼로리, 채식 김밥 등 프리미엄 김밥 시장의 확대를 가져왔다. 또한 K-푸드 열풍과 함께 김밥이 해외에서 인기를 얻으면서, 김밥 브랜드는 '한국 문화'를 상징하는 핵심 기호로서 새로운 아이덴티티와 이미지를 구축해야 하는 과제에 직면해 있기도 하다. 이처럼 브랜드는 진공 상태에서 존재하는 것이 아니라, 복잡한 문화적 그물망 속에서 의미를 생산하고 소비하며 끊임없이 자신의 위치를 재정립해나가는 역동적인 존재이다.

[심볼]

[심볼+워드마크]

전 오뚜기인의 합심과 공존을 나타내며
개개인의 원만하고 끈질긴 생명력을 표현합니다.
어떠한 방향에서 압력이 주어지더라도
원위치로 돌아오는 복원력과 외유내강의
기품을 엿볼 수 있습니다.

미소짓는 어린이의 표정처럼
항상 친절하고 정답게 소비자를
대한다는 기업 이념을 표현합니다.
어린이의 입맛 다시는 표정은 최고의 맛을
추구하는 기업 정신을 나타냅니다.

〈그림 14〉 오뚜기 CI의 의미와 철학[7]

아이덴티티와 이미지의 전략적 관리

브랜드 아이덴티티와 브랜드 이미지는 철학적, 인문학적 의미를 넘어, 기업의 생존과 성장에 직결되는 핵심적인 경영 자산이다. 따라서 이를 전략적으로 구축하고 관리하는 것은 현대 경영학의 중요한 과제이다. 브랜드 아이덴티티 구축은 멋진 로고나 슬로건을 만드는 것에서 더 나아가 브랜드의 본질을 다각적으로 정의하고 구체화하는 체계적인 과정이다.

장 노엘 캐퍼러Jean-Noël Kapferer가 제시한 브랜드 아이덴티티 프리즘Brand Identity Prism은 이를 위한 유용한 틀을 제공한다. 이 모델은 브랜드를 다음 여섯 가지 차원으로 분석해, 브랜드의 총체적인 정체성을 입체적으로 파악하도록 돕는다(Kapferer, 2012).

① **물리적 측면**Physical Facet: 제품 특징, 로고 등
② **개성**Personality: 브랜드의 의인화된 성격
③ **문화**Culture: 브랜드가 기반한 가치 체계
④ **관계**Relationship: 브랜드와 소비자 간의 상호작용 방식
⑤ **소비자 반영**Reflection: 브랜드가 표상하는 이상적인 소비자 모습
⑥ **소비자 자아 이미지**Self-Image: 소비자가 브랜드를 통해 느끼는 자신의 모습

기업은 이 프리즘을 활용해 자사 브랜드의 아이덴티티를 명확히 정의하고, 이를 모든 마케팅 커뮤니케이션 활동에 일관되게 반영해야 한다.

한편 소비자의 마음속에 형성된 브랜드 이미지는 기업의 의도대로만 만들어지지 않는다. 소비자의 직접적인 경험, 경쟁사의 활동, 언론 보도,

온라인 구전 등 수많은 요인이 복합적으로 작용하기 때문이다. 따라서 기업은 브랜드 이미지를 지속적으로 측정하고 관리해야 한다. 설문 조사, 심층 인터뷰, 소셜 미디어 분석 등을 통해 소비자들이 브랜드를 어떻게 인식하고 있는지, 어떤 연상을 가지고 있는지(연상 네트워크 분석), 그리고 의도한 아이덴티티와 실제 이미지 사이에 어떤 격차Gap가 존재하는지를 파악해야 한다. 이 격차를 줄이기 위해 기업은 제품 개선, 서비스 혁신, 커뮤니케이션 전략 수정 등 다양한 노력을 기울여야 하며, 때로는 부정적인 이미지를 관리하고 브랜드 평판을 회복하기 위한 위기관리 커뮤니케이션도 필요하다.

궁극적으로 브랜드 아이덴티티와 브랜드 이미지는 일방향적 관계가 아니라, 서로 영향을 주고받는 동적이고 순환적인 관계에 있다. 기업이 설정한 아이덴티티는 브랜드 이미지를 형성하는 출발점이지만, 시장에서 형성된 이미지는 다시 기업의 아이덴티티 전략 수정에 중요한 피드백을 제공한다. 성공적인 브랜드는 이러한 순환 과정 속에서 끊임없이 자신의 정체성을 성찰하고, 소비자와의 관계를 발전시켜 나가는 학습하는 유기체와 같다.

생수 시장을 뒤흔든 리퀴드 데스의 반항적 브랜딩 사례

2020년 미국 리퀴드 데스Liquid Death[8]라는 신생 생수 브랜드는 "지하세계를 아름답게 유지하기" 캠페인을 진행했다. 지구상의 플라스틱 쓰레기 때문에 지옥의 악마조차 고통받는다는 이야기를 통해 환경보호 캠페인을 전개한 것이다. 일반적으로 생수 브랜드의 물병은 투명하고 깨끗

〈그림 15〉 리퀴드 데스의 광고[9]

한 이미지를 강조하기 위해 단순한 패키지 디자인을 채택한다. 리퀴드 데스의 마케터는 1분당 100만 개의 플라스틱병이 팔려나가지만, 플라스틱병의 91%는 재활용되지 않는다는 것에 착안했다. 실제로 알루미늄 캔은 플라스틱보다 높은 재활용률을 갖고 있다고 한다. 이 사실을 바탕으로 리퀴드 데스는 플라스틱 대신 캔에 물을 담아 판매한 것이다. 또한 친환경 브랜드로서, 캔을 구매할 때마다 5센트가 비영리 환경단체에 기부되기도 한다. 제품과 관련된 독특한 내러티브와 패키지 디자인을 통해 이 브랜드는 새로운 브랜드로서 수많은 경쟁사와는 다른 차별적인 브랜드 아이덴티티를 구축했다. 이로 인해 투자자들로부터 900만 달러를 모금하고 제품 라인을 성공적으로 확장하기도 했다.

데어리 퀸의 차별적인 경험 마케팅 사례

데어리 퀸Dairy Queen[10]은 미국의 소프트아이스크림 및 패스트푸드 체

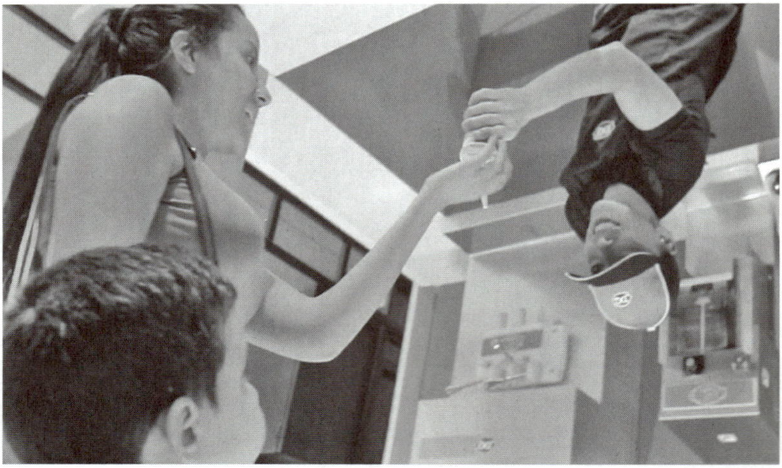

〈그림 16〉 데이리 퀸의 블리자드 스토어[11]

인점으로, 블리자드 아이스크림은 이 매장의 대표적인 메뉴다. 데어리 퀸의 블리자드 스토어는 일반적인 팝업스토어와는 달리, 팝업스토어 자체만으로도 상징적인 브랜드 이미지를 전달하고 싶어 했다. 강하고 독특한 브랜드 연상을 만들기 위해 블리자드 아이스크림은 "뒤집어도 떨어지지 않는다"는 포지셔닝을 가지고 있기 때문에, 이를 바탕으로 차별적인 팝업스토어를 디자인했다. 블리자드 스토어 내부는 천장에 거꾸로 매달린 형태로 디자인하고 아크로바틱 선수인 직원들이 아이스크림을 판매하게 한 것이다. 이러한 팝업스토어는 소비자들에게 인상 깊은 브랜드 경험을 제공하며, 대중들로부터 큰 인기를 얻게 되었다. 이를 통해 소비자들은 제품의 특징을 쉽게 이해할 수 있었으며, 이러한 브랜드 경험은 소셜 미디어를 통해 널리 알려지게 되어 큰 구전 효과를 유발했다.

브랜드는 관계 맺기의 방식

김밥처럼 지극히 평범하고 일상적인 음식조차도 그것이 어떤 브랜드의 이름으로 우리에게 다가오느냐에 따라 전혀 다른 의미와 경험을 선사한다. 이는 브랜드 아이덴티티와 이미지가 단순한 마케팅 용어를 넘어, 브랜드의 존재 이유와 가치를 규정하고 소비자와의 관계를 형성하는 근본적인 메커니즘임을 보여준다. 철학적으로, 브랜드 아이덴티티는 브랜드의 본질과 존재 이유에 대한 탐구이며, 진정성은 그 본질이 참되게 발현될 때 소비자와 맺는 실존적 약속이다. 인문학적으로, 브랜드는 기호를 통해 의미를 생성하고 문화적 맥락 속에서 끊임없이 재해석되는 역동적인 텍스트이다. 그리고 경영학적으로, 아이덴티티와 이미지는 기업이 전략적으로 구축하고 관리해야 할 핵심 자산이자, 소비자와의 지속적인 상호작용을 통해 진화하는 학습 과정이다.

김밥 한 줄에도 철학이 필요하다. 그 철학이란, 이 김밥을 통해 세상에 어떤 가치를 더하고 싶은가(아이덴티티)에 대한 브랜드의 진지한 고민과, 그 고민이 소비자의 삶 속에서 어떤 의미로 피어나길 바라는가(이미지)에 대한 성찰이다. 소비자가 특정 브랜드를 선택하는 행위는 단순히 제품을 구매하는 것을 넘어, 그 브랜드가 제안하는 가치관, 세계관, 그리고 관계 맺기 방식에 동의하고 참여하는 행위이다. 따라서 푸드 브랜드는 맛과 품질을 포함해 소비자의 마음을 움직이는 고유한 철학과 진정성 있는 태도를 갖추어야만 치열한 경쟁 속에서 살아남아 사랑받는 존재가 될 수 있을 것이다.

'맛있다'와 '멋있다' 사이의 푸드 마케팅
브랜드 포지셔닝

포지셔닝: 소비자의 마음속 강력한 좌표 설정

"소비자는 제품을 구매하지 않는다. 그들은 마음속의 이미지를 산다" 라는 데이비드 오길비David Ogilvy의 말처럼, 넘쳐나는 음식과 브랜드의 홍수 속에서 소비자의 마음을 사로잡는 것은 단순히 맛있는 음식을 만드는 것만으로는 부족하다. 소비자의 머릿속 인식 지도 위에 우리 브랜드가 설 자리를 명확히 정의하고, 경쟁자와 차별화되는 독특한 가치를 심어주는 것, 이것이 바로 '브랜드 포지셔닝Brand Positioning'의 핵심이다. 푸드 마케팅에서 포지셔닝은 브랜드의 정체성을 구체화하고, 소비자와의 관계를 설정하는 전략적 나침반과 같다. '맛있다'는 기본을 넘어, '멋있다', '의미 있다'는 인식을 어떻게 구축할 것인가?

성공적인 브랜드는 세 가지 핵심 요소를 충족해야 한다. 우선, 인식Recognition이다. 브랜드가 소비자의 머릿속에 선명하게 자리 잡아야 한다. 이는 시각적 디자인(로고, 패키지), 청각적 요소(광고 음악, 슬로건) 등 다양한 감각적 요소를 통해 이루어진다. 다음으로는 차별화Differentiation이다. 브랜드는 경쟁 브랜드와 명확히 구별되어야 한다. 치킨 프랜차이즈 시장에서 '교촌치킨'이 '간장베이스의 담백한 맛'이라는 차별화를 통해 독특한 브랜드 가치를 구축한 것을 예로 들 수 있다. 마지막으로, 일관성 Consistency이다. 소비자가 브랜드를 인식하는 방식이 일관되게 유지되어야 한다. 브랜드 메시지가 시기에 따라 흔들리면 소비자 신뢰도가 하락한다.

이 세 원칙을 포괄하는 개념이자 실행 원칙이 바로 '포지셔닝'이다. 포지셔닝 개념은 마케팅 전략가 잭 트라우트Jack Trout와 앨 리스Al Ries가 쓴 『포지셔닝*Positioning: The Battle for Your Mind*』을 통해 대중화했다(Ries & Trout, 1981). 그들은 포지셔닝을 "제품에 어떤 행동을 취하는 것이 아니라, 잠재 고객의 마음에 어떤 행동을 취하는 것"이라고 정의하며, 경쟁이 치열한 시장에서 소비자의 인식 속에 자사 브랜드를 유리한 위치에 '자리매김'하게 만드는 심리적 전략임을 강조했다. 이는 단순히 제품의 특징을 나열하는 것이 아니라, 소비자가 특정 브랜드를 떠올렸을 때 가장 먼저 연상되는 핵심 가치나 이미지를 만드는 과정이다. 일례로 편의점 브랜드인 세븐일레븐[12]은 '집처럼 편안한 공간Home-like Convenience'이라는 브랜드 철학을 바탕으로, 소비자가 언제든지 쉽게 이용할 수 있는 신선한 식품과 편리한 서비스를 제공하며 소비자의 일상 속에서 신뢰를 구축해 왔다. 블루보틀Blue Bottle[13]도 단순한 커피 브랜드가 아니다. 블루보틀 매장은 커피를 마시는 공간 이상의 의미를 가진다. 소비자가 매장에 들어서는 순간, 매장 내부의 조명, 향기, 음악, 그리고 로고가 있는 컵까지 모든 요소가 브랜드 경험을 형성한다. 소비자가 블루보틀을 찾는 이유는 단순히 커피의 맛 때문이 아니다. 오히려 지역 로스터리 카페에서 더 좋은 원두를 사용한 커피를 제공하는 경우도 많다. 하지만 블루보틀은 커피를 넘어 '새로움과 안정감'을 동시에 제공하는 브랜드 포지셔닝을 구축했기 때문에, 소비자들은 계속해서 블루보틀을 선택한다.

포지셔닝의 효과를 시각적으로 표현하는 데는 '지각도Perceptual Map'가 사용된다. 지각도는 보통 브랜드의 두 가지 주요 특성(때로는 세 가지)을 축으로 설정하고, 해당 브랜드가 시장 내에서 어디에 위치하는지를 시각적으로 보여준다. 예를 들어, 패스트푸드 체인을 '건강 지향적' 대 '정크푸드'라는 축으로 나눌 경우, 소비자는 다양한 브랜드를 쉽게 비교하고 자신의 선호에 맞는 브랜드를 선택할 수 있다. 지각도는 단순히 현재의 시장 상황을 보여주는 데 그치지 않고, 브랜드가 향후 어떤 방향으로 나아가야 할지 전략적인 통찰을 제공하는 도구로 활용된다. 이는 특히 새로운 제품을 출시하거나 현재의 포지션을 변경하는 '리포지셔닝Re-

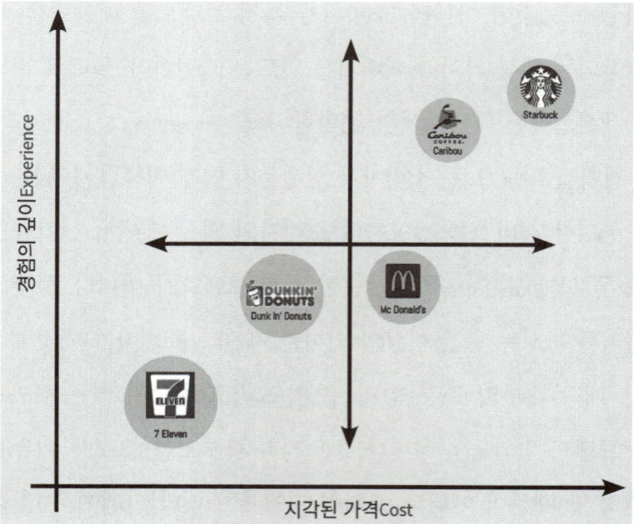

〈그림 17〉 패스트푸드 식당에 대한 지각도 사례

positioning 전략'을 수립할 때 유용하다.

탄산음료 브랜드 세븐업7Up은 리포지셔닝을 통해 시장에서의 위치를 성공적으로 변경한 사례다. 세븐업은 콜라 시장이 이미 포화 상태라는 점을 인식하고, 자신을 "언콜라Un-Cola"(콜라가 아님)로 포지셔닝함으로써 소비자들에게 새로운 선택지를 제안했다. 이는 단순히 콜라를 대체하려는 시도가 아니라, 세븐업의 고유한 속성을 강조하며 경쟁 브랜드와의 차별화를 이루는 전략이었다. 이 광고 캠페인은 세븐업이 콜라의 대안으로 자리 잡는 데 중요한 역할을 했다.

리포지셔닝이 항상 성공적인 것은 아니다. 잘못된 리포지셔닝은 반대로 브랜드 정체성을 약화시키거나 소비자 신뢰를 떨어뜨릴 수 있다. 예를 들어, 뉴코크New Coke라는 코카콜라 컴퍼니의 제품은 기존의 코카콜라를 대체하려는 시도로 출시되었지만, 소비자들은 이를 기존 브랜드 정체성을 훼손하는 행위로 받아들였고, 소비자 반발이 일어나면서 코카콜라는 결국 기존의 레시피를 다시 도입해야 했다. 이 사례는 리포지셔닝이 소비자 정서를 무시할 경우 역효과를 초래할 수 있음을 보여준다.

푸드 산업처럼 감각적 경험과 감성적 만족이 중요한 영역에서 포지셔닝은 더욱 섬세하게 작동한다. 수많은 레스토랑, 카페, 식품 브랜드 속에서 소비자는 모든 정보를 처리할 수 없기에, 각 브랜드를 특정 카테고리나 연상 이미지로 단순화해 기억한다. 예를 들어, 어떤 피자 브랜드를 떠올리면 '빠른 배달'이, 다른 브랜드는 '풍성한 토핑'이나 '합리적인 가격'이 연상될 수 있다. 성공적인 포지셔닝은 바로 이 '최초 연상TOM: Top of Mind'의 자리를 브랜드가 의도한 가치로 선점하는 것이다.

기능적 가치를 넘어 감성적 좌표로

과거 많은 푸드 브랜드는 '맛', '가격', '신선도', '속도'와 같은 기능적 속성을 중심으로 포지셔닝 전략을 펼쳤다. 예를 들어, 도미노피자는 1990년대 "30분 배달 보장"이라는 강력한 기능적 포지셔닝을 통해 '빠른 피자'의 대명사로 자리 잡았다. 하지만 제품의 품질이 상향 평준화되고 경쟁이 심화되면서, 기능적 차별화만으로는 소비자의 마음을 오래 붙잡기 어려워졌다. 도미노피자 역시 배달 사고 논란 이후, 단순히 빠른 배달을 넘어 "더 나은 재료, 더 맛있는 피자"를 향한 혁신과 고객과의 소통을 강조하며 브랜드 이미지를 재정비해야 했다(Taylor, 2016).

이제 푸드 브랜드의 경쟁은 단순히 '맛있다'의 차원을 넘어섰다. 소비자는 음식을 통해 얻는 경험, 브랜드가 추구하는 가치, 그리고 그 브랜드가 주는 감성적 만족감까지 고려한다. 푸드 브랜드도 이런 변화의 본질을 이해하고 이를 기회로 삼을 때 지속가능성을 확보할 수 있다. 이러한 원칙을 가장 효과적으로 실천한 사례 중 하나가 오트밀크 브랜드 '오틀리Oatly'[14]다. 오틀리는 전통적인 우유 소비 패턴이 변화하는 흐름을 빠르게 포착하고, 식물성 음료 시장이 급성장할 것이라는 점을 예측했다. 이후 "It's like milk but made for humans"라는 강렬한 메시지를 통해 기존 유제품 시장을 재정의하는 브랜드 포지셔닝을 구축했고, 이를 통해 빠른 성장을 이뤄냈다. 반대로 변화에 적응하지 못한 브랜드들은 시장에서 도태됐다. 예를 들어, 한때 세계적인 인기를 끌었던 크리스피크림 도넛은 변화하는 소비자의 건강 지향적 트렌드를 간과하고 고열량, 고당류 제품을 지속적으로 출시했다. 이로 인해 매출이 감소했고, 결국 글로벌 시장에서 경쟁력을 잃게 되었다.

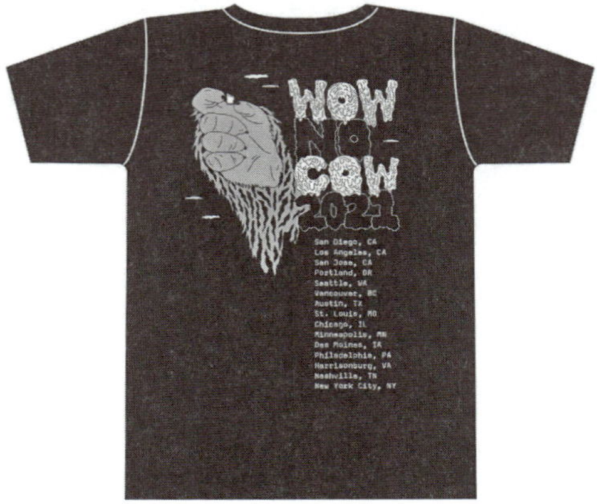

〈그림 18〉 와우, 노 카우! 한정판 티셔츠 제품[15]

반면 오틀리는 단순히 '우유 대체 음료'라는 기능적 포지셔닝에 머무르지 않았다. 그들은 "와우, 노 카우!Wow, no cow!"와 같은 도발적이고 유머러스한 슬로건과 독특한 패키지 디자인, 환경 보호 메시지를 통해, 기존 유제품 산업에 도전하는 '힙하고 의식 있는 비건 브랜드'라는 강력한 감성적 포지셔닝을 구축했다. 이를 통해 오틀리는 채식주의자뿐 아니라 환경과 건강에 관심 있는 젊은 소비자층에게 폭발적인 호응을 얻으며 시장의 판도를 바꾸었다.

포지셔닝 선언문: 브랜드의 존재 이유를 명확히 하라

성공적인 포지셔닝 전략은 명확한 포지셔닝 선언문Positioning Statement에서 시작된다. 이는 브랜드가 누구를 위해Target Audience, 어떤 가치를Value Proposition, 경쟁자와 어떻게 다르게Differentiation 제공할 것인지를 명료하게 정의하는 내부 전략 문서다. 일반적으로 다음과 같은 형식을 따른다.

우리의 [브랜드]는 [타깃 고객]에게 [제품/서비스 카테고리] 중에서, [차별적 강점/이유] 때문에 [핵심 혜택]을 제공하는 유일한 브랜드이다.

예를 들어, 앞서 언급한 오틀리의 포지셔닝 선언문은 다음과 같이 재구성해볼 수 있다.

우리의 [오틀리]는 [환경과 건강을 중시하는 밀레니얼 및 Z세대 소비자]에게 [유제품 대체 음료] 중에서, [지속 가능한 귀리 기반 생산 방식과 독창적인 브랜드 커뮤니케이션] 때문에 [맛있고 건강하며 윤리적인 식물성 음료 경험]을 제공하는 유일한 브랜드이다.

이처럼 잘 정의된 포지셔닝 선언문은 브랜드의 모든 마케팅 활동(제품 개발, 가격 책정, 유통 채널 선택, 광고 및 홍보 등)의 일관성을 유지하고, 소비자의 마음속에 원하는 이미지를 효과적으로 구축하는 데 핵심적인 역할을 한다. 브랜드 슬로건, 로고 디자인, 매장 분위기, 직원 유니폼, SNS 콘텐츠 등 소비자가 브랜드를 접하는 모든 순간에 이 포지셔닝 전략을 반영해야 한다.

MZ세대는 더 이상 기업이 제공하는 광고를 수동적으로 받아들이는 것이 아니라, 브랜드의 일부가 되어 제품 개발과 마케팅 과정에 직간접적으로 참여하려고 한다. 이들은 음식의 맛과 품질뿐만 아니라, 그 음식을 경험하는 방식, 공유하는 과정, 그리고 브랜드와의 상호작용에서 가치를 찾는다. 기업은 이러한 소비자들의 행동을 단순한 유행으로 치부할 것이 아니라, 적극적인 협업의 기회로 활용해야 한다. 트렌드가 되는 SNS 레시피를 제품화하는 속도를 높이고, 소비자와의 소통을 강화하는 것이 브랜드의 경쟁력이 될 것이다. 또한 브랜드가 소비자의 창의적 아이디어를 존중하고 이를 제품에 반영할 때, 소비자는 브랜드에 대한 주인의식을 느끼고 더 강한 애착을 형성할 가능성이 높아진다.

'맛있다'와 '멋있다' 사이, 균형 잡힌 포지셔닝 전략

푸드 브랜드에게 '맛'은 기본 중의 기본이다. 하지만 맛만으로는 충분하지 않다. 소비자는 이제 '맛있는' 브랜드를 넘어 '멋있는' 브랜드, 즉 자신의 가치관과 라이프스타일을 반영하고 긍정적인 감정을 불러일으키는 브랜드를 찾는다. 따라서 성공적인 푸드 브랜드 포지셔닝은 기능적 가치(맛, 품질, 가격 등)와 감성적 가치(경험, 스토리, 신념, 이미지 등) 사이에서 최적의 균형점을 찾는 데 있다.

푸드 브랜드가 시장에서 성공하려면 변화하는 소비자의 요구를 예민하게 감지하고 이에 맞춰 브랜드 전략을 조정해야 한다. 2000년대 초반만 해도 건강식품 시장은 소수의 소비자를 위한 틈새시장으로 간주되었지만, 2020년 이후 건강과 지속가능성을 고려한 음식 소비가 일반적인 트렌드로 자리 잡았다. 이러한 흐름에 적응하지 못한 브랜드들은 쇠퇴했으며, 반대로 발 빠르게 변화에 대응한 브랜드들은 새로운 성장 기회를 얻었다. 예를 들어, 맥도날드는 2010년대 중반부터 건강한 라이프스타일을 중시하는 소비자의 요구를 반영해 샐러드 메뉴와 저칼로리 옵션을 강화하는 전략을 도입했다. 반면 트랜스지방 사용과 고열량 메뉴를 고집했던 패스트푸드 브랜드들은 건강한 식단을 원하는 소비자의 외면을 받으며 점점 시장에서 밀려났다. 이는 푸드 브랜드가 시대적 흐름을 읽고, 기존의 제품과 운영 방식을 지속적으로 개선해야 한다는 점을 시사한다. 또한 변화하는 소비자의 라이프스타일과 기술 발전도 브랜드 운영 방식에 큰 영향을 미친다. 코로나19 팬데믹 이후 비대면 소비와 온라인 기반의 푸드 딜리버리 시장이 급격히 성장했다. 이 과정에서 일부 브랜드는 변화에 빠르게 적응하며 앱 기반 주문 시스템을 구축하고, 클라우드 키친Cloud Kitchen을 활용하는 방식으로 사업 모델을 변화시켰다. 반면 전통적인 운영 방식을 고수하며 변화를 거부한 외식 브랜드들은 심각한 매출 감소를 경험하며 도태되었다.

미국의 햄버거 브랜드 쉐이크쉑Shake Shack[16]은 단순히 '맛있는 프리미엄 버거'라는 기능적 가치에만 머무르지 않았다. 그들은 '파인 캐주얼 다이닝'이라는 콘셉트 아래, 세련된 매장 디자인, 지역사회와의 연계 활동, 친환경적인 운영 방식 등을 통해 '단순한 패스트푸드가 아닌, 활기차고 세련된 외식 경험'이라는 감성적 가치를 함께 제공했다. 이를 통해 쉐이크쉑은 높은 가격에도 불구하고 젊은 소비자층 사이에서 '꼭 가봐야 할 힙한 버거 브랜드'로 포지셔닝될 수 있었다.

포지셔닝과 브랜드 컬래버레이션

한편 식품 업계에서는 기존에 구축된 브랜드 포지셔닝을 이용해서 다양한 제품을 출시하기도 한다. 당시 유행하는 노래를 차용해서 식품 브랜드를 출시하거나 기존의 유명 제품(곰표, 말표, 백양 등)과의 컬래버레이션 collaboration(협업)을 통해 기존 제품의 긍정적 연상에 기대는 효과를 노린다. 편의점 CU는 2021년 업계 단독으로 출시한 '테스형 막걸리'를 MZ 세대를 타깃팅해서 출시한 바 있다. 유명 가수 나훈아의 「테스형」이라는 대중가요(음악 브랜드)의 흥행에 기대서 신제품의 브랜드 인지도를 단시간에 높이는 전략이다.

전기차로 유명한 테슬라[17]는 2020년 11월 출시한 '테슬라 테킬라(제품명: Añejo Tequila)'는 출시한 당일 한 시간 이내에 전량 완판되면서 많은 이들의 관심을 받았다. 병당 250달러로 팔리는 술이 당일 완판된 것은 처음 출시된 브랜드로서는 드문 일이다. 테슬라의 테킬라 프로젝트는 만우절 장난으로 처음 시작되었다고 한다. 테슬라의 CEO 일론 머스크Elon

〈그림 19〉 비식품 브랜드와 식품 브랜드의 컬래버레이션[18]

〈그림 20〉 테슬라 테킬라[19]

Musk는 자신의 트위터(현 엑스)를 통해 "테슬라가 파산했다. 그는 테슬라 모델3 앞에서 테슬라킬라Teslaquilla 병과 함께 기절한 채로 발견되었고, 뺨에 여전히 마른 눈물의 흔적이 보였다"라고 농담을 남기며 테슬라의 테킬라 제품을 처음으로 언급했다. CEO의 흥미로운 스토리와 테슬라의 강력한 첨단기업 포지셔닝이 기업의 부가가치를 만드는 동시에 차량 브랜딩에도 긍정적인 영향을 준 것이다.

포지셔닝은 소비자의 마음을 얻는 좌표 전쟁

푸드 브랜드의 성공은 더 이상 주방 안에서만 결정되지 않는다. 진짜 전쟁터는 소비자의 마음속, 복잡하게 얽힌 인식의 지도 위다. 브랜드 포지셔닝은 바로 이 '마음속 영토'를 확보하기 위한 전략적 좌표 설정 과정이다. '맛있다'는 기본 전제를 충족시키면서도 '멋있다', '의미 있다', '나답다'고 느낄 수 있는 차별화된 가치를 어떻게 제안할 것인가? 이 질문에 대한 명확한 답을 찾고, 이를 일관된 브랜드 경험으로 구현해낼 때, 브랜드는 비로소 소비자의 마음속에 특별한 존재로 자리 잡을 수 있다. 푸드 마케팅에서 포지셔닝은 선택이 아닌 필수이며, 브랜드의 존재 이유를 증명하는 가장 중요한 첫걸음이다.

맛보다 '감정'에 투자하라
이모셔널 브랜딩의 중요성

감성은 어떻게 푸드 브랜드의 본질이 되었는가

"사람들은 당신이 한 말을 잊을 것이고, 당신이 한 행동을 잊을 것이다. 하지만 당신이 그들에게 어떻게 느끼게 했는지는 절대로 잊지 않을 것이다." 시인 마야 안젤루Maya Angelou의 이 말은 현대 푸드 브랜딩 전략의 핵심을 꿰뚫는다. 소비자는 단순히 배를 채우기 위해 음식을 선택하지 않는다. 그들은 음식을 통해 위안을 얻고, 즐거움을 느끼며, 특별한 순간을 기념하고, 때로는 자신의 정체성을 표현한다. 이처럼 인간의 깊은 감정과 연결된 음식의 속성은 브랜드가 소비자와 강력한 유대감을 형성할 수 있는 절호의 기회를 제공한다. 기능적 속성만으로는 차별화가 어려운 시대, 이것이 푸드 브랜드가 맛의 경쟁을 넘어 소비자의 '마음'을 사로잡기 위해 감정에 투자하는 이유, 즉 '이모셔널 브랜딩Emotional Branding'이 중요한 이유다.

과거 브랜드 전략이 제품의 기능적 우수성이나 합리적 편익을 강조하는 데 집중했다면, 현대 브랜딩은 소비자의 감성을 자극하고 정서적 교감을 나누는 방향으로 진화했다. 마케팅 전문가 케빈 로버츠Kevin Roberts는 그의 저서 『러브마크*Lovemarks: The Future Beyond Brands*』에서, 단순한 브랜드 충성도Loyalty를 넘어 소비자의 '사랑'을 받는 브랜드, 즉 러브마크Lovemark의 중요성을 역설했다(Roberts, 2004). 러브마크는 이성Reason을 넘어 감성Emotion으로, 존경Respect을 넘어 사랑Love으로 소비자와 관계 맺는 브랜드를 의미한다. 이는 브랜드가 단순히 기능적 필요를 충족시키는 것을 넘어, 소비자의 삶에 깊이 관여하고 긍정적인 감정을 불러일으키는 존재가 되어야 함을 시사한다.

푸드 브랜드는 본질적으로 인간의 오감(미각, 후각, 시각, 청각, 촉각)과 밀접하게 연결되어 있어 감성적 접근에 특히 유리하다. 맛있는 음식의 향기, 보기 좋은 플레이팅, 음식을 먹을 때 나는 소리, 입안에서의 질감 등은 소비자의 기억과 감정을 직접적으로 자극한다. 성공적인 푸드 브랜드

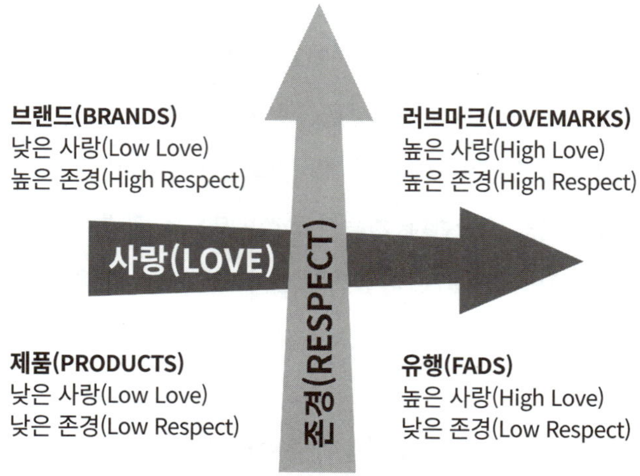

〈그림 21〉 브랜드 러브마크 도식

는 이러한 감각적 경험을 섬세하게 설계하고 관리함으로써 브랜드에 대한 긍정적인 감정을 유도한다. 예를 들어, 고디바 초콜릿은 단순히 달콤한 맛을 파는 것이 아니다. 황금색 포장, 고급스러운 매장 분위기, 섬세한 맛의 조화 등을 통해 '특별한 날을 위한 선물', '나를 위한 작은 사치'라는 감성적 가치를 전달한다. 소비자는 고디바를 통해 초콜릿 이상의 감성적 만족감을 경험하며, 이는 브랜드에 대한 깊은 애착으로 이어진다.

감정, 소비자의 마음을 움직이는 열쇠

소비자의 구매 결정 과정에서 감정이 차지하는 비중은 생각보다 훨씬 크다. 신경과학 연구에 따르면, 인간의 의사결정은 순수한 이성적 판단보다는 감정의 영향을 크게 받는다(Damasio, 1994). 특히 음식과 같이 개인적인 경험과 취향이 중요한 영역에서는 감성적 요인이 구매 결정에 결정적인 역할을 할 수 있다. 닐슨Nielsen의 2019년 조사에 따르면, 소비자의 56%가 브랜드 선택의 주요 이유로 '공감되는 브랜드 가치'를 꼽았으며, 70% 이상이 '브랜드가 나의 감정 상태를 이해할 때 더 신뢰한다'고 응답했다. 이는 소비자들이 더 이상 제품의 기능적 속성만으로 브랜드를 평가하지 않으며, 브랜드와의 정서적 연결Emotional Connection을 중요하게 생각한다는 것을 보여준다.

푸드 브랜드가 이러한 감성적 연결을 구축하지 못한다면, 소비자는 언제든 더 저렴하거나 더 편리한 대안으로 쉽게 떠나갈 수 있다. 즉 브랜드는 대체 가능한 수많은 선택지 중 하나로 전락하게 되는 것이다. 반면 소비자와 깊은 감성적 유대를 형성한 브랜드는 단순한 제품 공급자를 넘어,

〈그림 22〉 독도가 표기된 성경김 브랜드[20]

소비자의 삶에 의미를 더하는 동반자적 관계로 발전할 수 있다.

최근 성경김의 사례는 푸드 브랜드가 어떻게 사회적 메시지를 담을 수 있는지를 보여주는 대표적인 사례로 주목받았다. 성경김의 제품 포장에는 한반도 지도와 함께 독도가 명확하게 표기되어 있다. 이는 단순한 디자인 요소가 아니라, 브랜드의 신념과 가치를 반영한 푸드커뮤니케이션 전략의 한 형태다. 성경김을 생산하는 성경식품은 일본 시장 진출을 고려하더라도, 독도를 포장 디자인에서 지우지 않겠다는 입장을 명확히 밝혔다. 이는 기업이 자신의 신념을 브랜드의 정체성으로 굳건히 유지하면서, 소비자들에게도 이를 분명하게 전달하고 있다는 점에서 감성적 연결을 강조하고 있다.

과거 소비자들은 제품의 품질과 가격을 주된 구매 기준으로 삼았다. 하지만 현대 소비자들은 단순히 좋은 제품을 소비하는 것이 아니라, 자신이 지지하는 가치관을 대변하는 감성적 브랜드를 선택하는 경향이 강하다. 이는 단순한 제품 소비를 넘어, 소비자가 브랜드와의 정서적 유대를 형성하는 과정이라고 볼 수 있다. 성경김이 "돈쭐 내자(좋은 상품을 적극적으로 구매하자는 의미의 신조어)"라는 소비자들의 반응을 얻은 것도 이러한 흐름을 잘 보여준다. 단순한 애국적 소비를 넘어, 브랜드의 정체성과 소비자의 가치관이 일치할 때 소비자들은 자발적으로 브랜드를 지지하고 이를 확산시키는 역할을 하게 된다. 이처럼 푸드 브랜드는 더 이상 단순한 식품 제공자가 아니다. 소비자는 브랜드의 메시지와 가치를 중요하게 생각하며, 이에 공감할 때 적극적으로 브랜드를 지지하는 모습을 보인다. 브랜드가 소비자와 공유하는 감성적 가치가 강력할수록 브랜드 충성도는 더욱 높아진다.

이모셔널 브랜딩의 3요소: 미스터리, 감각, 친밀감

케빈 로버츠는 브랜드가 러브마크가 되기 위한 세 가지 핵심 요소로 미스터리Mystery, 감각Sensuality, 친밀감Intimacy을 제시했다(Roberts, 2004). 이 세 요소는 푸드 브랜드가 소비자의 감성을 사로잡는 이모셔널 브랜딩 전략을 구체화하는 데 중요한 지침을 제공한다.

- **미스터리**: 브랜드의 기원, 창업 스토리, 숨겨진 레시피, 미래에 대한 비전 등 소비자의 호기심과 상상력을 자극하는 이야기 요소를 의미한다. 잘 만들어진 브랜드 스토리는 소비자가 브랜드에 대해 더 깊이 알고 싶게 만들고, 감정적인 몰입을 유도한다. 예를 들어, 특정 지역의 희귀한 재료를 사용하거나 오랜 전통 방식으로 만들어지는 음식 브랜드는 그 자체로 신비감을 자아내며 브랜드 가치를 높일 수 있다.

- **감각**: 브랜드가 제공하는 오감 만족 경험을 의미한다. 음식의 맛과 향, 시각적인 아름다움, 매장의 분위기, 포장의 질감, 배경 음악 등 소비자가 브랜드를 경험하는 모든 감각적 접점을 세심하게 디자인해

긍정적인 감정을 불러일으키는 것이다. 앞서 언급한 고디바나 특정 향기와 음악으로 공간을 채우는 베이커리 카페 등이 감각 요소를 적극 활용하는 사례이다.

- **친밀감**: 소비자와 브랜드 간의 깊은 정서적 유대감과 신뢰 관계를 의미한다. 이는 개인화된 서비스, 지속적인 소통, 고객의 의견 경청, 사회적 책임 활동 등을 통해 구축될 수 있다. 소비자가 브랜드로부터 존중받고 이해받는다고 느낄 때, 브랜드에 대한 충성도와 애착은 더욱 강해진다. 단골 고객의 이름을 기억하고 취향에 맞는 메뉴를 추천해주는 동네 식당, 혹은 고객의 피드백을 적극 반영해 제품을 개선하는 식품 기업 등이 친밀감을 형성하는 예시이다.

이 세 가지 요소가 조화롭게 결합될 때, 푸드 브랜드는 단순한 상품을 넘어 소비자의 마음속 깊이 자리 잡는 강력한 감성적 존재, 즉 러브마크로 거듭날 수 있다.

푸드 브랜드가 러브마크가 되려면 앞서 언급한 세 요소에 더해 소비자 참여를 결합해야 한다. 대표적인 사례가 오레오Oreo[21]다. 오레오는 단순한 과자가 아니라, 소비자가 직접 참여하고 경험할 수 있는 브랜드로 자리 잡았다. '누구에게나 자신만의 오레오 이야기가 있다'는 콘셉트 아래, 브랜드는 소비자가 브랜드와 감성적으로 연결될 수 있는 캠페인을 지속적으로 진행했다.

오레오의 100주년 기념 캠페인 '데일리 트위스트Daily Twist'는 2012년 브랜드 탄생 100주년을 기념해 100일 동안 매일 새로운 이슈나 기념일

〈그림 23〉 오레오의 '데일리 트위스트' 캠페인[22]

을 오레오 쿠키 디자인으로 표현하며 소셜 미디어 채널을 통해 공유했다. 이 브랜드는 100일 동안 '가상 뉴스룸Virtual Newsroom'을 운영하며, 오레오 쿠키를 활용해 대중문화 아이콘을 재현하는 콘텐츠를 제작했다. 예를 들어, LGBTQ+ 프라이드 행사 기간에는 무지개색 크림이 들어간 오레오 이미지를 공개하며 브랜드 메시지를 전달했다. 이 캠페인은 소비자들 사이에서 엄청난 입소문을 불러일으켰으며, 브랜드에 대한 애착도를 높이는 효과를 가져왔다. 그 결과, 오레오의 소셜 미디어 공유량이 급증했고, 브랜드의 인지도와 감성적 연결이 한층 강화되었다.

소비자는 직접적 설득을 기피한다

소비자 대부분은 마케터가 이야기하는 것을 그대로 믿지는 않는다. 아마 기업이 광고한 것의 일부는 소비자가 받아들이겠지만 나머지는(아쉽게도 내용 대부분을) 기억 못 하는 경우가 다반사다. 심각한 경우는 식품의 광고를 '거짓말'이라고 간주하고 '장사 목적Commercial Purpose'이라는 주홍글씨를 달아주는 경우도 많다. 이를 소비자 심리학에서는 '설득 지식 모형PKM: Persuasion Knowledge Model'으로 설명하고는 한다(Friestad & Wright, 1994). 쉽게 이야기하면 메시지 수용자가 상대방이 설득의도(예: 우리 식품을 사라)를 알면 메시지에 방어적으로 된다는 말이다. 결국 덜 광고답고 또 진실한 소통이 푸드커뮤니케이션에서 중요하다고 이해할 수 있다. 설득을 위한 첫 단계는 '브랜드 이미지와 아이덴티티 사이의 그 간극을 분석하는 것'이다. 이를 광고학에서는 '브랜드 이미지 간극분석Brand Image Gap Analysis'이라고 부른다. 간극을 분석한 이후에는 이 틈을 이모셔널 브랜딩을 통해 메울 방법을 찾아야 한다. '기업YOU'과 '소비자

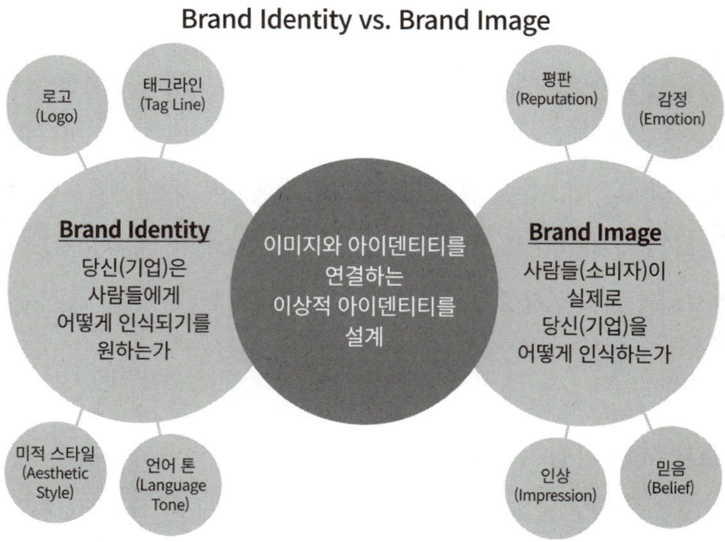

〈그림 24〉 브랜드 이미지 간극분석

TEHY'의 간극을 메워 정서적으로 충만한 '우리WE의 이야기'로 바꾸는 것이 브랜딩의 궁극적인 과제다.

맛을 넘어 마음을 얻는 브랜드로

이제 푸드 브랜드에게 이모셔널 브랜딩은 더 이상 선택이 아닌 필수 전략이다. 맛과 품질은 기본 전제일 뿐, 치열한 경쟁 속에서 소비자의 마음을 사로잡고 지속적인 관계를 구축하기 위해서는 브랜드가 제공하는 감성적 가치에 주목해야 한다. 소비자는 단순히 허기를 채우는 것을 넘어, 음식을 통해 위안과 즐거움, 소속감과 자기표현의 욕구를 충족시키고자 한다. 푸드 브랜드는 이러한 소비자의 감성적 니즈를 깊이 이해하고, 브랜드의 철학(아이덴티티)과 경험(이미지) 전반에 걸쳐 긍정적인 감정을 불러일으키는 전략을 섬세하게 설계해야 한다.

브랜드의 스토리를 통해 미스터리를 만들고, 오감을 만족시키는 감각적 경험을 제공하며, 진정성 있는 소통으로 친밀감을 쌓아나갈 때, 브랜드는 비로소 소비자의 마음속에 '사랑받는 이름'으로 기억될 것이다. 맛있는 음식을 넘어, 잊을 수 없는 감동과 경험을 선사하는 것. 이것이 바로 이모셔널 브랜딩 시대, 푸드 브랜드가 나아가야 할 방향이다.

이름값 하는 식당

푸드 브랜드 네이밍의 과학과 예술

뇌는 이름을 어떻게 기억하고 반응하는가?

이름은 단순한 말이 아니다. 브랜드의 첫 번째 약속이자, 보이지 않는 첫인상의 과학이 숨어 있다. 우리는 매일 식탁 위에서, 거리에서, 혹은 스마트폰 화면 속에서 수많은 음식 브랜드를 마주한다. 그중 어떤 이름은 우리의 호기심을 자극하고(예: 괴짜 레스토랑), 어떤 이름은 신뢰감을 주며(예: 엄마손 밥상), 또 어떤 이름은 특별한 감정(예: 첫사랑 떡볶이)을 불러일으킨다. 과연 이 '이름' 속에 숨겨진 힘은 무엇일까? 푸드 브랜드 네이밍은 단순히 식별 기호를 만드는 작업을 넘어, 소비자의 마음을 움직이는 정교한 심리학적, 언어학적, 나아가 뇌과학적 설계 과정이다. 이름이 어떻게 브랜드의 운명을 결정짓는지, 그 심층적인 메커니즘과 전략적 기법들을 과학적 근거와 사례를 통해 파헤쳐보자.

푸드 브랜드 네이밍의 가장 기본적인 역할은 무엇일까? 소비자의 '인지Cognition' 과정, 특히 기억Memory과 '처리 용이성Processing Fluency'에 영향을 미치는 것이다. 수많은 정보와 선택지 속에서 인간의 뇌는 효율성을 추구한다. 익숙하거나 쉽게 떠올릴 수 있는 이름, 즉 처리하기 쉬운 이름을 선호하는 경향이 있는데, 이를 '처리 용이성 효과'라고 한다(Alter & Oppenheimer, 2009). 뇌는 처리하기 쉬운 정보를 더 긍정적이고 진실되게 받아들이는 경향이 있다. 따라서 발음하기 쉽고, 철자가 간단하며, 시각적으로 명료한 이름은 소비자의 인지적 부담을 줄여 긍정적인 첫인상을 형성하고 기억 속에 쉽게 자리 잡게 한다.

이는 심리학에서 말하는 '가용성 휴리스틱Availability Heuristic'과도 연결된다(Tversky & Kahneman, 1973). 자주 듣거나 쉽게 기억나는 이름일수록 우리는 무의식적으로 그 브랜드가 더 중요하거나 우수하다고 판단하는 경향이 있다. 예를 들어 '코카콜라'나 '맥도날드'처럼 반복적인 음절과 명확한 발음을 가진 이름은 전 세계적으로 높은 인지도와 선호도를 유지하는 데 기여했다. 반면 너무 길거나 복잡한 이름(예: 'The Really Great Food Company')은 소비자의 인지적 노력을 요구하므로 기억에서 쉽게 잊힐 수 있다.

또한 이름은 소비자의 초기 기대치를 설정하는 '앵커링 효과Anchoring Effect'를 발휘하기도 한다. 이름에 '프리미엄', '유기농', '수제'와 같은 키워드가 포함되면, 소비자는 해당 브랜드에 대해 높은 품질이나 건강한 이미지를 기대하게 된다. 이는 소비자의 스키마Schema, 즉 특정 대상에 대한 기존의 지식 구조와 상호작용하며 브랜드 인식을 형성한다. 예를 들어, '자연드림'이라는 식품점의 이름은 '자연'과 '드림Dream/Give'이라는 단어를 통해 친환경적이고 건강한 이미지를 즉각적으로 연상시킨다.

소리가 맛을 만든다?: 언어학과 음성 상징주의

이름은 단순히 의미를 전달하는 기호일 뿐 아니라, 그 소리 자체가 감각적 경험과 감정에 영향을 미친다. 이를 '음성 상징주의Sound Symbolism'라고 한다. 특정 소리가 특정 의미나 감각(예: 크기, 모양, 질감, 밝기 등)과 체계적으로 연결되어 있다는 개념이다. 가장 유명한 예시는 '부바/키키 효과Bouba/Kiki Effect'이다. 대부분의 사람들은 뾰족한 모양에는 '키키Kiki'처럼 날카로운 소리의 이름을, 둥근 모양에는 '부바Bouba'처럼 부드러운 소리의 이름을 연관 짓는다(Ramachandran & Hubbard, 2001).

푸드 네이밍에서도 이러한 음성 상징주의는 강력한 힘을 발휘한다. 예를 들어, 요거트나 아이스크림처럼 부드러운 식감의 제품에는 '요플레Yoplait', '끌레도르Cledor'처럼 부드러운 유음(ㄹ, ㅁ)이나 원순모음(ㅗ, ㅜ)이 포함된 이름이 선호되는 경향이 있다. 반면 크래커나 탄산음료처럼 바삭하거나 톡 쏘는 느낌의 제품에는 '크리스피크림', '코카콜라', '스프라이트'처럼 파열음(ㅋ, ㅌ, ㅍ)이나 마찰음(ㅅ, ㅊ)이 포함된 이름이 제품의 특징을 효과적으로 전달할 수 있다. 국내 사례로, 세탁 세제 브랜드들이 주로 '비트', '테크', '리큐'처럼 거센소리를 활용해 강력한 세척력을 암시하는 것도 같은 맥락이다.

또한 이름의 의미론적 연상Semantic Association도 중요하다. 이름이 가진 직접적인 의미Denotation와 함축적인 의미Connotation는 브랜드 이미지 형성에 큰 영향을 미친다. 예를 들어, '참이슬'은 '진짜 이슬'이라는 깨끗하고 순수한 이미지를 전달하며, '처음처럼'은 '처음의 순수함'과 '리셋'의 느낌을 주어 젊은 층에게 어필했다. 이름에 담긴 긍정적인 연상은 소비자의 감성적 유대를 강화하고 브랜드 충성도를 높이는 데 기여한다.

〈그림 25〉 국내 소주 브랜드들[23]

국내 선두 주류 업체인 하이트진로[24]는 오랫동안 이 시장의 절대 강자였다. '참이슬'은 그 이름만으로도 순수함, 청량함, 청춘의 이미지를 환기시키는 강력한 브랜드 자산Brand Asset이다. 여기에 복고 감성을 활용한 '진로이즈백Jinro Is Back'은 이름 자체가 하나의 메시지다. '이 브랜드는 돌아왔고, 여전히 살아 있다'는 선언. 특히 흰 병과 두꺼비 캐릭터는 MZ세대에게 오히려 '신선한 고전Newtro'으로 받아들여졌다. 이름이 갖는 시간성Time-coded Naming은 이렇게 한때의 유산을 다시 자산으로 바꿨다.

한편 '처음처럼'은 부드러운 이미지와 원조 '여성 소주' 포지셔닝으로 시장 점유율을 끌어올렸으나, 일본 불매운동 여파로 큰 타격을 입었다. 이후 롯데칠성[25]은 '처음처럼'의 브랜드 리뉴얼을 시도하면서, 동시에 새로운 제품을 선보였다. 그 이름은 '새로', 짧고 강렬하다. '새롭다'는 형용사이자, '새로움'이라는 개념 자체를 내포한 네이밍이다. 특히 증류식 소주 첨가, 제로 슈거, 영양 성분 표시 등 기능적 차별성과 함께, '건강하고 깔끔한 새 시대의 소주'라는 이미지를 구축한다. 더 흥미로운 점은 '새로

〈그림 26〉 새로구미 캐릭터[26]

구미'라는 앰배서더 네이밍이다. '구미호'에서 유래한 이 이름은 경쟁사인 진로의 '두꺼비'와 정면 대결을 상정한 캐릭터 설정이다. 단순히 제품명이 아니라 캐릭터 네이밍까지 이어지는 이 전략은 팬덤 마케팅이자 브랜디드 유니버스의 시작을 알렸다.

이름에 담긴 감성의 뇌과학: 신경마케팅적 관점

최근 신경마케팅Neuromarketing 연구는 브랜드 네임이 소비자의 뇌 활동과 감정 반응에 미치는 영향을 직접적으로 측정하려는 시도를 하고 있다. 기능적 자기공명영상fMRI이나 뇌파EEG 분석 등을 통해 특정 이름이 뇌의 어떤 영역(예: 감정 처리와 관련된 편도체, 보상과 관련된 측좌핵 등)을 활성화시키는지, 어떤 감정(긍정/부정, 흥분/안정)을 유발하는지를 파악할 수 있다(Ariely & Berns, 2010).

연구에 따르면, 감성적인 단어나 긍정적인 연상을 불러일으키는 이름은 소비자의 주의를 더 끌고 기억에 오래 남으며, 구매 결정에도 긍정적인 영향을 미칠 수 있다. 예를 들어, '행복한 콩'이나 '즐거운 요리'와 같은 이름은 긍정적인 감정을 직접적으로 유발해 브랜드에 대한 호감을 높일 수 있다. 또한 브랜드가 추구하는 브랜드 개성Brand Personality과 이름의 정서적 분위기가 일치할 때 소비자는 브랜드에 더 강한 유대감을 느낀다. 예를 들어, 젊고 활기찬 이미지를 추구하는 브랜드라면 '톡톡Tok Tok'이나 '팡팡Pang Pang'과 같은 의성어/의태어를 활용한 네이밍이 효과적일 수 있다.

기아자동차도 K 시리즈(K3, K5, K7, K9 등) 네이밍 과정에서 신경마케팅 기법을 활용해 소비자들이 각 이름에서 느끼는 혁신성, 역동성, 고급스러움 등의 이미지를 분석하고 최적의 조합을 찾으려 노력한 사례가 있다. 이처럼 신경마케팅은 네이밍 과정에서 소비자의 무의식적인 반응까지 고려해 보다 과학적이고 효과적인 의사결정을 내리는 데 도움을 줄 수 있다.

성공적인 푸드 네이밍을 위한 전략적 테크닉

과학적 원리를 바탕으로 실제 푸드 브랜드 네이밍에 적용할 수 있는 다양한 전략적 테크닉들이 존재한다. 각 테크닉은 장단점을 가지므로, 브랜드의 목표, 타깃 소비자, 제품 특성, 경쟁 환경 등을 종합적으로 고려해 최적의 방법을 선택해야 한다.

■ **기술적Descriptive 네이밍**: 제품의 특징, 성분, 기능, 원산지 등을 직접

적으로 설명하는 방식이다. 이해하기 쉽고 제품 정보를 명확하게 전달하는 장점이 있지만, 차별화가 어렵고 확장성이 제한될 수 있다.

▶ 사례: 햇반(갓 지은 밥), 바나나맛우유(맛 설명), 제주 삼다수(원산지 강조), General Electric(사업 분야 명시)

▶ 장점: 정보 전달 명확, 이해 용이

▶ 단점: 독창성 부족, 법적 보호 어려움, 확장성 제한

■ **암시적**Suggestive **네이밍**: 제품의 편익, 경험, 품질, 가치 등을 간접적으로 암시하거나 연상시키는 방식이다. 소비자의 상상력을 자극하고 감성적인 연결을 유도할 수 있지만, 의미 전달이 모호할 수 있다.

▶ 사례: 참이슬(깨끗함 암시), 처음처럼(순수함 암시), 아침햇살(건강함, 부드러움 암시), Dove(비둘기: 평화, 부드러움 연상)

▶ 장점: 긍정적 연상 유도, 기억 용이, 차별화 가능

▶ 단점: 의미 해석의 모호성, 직접적 정보 부족

■ **연상적**Associative **네이밍**: 제품과 직접적인 관련은 없지만, 긍정적인 이미지, 라이프스타일, 가치 등을 가진 대상을 차용해 연결시키는 방식이다. 강력한 이미지 구축이 가능하지만, 잘못된 연상을 유발할 위험도 있다.

▶ 사례: 산타페(도시 이름: 이국적, 자유로움 연상), 에비앙(알프스 지역명: 청정함 연상), Red Bull(황소: 힘, 에너지 연상)

▶ 장점: 강력한 이미지 구축, 스토리텔링 용이

▶ 단점: 제품과의 관련성 부족 시 혼란 야기, 부정적 연상 위험

■ **임의적**Arbitrary **네이밍**: 제품 카테고리와 아무런 관련이 없는 기존 단어를 사용하는 방식이다. 독창성이 매우 높고 법적 보호가 용이하지만, 초기 인지도 확보와 의미 부여에 많은 노력이 필요하다.

▶ 사례: Apple(컴퓨터), Camel(담배)

▶ 장점: 독창성 높음, 법적 보호 용이, 강력한 브랜드 구축 가능

▶ 단점: 초기 의미 전달 어려움, 막대한 마케팅 비용 필요

■ **조어적**Neologistic/Fanciful **네이밍**: 세상에 없던 새로운 단어를 만들어 사용하는 방식이다. 독창성이 가장 높고 브랜드 고유의 스토리를 담을 수 있지만, 발음이나 기억이 어려울 수 있고 의미 전달에 노력이 필요하다.

▶ 사례: 비비고Bibigo, 하겐다즈Häagen-Dazs, 코닥Kodak, 엑손Exxon

▶ 장점: 최고 수준의 독창성, 법적 보호 강력, 브랜드 정체성 직접 반영

▶ 단점: 발음/기억 어려움 가능성, 의미 전달 노력 필요

이 외에도 이니셜/약어 활용(예: KFC, CJ), 창업자 이름이나 애칭 활용(예: Ford, 오뚜기), 지리적 명칭 활용(예: 보성녹차, 이천쌀), 숫자 활용(예: 2% 부족할 때, 3분 카레) 등 다양한 기법들이 활용된다. 중요한 것은 단순히 네이밍 기법을 따르는 것이 아니라, 브랜드의 핵심 가치와 전략 방향에 가장 부합하는 이름을 창의적으로 개발하는 것이다.

데이터 기반 네이밍과 글로벌 전략

과거 네이밍이 주로 창작자의 직관과 감성에 의존했다면, 현대의 네이밍은 데이터 기반의 과학적 검증 과정을 거치는 경우가 많다. 개발된 후보 이름들에 대해 타깃 소비자를 대상으로 연상 조사, 선호도 조사, 발음 용이성 테스트, 기억 용이성 테스트, A/B 테스트 등을 실시해 객관적인 데이터를 확보한다. 또한 검색량 분석(Google Trends 등), 소셜 미디어 언급량 및 감성 분석 등을 통해 특정 이름이 시장에서 어떤 반응을 얻을지 예측하기도 한다. CJ제일제당이 '비비고' 론칭 전 미국 현지 소비자들에게 "Bibigo sounds fun and tasty!"라는 긍정적 반응을 확인한 것은 데이터 기반 의사결정의 좋은 예이다.

AI 기반 네이밍 도구(Namelix[27] 등)의 활용도 증가하고 있다. 키워드, 산업, 원하는 스타일 등을 입력하면 수많은 이름 아이디어를 생성해주어 브레인스토밍에 도움을 줄 수 있다. 하지만 AI는 문화적 맥락, 미묘한 감성, 브랜드의 깊은 철학까지 담아내기에는 한계가 있으므로, 최종 결정은 여전히 인간의 전략적 판단과 창의성이 중요하다.

특히 글로벌 시장을 겨냥하는 푸드 브랜드의 경우, 네이밍은 더욱 신중해야 한다. 특정 언어에서는 긍정적인 이름이 다른 문화권에서는 부정적이거나 우스꽝스러운 의미로 해석될 수 있기 때문이다(예: 펩시의 'Come alive with the Pepsi Generation' 슬로건이 중국에서 '펩시가 당신의 조상을 무덤에서 불러냅니다'로 오역된 사례). 따라서 목표 시장의 언어, 문화, 금기어, 발음 등을 철저히 검토하고, 필요한 경우 현지화Localization된 이름을 별도로 개발하거나 음차Transliteration 또는 의역Free Translation 전략을 신중하게 선택해야 한다. 또한 글로벌 상표권 확보 가능 여부도 필수적으로 확인해야 한다.

이름, 과학과 예술의 교차점에서 태어나는 브랜드의 얼굴

푸드 브랜드에게 이름은 단순한 라벨 그 이상이다. 그것은 소비자의 뇌리에 첫인상을 새기는 각인이며, 브랜드의 철학과 가치를 담아 세상과 소통하는 첫 번째 언어이다. 잘 지어진 이름은 인지심리학적 원리에 따라 기억하기 쉽고, 언어학적 매력을 통해 긍정적인 감성을 자극하며, 때로는 신경과학적 반응까지 이끌어낸다. 성공적인 네이밍은 이처럼 과학적 분석과 창의적 예술성이 정교하게 교차하는 지점에서 탄생한다.

기술적, 암시적, 연상적, 임의적, 조어적 등 다양한 네이밍 테크닉과 데이터 기반의 검증 과정은 최적의 이름을 찾는 데 도움을 주지만, 궁극적으로 이름에 생명력을 불어넣는 것은 브랜드가 그 이름에 담긴 약속을 꾸준히 지켜나가는 진정성 있는 노력이다. 이름은 브랜드 여정의 시작일 뿐, 그 이름값을 하는 것은 결국 브랜드 자체의 몫이다.

위기에 안테나를 세워라

푸드 브랜딩과 리스크 커뮤니케이션

푸드 브랜드와 위기관리

신뢰를 잃는 데는 단 하루면 충분하지만, 다시 쌓는 데는 수년이 걸린다. 기업의 진정한 정체성은 위기 속에서 여실히 드러난다. 브랜드의 명성Brand Reputation은 오랜 시간 축적된 신뢰와 감성 자산의 집합체이며, 단 한 번의 실수나 사고로 순식간에 무너질 수 있는 섬세한 유리구슬과도 같다. 특히 음식은 인간의 가장 기본적인 생존과 직결되며, 감성과 경험을 파는 푸드 산업은 그 본질상 '신뢰'를 먹고 사는 업종이다. 소비자는 브랜드와 보이지 않는 '정서적 계약Emotional Contract'을 맺고 있기에, 위기 발생 시 배신감은 더욱 크고 회복은 더욱 어렵다. 따라서 푸드 브랜드에게 위기관리, 즉 리스크 커뮤니케이션Risk Communication과 그 이후의 회복탄력성Resilience 구축은 단순한 선택이 아닌 생존의 언어이자, 지속 가능한 성장을 위한 핵심 역량이다(Baba & Esfandiari, 2023; Tendall et al., 2021). 이 글에서는 푸드 브랜드가 어떻게 위기에 대응하고, 나아가 위기를 극복하며 더 강한 브랜드로 거듭날 수 있는지, 리스크 커뮤니케이션과 리질리언스 전략의 핵심을 탐구하려고 한다.

반복되는 패턴과 본질: 과학보다 스토리, 사실보다 정서

푸드 브랜드가 직면하는 위기는 놀라울 정도로 유사한 궤적을 그리며 반복되는 경향이 있다. 주요 유형으로는 제품 오염(예: 식중독균 검출, 이물질 혼입), 잘못된 정보 제공(예: 허위·과장 광고, 라벨 오류, 원산지 허위 표시), 기업 윤리 문제(예: 비위생적 제조 환경, 하청업체 갑질, 오너 리스크, 사회적 책임 회피) 등이 대표적이다. 팬데믹과 같은 예측 불가능한 외부 충격 역시 공급망 붕괴 등 심각한 위기를 초래할 수 있다(Hobbs, 2020). 2014년 맥도날드는 중국 공급업체의 유통기한 조작 사건(불량 닭고기 납품)으로 글로벌 신뢰도에 큰 타격을 입었고, 2015년 미국에서는 '신선하고 건강한' 이미지를 내세웠던 멕시칸 푸드 체인 '치폴레Chipotle'는 대규모 식중독 사태로 브랜드 이미지가 붕괴되는 위기를 겪었다. 국내에서도 2008년 농심의 라면에서 쥐 머리가 발견된 사건, 남양유업의 반복되는 윤리 문제 등 크고 작은 위기가 끊이지 않았다.

이러한 사건이 발생했을 때, 소비자는 단순히 제품의 안전성이나 기업의 실수만을 문제 삼지 않는다. 그 이면에는 더욱 근본적이고 정서적인 질문이 숨어 있다. "이 브랜드가 나를, 내 가족을 존중하는가?", "이 브랜드는 내 목소리를 듣고 있는가?", "이 브랜드는 이익 앞에서 윤리를 지킬 의지가 있는가?" 소비자는 브랜드의 대응을 통해 이러한 질문에 대한 답을 찾으려 한다. 그렇기에 푸드 리스크 커뮤니케이션은 단순히 과학적 사실을 전달하거나 법적 책임을 해명하는 것을 넘어선다(Renn, 2019). 오히려 정서적 공감과 신뢰 회복이 우선되어야 하며(Siegrist & Zingg, 2018), 때로는 객관적 사실 전달보다 진솔한 스토리텔링이 더 강력한 힘을 발휘한다. 위기 상황에서 소비자의 마음을 움직이는 것은 차가운 데이터가 아니라, 브랜드의 진정성 있는 태도와 책임감 있는 행동이기 때문이다 (Frewer et al, 2016).

위기 대응의 3중 방패: 푸드 리스크 커뮤니케이션 실행 전략

그렇다면 브랜드는 예측 불가능한 위기 상황에서 어떻게 효과적으로 대응하고 신뢰의 둑이 무너지는 것을 막을 수 있을까? 성공적인 푸드 리스크 커뮤니케이션은 크게 세 겹의 방어막, 즉 세 단계의 전략적 대응으로 구성될 수 있다.

① 1단계: 신속하고 투명한 정보 공유 (초기 대응 골든타임 확보)

위기 발생 직후 초기 대응의 '골든타임'은 매우 짧다. 일반적으로 사건 발생 인지 후 2~4시간 이내에 첫 공식 입장을 발표하는 것이 권장된다. 이때 중요한 것은 숨기거나 축소하려는 태도가 아니라, 오히려 적극적으로 '드러내는' 자세다. 현재까지 파악된 사실, 브랜드의 인지 시점, 그리고 앞으로의 조사 및 대응 계획을 최대한 투명하게 공개해야 한다. 설령 모든 정보가 완벽하지 않더라도, 브랜드가 상황을 인지하고 있으며 책임감 있게 대처하고 있다는 신호를 보내는 것이 중요하다. 2021년 CJ제일제당은 햄 제품의 이물질 논란이 불거지자, 빠른 시간 내에 원인 조사 결과를 상세히 공개하고 전량 회수 및 재발 방지 시스템 구축 계획을 함께 발표함으로써 소비자 불안을 조기에 차단하고 신뢰 하락을 최소화할 수 있었다. 이는 투명한 정보 공개가 신뢰 회복의 가장 중요한 첫걸음임을 보여주는 사례다.

② 2단계: 공감 기반의 커뮤니케이션 (정서적 연결 및 스토리텔링)

정보 공개와 더불어 소비자의 불안과 실망감에 깊이 공감하는 태도를 보여주는 것이 중요하다(Siegrist & Zingg, 2018). 단순히 "죄송합니다"라는 형식적인 사과를 넘어, "이번 일로 인해 고객님들께서 느끼셨을 불안과 실망에 대해 깊이 공감하며 진심으로 사과드립니다"와 같이 소비자의 감정을 먼저 읽어주고 위로하는 메시지가 효과적이다. 이때 커뮤니케이션은 딱딱한 보도자료나 텍스트 형식에만 국한될 필요가 없다. 브랜드의 진정성을 전달할 수 있는 다양한 채널과 형식을 활용해야 한다. CEO나 담당 임원이 직접 나서서 진솔하게 사과하고 개선 의지를 밝히는 영상 메시지, 위기 극복 과정을 담은 브랜디드 콘텐츠, 혹은 문제 해결을 위해 노력하는 내부 구성원(셰프, 연구원, 생산 담당자 등)의 이야기를 통해 소비자와의 감정적 접속을 시도하는 것이 중요하다. 소비자는 브랜드의 '인간적인' 모습에 더 깊이 공감하고 마음을 열 가능성이 높다.

③ 3단계: 브랜드 정체성과 연계된 실질적 사후 조치 (문제 해결 및 재발 방지)

사과와 공감 표명 이후에는 반드시 실질적인 문제 해결 노력과 구체적인 재발 방지 대책이 뒤따라야 한다. 특히 이러한 사후 조치는 브랜드가 평소 추구해온 핵심 가치 및 정체성과 일관성을 가져야 더욱 설득력을 얻는다. 예를 들어, '친환경'이나 '지속가능성'을 강조해온 브랜드라면, 위기 발생 시 단순히 문제 제품을 회수하는 것을 넘어, 생산 및 유통 과정 전반의 환경 영향을 재점검하고 개선하는 모습을 보여주어야 한다. '건강'이나 '안전'을 핵심 가치로 내세웠다면, 더욱 강화된 품질 관리 시스템과 검증 절차를 도입하고 이를 투명하게 공개해야 한다. 일본의 무인양품은 제품 리콜 사태 이후 소비자에게 문제 발생 원인, 개선 과정, 그리고 내부 학습 내용을 담은 '리뉴얼 리포트'를 상세히 제공함으로써 위기 상황을 오히려 브랜드 철학을 강화하고 소비자와의 신뢰를 다지는 기회로 활용했다. 이처럼 브랜드 정체성과 연계된 진정성 있는 사후 조치는 위기 극복을 넘어 브랜드 가치를 한 단계 높이는 계기가 될 수 있다.

성공과 실패의 갈림길: 리스크 커뮤니케이션 사례 비교

이러한 리스크 커뮤니케이션 원칙들이 실제 위기 상황에서 어떻게 적용되었는지, 성공과 실패 사례를 비교해보면 그 중요성을 더욱 명확히 알 수 있다. 다음 〈표 1〉은 푸드 브랜드를 중심으로 리스크 커뮤니케이션의 성공 및 실패 사례를 비교 분석한 것이다.

〈표 1〉에 제시된 사례들에서 볼 수 있듯이, 위기 발생 시 브랜드의 대응 방식은 신뢰 회복과 추가적인 이미지 손상이라는 극명한 결과 차이를 가져온다. 성공적인 브랜드들은 공통적으로 신속하고 투명하며 진정성 있는 태도로 소비자와 소통하고, 문제 해결을 위한 실질적인 노력을 보여

〈표 1〉 리스크 커뮤니케이션 성공 및 실패 사례 비교 분석

구분	브랜드	위기 유형	성공/실패 요인 (커뮤니케이션 전략)	결과
성공 사례	타이레놀 (Tylenol, 1982)	제품 변조 (독극물 주입)	• 신속성: 즉각적인 전 제품 회수 및 생산/광고 중단. • 투명성: FBI 조사 협조 및 대중에게 정보 공개. • 진정성: CEO 직접 사과 및 소비자 안전 최우선 메시지 전달. • 사후 조치: 3중 안전 포장 도입 등 근본적 해결책 제시.	단기적 손실 후 시장 점유율 회복 및 신뢰도 상승. 위기관리의 교과서적 사례로 평가.
성공 사례	농심 (Nongshim, 2008)	제품 내 이물질 (쥐 머리) 발견	• 신속성: 초기 부인 후 신속한 사과 및 해당 라인 생산 중단/회수. • 투명성: 식약청 조사 협조 및 공장 공개, 생산 과정 투명화 노력. • 공동체: 협력 농가와의 관계 강조 및 상생 노력 부각.	초기 이미지 타격 있었으나, 적극적 소통과 투명성 강화로 점진적 신뢰 회복.
성공 사례	CJ제일제당 (CJ Cheil Jedang, 2021)	햄 제품 내 이물질 발견	• 신속성: 논란 인지 후 빠른 원인 조사 및 결과 발표. • 투명성: 조사 결과 상세 공개 및 전량 회수 조치. • 사후 조치: 재발 방지 위한 생산 공정 개선 약속 및 실행.	소비자 불안 조기 차단 및 신뢰도 유지.
실패 사례	맥도날드 (McDonald's China, 2014)	공급업체 유통기한 조작 (불량 닭고기 납품)	• 초기 대응 미흡: 문제 인지 후에도 해당 공급업체 제품 계속 사용. • 투명성 부족: 책임 회피성 태도 및 정보 공개 지연. • 진정성 부족: 소비자 불안 해소보다 기업 이미지 방어에 급급.	중국 내 매출 급감 및 브랜드 신뢰도 심각한 타격. 글로벌 이미지 손상.
실패 사례	치폴레 (Chipotle, 2015)	대규모 식중독 발생 (E.coli, 노로바이러스)	• 원인 규명 지연: 정확한 오염원 파악 및 정보 공개 지연. • 커뮤니케이션 혼선: 초기 대응 메시지 불명확, 소비자 불안 증폭. • 사후 조치 미흡: 식품 안전 시스템 개선 약속에도 불구, 유사 사건 재발 우려.	'신선하고 건강한' 브랜드 이미지 붕괴, 주가 폭락 및 장기적인 매출 부진.
실패 사례	남양유업 (Namyang, 2013~현재)	반복적 윤리 문제 (대리점 갑질, 경쟁사 비방, 불가리스 코로나 효과 허위 발표 등)	• 진정성 부재: 문제 발생 시마다 임시방편적 사과, 근본적 개선 의지 부족. • 투명성 부족: 정보 은폐 시도 및 책임 회피 태도 반복. • 소비자 불신 심화: 지속적인 불매 운동 및 부정적 여론 확산.	기업 이미지 회복 불능 수준, 주가 하락 및 시장 점유율 감소. 대표적인 신뢰 상실 사례.

주었다. 반면 실패한 브랜드들은 초기 대응에 미흡했거나, 정보를 은폐하려 했거나, 혹은 소비자의 감정을 헤아리지 못하고 기업의 입장만을 내세우는 모습을 보였다.

위기를 넘어 리질리언스로: 회복과 진화 전략

성공적인 위기 대응은 단순히 사태를 수습하는 것을 넘어, 브랜드가 더욱 강해지고 소비자와의 유대를 깊게 하는 회복탄력성을 구축하는 과정으로 이어져야 한다(Tendall et al., 2021). 위기를 겪은 브랜드가 어떻게 과거의 명성을 되찾고, 나아가 소비자의 '사랑'을 받는 브랜드, 즉 러브마크로 진화할 수 있을까? 그 핵심 전략은 다음과 같다.

■ 리질리언스의 시작: 브랜드 진정성의 회복

회복의 첫걸음은 위기 대응 과정에서 보여준 진정성을 바탕으로 소비자와의 깨어진 신뢰를 다시 연결하는 것이다. 이는 단순히 사과하는 것을 넘어, 브랜드의 핵심 가치와 철학을 재확인하고 이를 행동으로 증명하는 과정을 포함한다. 스타벅스는 2018년 미국 필라델피아 매장에서 발생한 흑인 고객 인종차별 사건 이후 단순히 해당 직원 해고에 그치지 않았다. 전 미국 내 8,000여 개 직영 매장의 문을 일시적으로 닫고 17만 5,000명의 직원 전체를 대상으로 인종 편견 예방 교육을 실시했다. 이는 막대한 비용 손실을 감수하면서까지 '모든 고객을 존중한다'는 브랜드의 핵심 가치를 지키겠다는 강력한 의지를 보여준 행동이었으며, 위기를 브랜드의 진정성을 재확인하는 계기로 삼은 대표적인 사례다.

■ 공동체 기반의 회복: 푸드커뮤니케이션의 확장

음식은 본질적으로 사람과 사람을 연결하고 공동체를 형성하는 매개체다. 따라서 푸드 브랜드의 회복 과정 역시 소비자를 포함한 다양한 이해관계자(지역사회, 생산자, 직원 등)와의 관계 회복에 초점을 맞춰야 한다(Tendall et al., 2021). 위기를 겪은 브랜드가 단순히 '소비자'에게만 사과하는 것이 아니라, 문제가 발생한 지역사회에 기여하거나, 어려움을 겪는 생산 농가를 지원하거나, 혹은 내부 직원들의 사기를 진작시키는 노력을 함께 보여줄 때, 브랜드의 진정성은 더욱 빛을 발한다. 앞서 언급된 농심의 경우, 이물질 파동 이후 협력 농가와의 상생 프로그램을 강화하고 생산 과정을 투명하게 공개하는 캠페인을 통해, 소비자를 넘어선 공동체와의 연대를 강조하며 신뢰를 회복해나갔다. 이는 소비자를 단순한 구매자가 아닌, 브랜드 생태계의 중요한 '파트너'로 인식하는 태도가 리질리언스 구축의 핵심임을 보여준다.

■ 러브마크로의 전환: 신뢰를 넘어 사랑으로

궁극적으로 브랜드는 위기를 통해 단순한 신뢰를 넘어 소비자의 사랑을 받는 브랜드, 즉 케빈 로버츠가 말한 러브마크로 진화하는 것을 목표로 삼아야 한다(Roberts, 2004). 이는 브랜드가 기능적 만족을 넘어 소비자의 감성을 깊이 터치하고, 삶의 일부가 되는 것을 의미한다. 러브마크의 핵심 요소인 미스터리(브랜드 스토리, 비전), 감각

(오감 만족 경험), 친밀감(정서적 유대, 소통)은 위기 회복 과정에서도 중요한 역할을 한다(Roberts, 2004). 예를 들어, 오랜 역사를 가진 브랜드라면 위기 이후 브랜드의 기원 스토리를 재조명하며 '미스터리'를 강화할 수 있다. 감각적 경험이 중요한 외식 브랜드라면, 위생 및 안전 시스템 강화를 넘어 더욱 향상된 맛과 분위기를 제공하며 '감각' 만족도를 높일 수 있다. 또한 고객과의 진솔한 소통 채널을 강화하고 개인화된 경험을 제공함으로써 '친밀감'을 높여나갈 수 있다. 일본의 모리나가 제과森永製菓株式会社[28]는 과거 위기를 겪었음에도 불구하고, "추억을 파는 브랜드"로서 소비자의 정서적 유대를 지속적으로 강화해왔다. 특히 1955년 발생한 '비소砒素 혼입 분유 사건'은 기업 역사상 가장 치명적인 위기로 평가된다. 당시 모리나가는 산업용 인산염이 혼입된 원료를 사용한 탓에, 자사에서 생산한 분유를 섭취한 영아 13만여 명이 중독 증세를 보였고, 그중 130명 이상이 사망하는 참극이 벌어졌다. 이 사건은 일본 사회에 큰 충격을 주었을 뿐 아니라, 식품 제조업 전반에 대한 소비자 신뢰를 근본부터 흔들어놓았다. 결과적으로 회사는 형사 책임과 도의적 비난에 직면했으며, 해당 사건은 일본 식품안전 기준 강화의 계기가 되었다. 이러한 위기를 겪고도 모리나가는 자사 브랜드의 핵심 가치를 '정서적 회상Nostalgia'에 두고, 어린 시절의 추억과 감성을 자극하는 패키지 리뉴얼 및 광고 캠페인을 통해 소비자와의 심리적 거리감을 줄이는 데 힘써왔다. 과거의 상처를 부정하거나 은폐하기보다는, 꾸준한 품질 개선과 브랜드 리포지셔닝 전략을 통해 소비자의 신뢰를 점진적으로 회복한 것이다.

CSR에서 ESG로: 브랜드의 진화와 지속가능성

과거에는 위기 이후 기업의 사회적 책임CSR 활동이 주로 이미지 개선을 위한 단기적 처방으로 활용되는 경우가 많았다. 하지만 이제는 브랜드에게 그 이상의 것을 요구한다. 단순히 '좋은 일'을 하는 것을 넘어, 기업 운영 전반에 걸쳐 환경Environment, 사회Social, 지배구조Governance를 고려하는 ESG 경영을 통해 지속 가능한 성장을 추구해야 한다는 목소리가 높아지고 있다(Hassen & El Bilali, 2022). 특히 윤리적 소비에 대한 관심이 높은 MZ세대 소비자들은 브랜드가 사회와 환경에 미치는 영향을 중요하게 평가한다. 따라서 위기를 겪은 푸드 브랜드는 회복 과정에서 ESG 가치를 내재화하고 이를 실질적인 경영 시스템 변화로 연결시키는 노력이 필요하다. 스타벅스가 발표한 '2030 탄소 중립 및 친환경 매장 확대 로드맵'이나, 풀무원의 '지구식단' 캠페인 및 제로 웨이스트 포장재 도입 등은 위기 이후 브랜드의 재성장을 위한 ESG 기반 리질리언스 전략의 좋은 예시이다. 이는 브랜드가 단순히 과거의 잘못을 만회하는 것을 넘어, 미래 사회에 이바지하는 긍정적인 변화를 이끌어갈 수 있음을 보여준다.

위기관리, 회복을 넘어 브랜드 재설계로

결론적으로 푸드 브랜드에게 위기관리는 단순히 부정적인 사건을 처리하는 수동적인 활동이 아니다. 이는 브랜드의 본질을 되돌아보고, 소비자와의 관계를 재정립하며, 나아가 더 나은 미래를 향해 브랜드를 재설계Redesign하는 능동적이고 전략적인 과정이다. 위기 속에서 브랜드가 보여주는 진정성 있는 태도와 책임감 있는 행동은 때로는 평온한 시기의 어떤 마케팅 캠페인보다 더 강력하게 소비자의 마음을 움직일 수 있다.

신속하고 투명한 정보 공개, 공감에 기반한 소통, 그리고 브랜드 정체성과 연계된 실질적인 사후 조치를 통해 위기의 파고를 넘어서고, 나아가 진정성 회복, 공동체 연대 강화, 러브마크로의 진화, 그리고 ESG 경영 내재화를 통해 회복탄력성을 구축할 때, 브랜드는 비로소 위기를 성장의 발판으로 삼아 더욱 빛나는 존재로 거듭날 수 있다. 그리고 이 모든 과정의 중심에는 브랜드의 철학을 전달하고, 이해관계자와의 신뢰를 연결하며, 감동적인 스토리를 만들어가는 푸드커뮤니케이션의 힘이 자리하고 있다. 결국 먹는다는 행위는 그 어떤 말보다 빠르고 진실하게 마음을 움직이는, 가장 강력한 설득의 언어이기 때문이다.

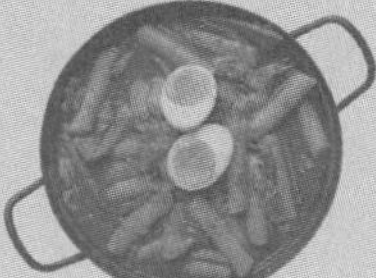

Food Communication

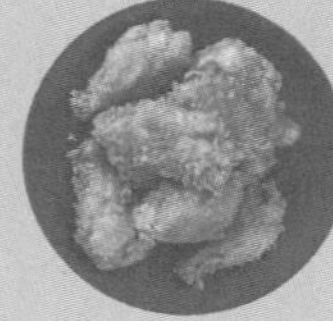

6장

푸드 광고의 소비자 인사이트

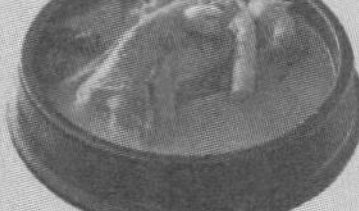

눈으로 맛보는 음식 광고의 심리학

보는 것이 믿는 것: 푸드 스타일링의 마법

"먹음직스러운 광고는 실제보다 더 배가 고프게 만든다."

이 말은 단순한 과장이 아니다. 뇌과학과 심리학, 그리고 광고 산업의 치밀한 계산이 숨겨진 결과물이다. 우리는 왜 TV 속 햄버거 광고에 홀린 듯 시선을 빼앗기고, SNS에 올라온 먹음직스러운 음식 사진 한 장에 배달 앱을 켜게 되는 걸까? 맥도날드의 빅맥 광고 속 풍성한 양상추와 완벽하게 쌓아진 육즙 가득 패티는 왜 우리가 실제로 매장에서 받아본 버거와 다른 모습일까? 그 비밀은 바로 우리 감각, 특히 '시각'을 정교하게 조종하는 푸드 광고의 심리학에 있다.

인간은 세상을 인지할 때 압도적으로 시각에 의존한다. 여러 연구에 따르면, 우리가 받아들이는 외부 정보의 70%에서 많게는 90% 가까이가 시각을 통해 들어온다(예: BRIC, 2024). 음식 경험 역시 예외는 아니다. 맛보기 전에 먼저 눈으로 '맛보는' 것이다. 푸드 광고는 바로 이 '시각적 선점 효과Visual Primacy Effect'를 극대화하는 전략을 사용한다. 광고 속 햄버거는 우리가 실제로 매장에서 받는 햄버거와는 사뭇 다르다. 이는 우연이 아니라, '푸드 스타일리스트Food Stylist'라는 전문가들의 손길이 닿은 결과다.

유튜브나 인스타그램과 같은 소셜 미디어에서 "McDonald's advertising vs reality" 또는 "fast food ads vs reality"를 검색하면 수많은 비교 영상과 사진을 찾아볼 수 있다. 광고 속 버거는 완벽한 모양과 색감, 풍성한 재료를 자랑하지만, 실제 제품은 다소 눌려 있거나 재료가 흐트러진 경우가 많다. 이는 소비자를 속이기 위한 악의적인 조작이라기보다는 제한된 시간과 조건 속에서 제품의 가장 이상적인 모습을 보여주려는 '광고적 연출'에 가깝다. 푸드 스타일리스트는 광고 촬영 현장에서 햄버거를 먹기 위한 음식이 아니라, 시각적 매력을 극대화하기 위한 '작품'으로 재탄생시킨다. 번의 먹음직스러운 광택은 식용유와 물엿, 심지어 바셀린이나 구두약을 섞어 만들기도 하고, 패티는 속까지 익히지 않고 토치로 표면에만 그릴 자국을 내 먹음직스러운 갈색빛이 돌게 만든다. 흘러내리는 치즈는 전자레인지 대신 헤어드라이어로 살짝 녹여 가장 먹음직스러운 순간을 연출하며, 채소에는 글리세린 섞은 물을 뿌려 오랫동안 신선한 물방울이 맺혀 있도록 한다. 심지어 햄버거 속 재료들이 잘 보이도록 이쑤시개나 핀으로 고정하고, 빵과 패티 사이에 판지를 넣어 높이를 부풀리기도 한다. 이 모든 기법은 실제보다 더 맛있어 보이게 만들어 소비자의 식욕과 구매 욕구를 자극하기 위한 정교한 시각적 연출, 즉 '푸드 스타일링Food Styling'이다.

"스테이크를 팔지 말고, 지글거림을 팔아라"

음식은 오감五感을 통해 소비된다. 우리는 단순히 음식을 먹는 것이 아니라, 그 맛을 기억하고, 향을 음미하며, 질감을 느끼고, 시각적 아름다움을 즐긴다. 심지어 특정한 음식이 떠오르면, 그 음식을 먹었던 장소와 함께했던 사람들, 그리고 그 순간의 감정까지 되살아나기도 한다. 이처럼 음식은 단순한 생리적 욕구 충족을 넘어, 경험의 일부가 된다. 푸드 브랜드가 성공하려면 소비자의 감각을 넘어, 그들의 감정을 자극하는 경험을 제공해야 한다. 이를 효과적으로 활용하는 것이 감각 마케팅이며, 브랜드 경험의 핵심 요소가 된다.

전설적인 세일즈맨 엘머 휠러Elmer Wheeler는 그의 저서 『판매로 이어지는 문장들*Tested Sentences That Sell*』(1937)에서 "스테이크를 팔지 말고, 지글거림Sizzle을 팔아라"라고 조언했다. 이는 제품의 본질(스테이크)보다 그것이 주는 감각적 경험이나 연상(지글거림)을 강조하라는 의미로, 오늘날 광고 심리학에서도 여전히 유효한 원칙이다. 푸드 광고는 이 '시즐 효과Sizzle Effect'를 적극적으로 활용해 우리의 감각을 현혹한다.

시각적 시즐은 가장 직접적이다. 피자 광고에서 길게 늘어나는 황금빛 치즈는 어떤가? 실제로는 잘 늘어나지 않는 치즈에 접착제나 다른 물질을 섞어 극적인 장면을 연출하기도 한다(스튜디오 끼니, 2024). 갓 튀겨낸 치킨의 바삭한 튀김옷, 김이 모락모락 피어오르는 뜨거운 라면 국물, 차갑게 얼린 코카콜라 병 표면에 송골송골 맺힌 물방울과 톡 쏘는 탄산 기포 등 이 모든 시각적 단서는 실제 맛이나 온도를 전달하지 않음에도 불구하고 우리의 뇌를 자극해 즉각적인 식욕과 갈증을 느끼게 한다.

청각적 시즐 또한 강력하다. KFC나 BBQ 같은 치킨 브랜드 광고는 역시 튀김옷의 바삭함을 극대화한 ASMR 스타일의 사운드를 활용해 소비자의 침샘을 자극한다. 탄산음료 광고에서 병뚜껑 따는 소리, 잔에 따를 때의 청량한 소리 역시 시즐 효과의 대표적인 예시다.

음식과 관련된 소리는 소비자 경험에 깊은 영향을 미친다. 예를 들어, 치킨이 바삭하게 튀겨지는 소리, 콜라 캔을 따는 소리는 즉각적으로 식욕을 자극한다. 한국의 대표적인 사례로는 BBQ치킨의 광고에서 들리는 '바삭!' 하는 소리가 있다. 이는 소비자로 하여금 그 브랜드를 '맛있는 치킨'으로 기억하게 만든다. 글로벌 브랜드로는 코카콜라의 광고 음악과 캔을 따는 소리가 있다. 코카콜라는 이러한 청각적 요소를 활용해 브랜드 아이덴티티를 강화했다.

이러한 접근은 '감각 마케팅'이라는 더 큰 틀 안에서 이해할 수 있다. 감각 마케팅은 시각, 청각, 후각, 촉각, 미각 등 인간의 오감을 자극해 브랜드에 대한 긍정적인 경험과 감정적 유대를 형성하려는 전략이다(Krishna, 2012; Hultén, 2011). 맥도날드의 상징적인 빨간색과 노란색 로고, 코카콜라 병의 독특한 곡선 디자인(촉각), 스타벅스 매장의 은은한 커피 향(후각)뿐만 아니라, 파리바게뜨나 뚜레쥬르 같은 베이커리 매장에서 일부러 빵 굽는 냄새를 매장 밖으로 흘려보내거나, 고급 레스토랑에서 조명, 음악, 식기, 테이블 세팅 등을 통해 특별한 분위기(시각, 청각, 촉각)를 연출하는 것 등은 모두 감각 마케팅의 일환이다. 브랜드는 오감을 통해 소비자의 무의식과 감성에 직접적으로 호소하며, 이성적인 판단을 넘어서는 강력한 브랜드 이미지를 구축한다.

감각적 경험의 통합은 소비자의 다양한 감각을 자극하는 전략으로, 브랜드가 단순히 맛의 만족을 넘어 시각, 청각, 촉각, 후각의 요소를 통해 소비자와의 상호작용을 강화하는 방식이다. 푸드 브랜드의 패키지 색상, 브랜드의 시그니처 사운드, 포장의 질감, 음식에서 풍기는 향까지 모든 요소가 조화를 이뤄 소비자 경험을 형성한다. 예를 들어, 올리팝Olipop[1]은 전통적인 소다 캔 디자인을 현대적으로 재해석해 청량음료 시장에서 차별화를 이루었다. 친숙한 레트로 디자인과 세련된 컬러 조합은 소비자의 향수를 자극하면서도 신선한 브랜드 이미지를 전달한다. 브랜드의 로고와 패키지의 촉각적 요소까지 세심하게 설계되어, 소비자가 올리팝을 손에 들었을 때 시각과 촉각을 통해 브랜드의 정체성을 즉각적으로 인식할 수 있도록 한다.

〈그림 27〉 올리팝의 감각적 패키지 디자인[2]

왜 우리는 기꺼이 속는가?

푸드 광고의 목표는 현실을 있는 그대로 반영하는 '리얼리즘Realism'이 아니다. 오히려 현실보다 더 매력적인 '이상적 현실Idealized Reality'을 구축해 소비자의 기대를 높이고 구매 욕망을 자극하는 데 있다. 흥미로운 점은, 소비자들이 광고 속 이미지가 과장되었거나 연출된 것임을 알면서도 기꺼이 그 환상에 빠져든다는 것이다. 이를 '의식적 자기기만Conscious Self-Deception'이라고 설명하기도 한다. 우리는 실제 햄버거가 광고처럼 완벽하게 쌓여 있지 않다는 것을 경험적으로 알지만, 광고가 제시하는 이상적인 이미지를 통해 얻을 수 있는 만족감과 즐거움을 기대하며 기꺼이 지갑을 여는 것이다.

프리미엄 아이스크림 브랜드 하겐다즈의 광고를 생각해보자. 하겐다즈의 광고는 종종 고급스러운 분위기 속에서 완벽한 모양의 아이스크림 스쿱과 신선한 과일, 풍부한 토핑을 보여주며, 때로는 낭만적인 스토리텔링을 곁들인다. 소비자는 단순히 아이스크림을 사는 것이 아니라, 광고가 제시하는 '작은 사치', '달콤한 휴식', '특별한 순간'이라는 이상적인 경험을 함께 구매하는 것이다. 광고 속 완벽한 이미지는 현실의 불완전함을 잠시 잊게 하고, 대리 만족과 감정적 보상을 제공하는 역할을 한다.

광고 속 햄버거, 피자, 아이스크림은 단순히 배고픔을 해소하는 음식을 넘어 즐거움, 보상, 만족감, 풍요로움, 심지어 사회적 지위나 세련됨 등 긍정적인 감정과 가치를 상징하는 기호가 된다. 브랜드는 이러한 상징 조작을 통해 제품의 기능적 가치뿐만 아니라 감성적 가치를 함께 판매한다.

이모셔널 브랜딩의 힘

이러한 전략은 이모셔널 브랜딩과 직결된다. 성공적인 브랜드는 제품의 특징이나 장점을 나열하는 대신, 소비자의 감정에 호소하고 깊은 유대감을 형성하는 데 집중한다. 코카콜라는 100년 넘게 '행복', '즐거움', '함께하는 순간'이라는 감성적 가치를 일관되게 전달해왔다. 북극곰 가족이 등장하는 크리스마스 광고나, 전 세계 사람들의 이름을 새긴 병을 출시

〈그림 28〉 코카콜라의 '함께하는 즐거움' 캠페인[3]

한 'Share a Coke' 캠페인 등은 제품 자체보다 브랜드가 주는 긍정적인 감정과 경험을 강조한 대표적인 사례다. 이러한 광고들은 '콜라를 마시고 싶다'는 욕구를 넘어 '행복해지고 싶다', '소속감을 느끼고 싶다'는 인간의 보편적인 감성을 자극하며 강력한 브랜드 충성도를 구축한다.

국내 사례로는 오리온 초코파이의 '정情' 캠페인을 들 수 있다. 1989년부터 시작된 이 캠페인은 「말하지 않아도 알아요」라는 유명한 CM송과 함께 군대 간 아들, 시골의 할머니, 친구 사이 등 평범한 사람들의 따뜻한 관계와 마음을 나누는 순간을 보여주며 초코파이를 단순한 과자가 아닌 '정을 나누는 매개체'로 포지셔닝했다. 이는 제품의 맛이나 품질을 넘어 한국인의 고유한 정서인 '정'에 호소하며 수십 년간 사랑받는 브랜드로 자리매김하는 데 결정적인 역할을 했다.

이처럼 성공적인 푸드 광고는 소비자의 이성보다는 감성에, 제품의 기능보다는 그것이 불러일으키는 감정적 연상과 경험에 초점을 맞춘다. 광고 이미지가 단순히 '먹고 싶다'는 생리적 욕구를 넘어 '행복해지고 싶다', '위로받고 싶다', '특별해지고 싶다'는 심리적 욕망을 건드릴 때, 브랜드는 소비자의 마음속 깊이 파고들어 단순한 구매를 넘어선 관계를 형성하게 된다.

광고 너머의 진실 읽기: 푸드 리터러시의 필요성

이제 우리는 광고 속 햄버거가 단순한 음식이 아니라, 우리의 욕망을 자극하고 감각을 현혹하며 때로는 환상을 판매하는 정교한 심리적 설계물임을 이해하게 되었다. 맥도날드 광고 속 완벽한 버거 뒤에는 푸드 스타일리스트의 숨은 노력이 있고, 피자 광고의 늘어나는 치즈에는 약간의 트릭이 숨어 있을 수 있으며, 코카콜라 광고의 행복한 미소는 치밀하게 계산된 감성 전략의 결과일 수 있다. 푸드 스타일링과 시즐 효과, 감각 마케팅과 이모셔널 브랜딩 등 광고 뒤에 숨겨진 전략들을 인지하는 것은 현명한 소비를 위한 첫걸음이다.

물론 광고의 유혹을 완전히 외면하기는 어렵다. 맛있는 음식 이미지가 주는 즐거움과 대리 만족은 분명 존재한다. 하지만 광고가 제시하는 이미지가 어떻게 만들어졌는지, 어떤 심리적 기제를 통해 우리에게 영향을 미치는지 이해한다면, 광고 메시지에 휘둘리지 않고 주체적으로 판단하고 선택하는 힘을 기를 수 있다. 이러한 능력을 '푸드 미디어 리터러시Food Literacy', 즉 음식을 둘러싼 다양한 정보와 메시지를 비판적으로 이해하고 활용하는 능력이라고 부를 수 있다. 푸드 리터러시는 단순히 건강한 식생활을 넘어, 광고와 미디어가 넘쳐나는 현대 사회에서 똑똑한 소비자이자 비판적 시민으로 살아가기 위한 필수적인 역량이다. 광고의 화려함 뒤에 숨겨진 맥락을 읽어내는 눈, 그것이 바로 오늘날 우리에게 필요한 지혜일 것이다.

음식은 어떻게 기억을 소환하는가?

푸드 마케팅과 기억의 심리학

"당신이 마지막으로 먹은 음식은 무엇이었나요?"

이 질문 하나만으로도 우리는 종종 음식과 함께했던 사람, 공간, 심지어 그때의 감정까지 생생하게 떠올린다. 어떤 음식은 마치 타임머신처럼 우리를 과거의 특정 순간으로 데려가는 강력한 기억의 열쇠가 된다. 특정 감각, 특히 후각이나 미각은 잊혔던 기억을 불현듯 소환하는 힘을 지닌다. 이를 심리학에서는 '프루스트 효과' 또는 냄새 유발 자전적 기억Olfactory-Evoked Autobiographical Memory이라고 부른다(Chu & Downes, 2002; Herz & Schooler, 2002). 그리고 푸드 마케팅은 이 강력한 기억 소환의 메커니즘을 너무도 잘 알고, 적극적으로 활용하고 있다.

기억의 첫 단추: 음식은 감각의 언어로 쓰는 이야기

음식 경험은 단순히 혀끝의 미각만으로 완성되지 않는다. 그것은 오감이 총동원되는 복합적인 경험이다. 포장지를 뜯을 때 나는 소리(청각), 손끝으로 느껴지는 음식의 질감(촉각), 코를 자극하는 향기(후각), 눈으로 보는 먹음직스러운 모양과 색깔(시각), 그리고 마지막으로 혀로 느끼는 맛(미각)까지, 이 모든 감각 정보가 뇌에 통합적으로 저장되어 하나의 음식 기억을 형성한다.

특히 후각은 기억과 감정을 처리하는 뇌 영역인 해마와 편도체에 다른 감각들보다 더 직접적으로 연결되어 있어, 가장 원초적이고 강력한 기억 생성 감각으로 알려져 있다(Herz, 2016). 우리가 특정 냄새를 맡았을 때 다른 감각 자극보다 훨씬 더 생생하고 감정적인 기억이 떠오르는 이유가 바로 여기에 있다. 파리바게뜨나 뚜레쥬르 같은 베이커리 브랜드들이 매장 안에 갓 구운 빵 냄새를 의도적으로 퍼뜨리는 것은 단순히 좋은 향기를 제공하는 것을 넘어, 소비자들의 뇌리에 따뜻하고 긍정적인 감정과 연결된 후각 기억을 심으려는 전략이다. 스타벅스 역시 특유의 커피 로스팅 향을 매장 경험의 중요한 일부로 만들어, 커피 향기만으로도 스타벅스라는 브랜드를 떠올리게 하는 강력한 후각적 정체성Olfactory Identity을 구축했다. 스타벅스가 매장에서 다른 음식을 조리하지 않는 이유도 커피 향이 방해받지 않도록 하기 위해서다. 반면 서브웨이Subway는 샌드위치의 신선한 빵 냄새가 고객을 끌어들이도록 매장에서 직접 빵을 굽는다.

시각적 요소 또한 무시할 수 없다. 푸드 광고는 시각적 매력을 극대화해 소비자의 기대를 형성한다. 코카콜라의 상징적인 빨간색 로고와 독특한 병 디자인, 크리스마스 시즌마다 등장하는 산타클로스와 북극곰 캐릭터는 수십 년간 반복 노출되면서 '즐거움', '행복', '축제', '시원함'이라는 감정과 강력하게 연결된 시각적 기억을 형성했다. 산타클로스는 전통

〈그림 29〉 코카콜라 광고에 등장한 산타클로스[4]

적으로 성 니콜라스에서 유래했으나, 여러 지역에서 다양한 모습으로 그려졌다. 코카콜라는 1931년 광고에서 미국 화가 해든 선드블롬Haddon Sundblom에게 의뢰해 빨간 옷과 하얀 수염, 푸근하고 장난스러운 모습의 산타를 창조함으로써 코카콜라의 산타클로스 마케팅이 시작된다. 이처럼 푸드 브랜드는 다양한 감각 채널을 통해 자극을 전달하고, 이를 통해 소비자의 기억 속에 긍정적인 감정과 함께 브랜드를 각인시킨다. 이는 이성적인 판단보다는 감성적인 끌림, 제품의 기능적 속성보다는 정서적 가치를 통해 소비자의 마음을 사로잡으려는 전략이다.

'한 입의 감정'이 기억을 지배한다

우리는 종종 음식 자체의 객관적인 맛보다 그 음식을 먹었을 때 느꼈던 감정이나 함께했던 상황을 더 강렬하고 오래 기억한다. 심리학 연구에 따르면, 감정적으로 강렬했던 경험은 그렇지 않은 경험보다 훨씬 더 생생하고 상세하게 기억되는 경향이 있다(LaBar & Cabeza, 2006). 이를 감정 기억Emotional Memory이라고 하는데, 특히 긍정적인 감정과 연결된 기억은 브랜드에 대한 호감도와 충성도를 높이는 데 결정적인 역할을 한다.

첫 데이트에서 어색하지만 설레는 마음으로 함께 먹었던 파스타, 시험에 합격하고 가족들과 축하하며 먹었던 외식 메뉴, 몸이 아플 때 엄마가 끓여주셨던 따뜻한 죽 한 그릇과 같은 음식들은 단순한 영양 공급원을 넘어, 특정한 감정과 사건, 관계와 얽힌 소중한 기억의 일부가 된다. 푸드 브랜드들은 바로 이 '감정의 기억화' 과정을 마케팅에 적극 활용한다.

브랜드 경험은 소비자의 감정과 깊이 결합될 때 비로소 잊히지 않는 강력하고 오래 지속되는 기억으로 자리 잡는다.

기억을 설계하는 푸드 마케팅 전략

소비자의 기억은 우연히 만들어지는 것이 아니라 마케터에 의해 치밀하게 설계될 수 있다. 푸드 브랜드들은 소비자의 기억 속에 자사 브랜드를 효과적으로 각인시키기 위해 다양한 전략을 사용한다.

첫째, 다감각적 브랜드 경험Multisensory Brand Experience을 통합적으로 제공한다. 앞서 언급했듯이 시각, 후각, 청각 등 다양한 감각을 동시에 자극해 더욱 풍부하고 강력한 기억을 형성하는 것이다. 예를 들어, 맥도날드의 'I'm lovin' it' 징글은 전 세계 어디서나 동일하게 사용되어 브랜드의 일관된 이미지를 청각적으로 전달하고 쉽게 기억되도록 한다. 프링글스 광고에서 감자칩이 부서지는 '바삭' 소리는 먹는 행위의 즐거움을 청

〈그림 30〉 한국의 명절 선물로 자주 쓰이는 스팸 선물세트[5]

각과 촉각적 상상력으로 연결시킨다. 이처럼 여러 감각 채널을 통해 일관되고 긍정적인 메시지를 전달하는 전략은 브랜드에 대한 정서적 애착과 기억력을 높이는 데 효과적이다(Krishna, 2012).

둘째, 브랜드를 소비자의 삶 속 '의미 있는 순간'이나 '반복되는 의례 Ritual'와 연결시킨다. 생일 케이크 하면 특정 베이커리 브랜드가 떠오른다거나 명절 선물 세트로 특정 스팸이나 식용유 브랜드가 연상되는 것처럼, 브랜드는 자사 제품이 소비자의 특별한 날이나 일상적인 습관 속에 자연스럽게 스며들도록 노력한다. 아침 식사 대용 시리얼 브랜드는 바쁜 아침 시간의 활기찬 시작과 연결되고, 게토레이Gatorade와 같은 스포츠음료 브랜드는 운동 후의 갈증 해소 및 성취감과 연결된다. 이러한 연결은 반복적인 노출과 경험을 통해 강화되며, 해당 상황이 되면 자연스럽게 그 브랜드를 떠올리게 만드는 강력한 기억의 고리를 형성한다. 이는 곧 브랜드의 소중한 자산, 즉 '브랜드 기억 자산Brand Memory Equity'으로 축적된다.

기억은 팔리는 상품이 된다

결국 현대의 푸드 브랜드는 단순히 '맛있는 음식'을 파는 것을 넘어, 소비자의 기억을 디자인하고 감정을 마케팅하는 존재로 진화하고 있다. 하겐다즈는 아이스크림의 부드러운 질감이나 풍부한 맛을 강조하기도 하지만, 동시에 '나를 위한 작은 사치', '특별한 날을 기념하는 디저트'라는 이미지를 구축해 소비자의 감성적 만족감을 공략한다. 소비자는 하겐다즈를 먹음으로써 단순히 단맛을 즐기는 것을 넘어, 스스로에게 보상을 주거나 특별한 순간을 기념한다는 의미를 부여하게 된다.

해태제과의 홈런볼은 1981년에 처음 출시된 슈Soufflé 타입의 초콜릿 과자다. 19세기 말 프랑스에서 유래한 프로피테롤Profiterole이라는 슈 페이스트리 디저트에서 영감을 받았다고 한다. 홈런볼은 출시 이후 40년 넘게 국민 과자로 자리매김하면서 연간 약 4,000만 봉지가 판매될 정도로 꾸준한 인기를 누리고 있다. 홈런볼은 소비자의 추억을 되살리는 동시에 신세대와 교감하기 위해 레트로 마케팅을 적극적으로 활용하고 있다. 실례로 2025학년도 수능을 앞두고 해태제과는 '네 인생은 홈런' 이벤트와 함께 '홈런볼 수능 에디션'을 출시했는데, 51만 봉지를 준비해 전국 수험생을 응원하는 메시지를 담았다. 마스코트 '로Ro'가 교복을 입고 '정답

홈런', '합격홈런', '대박홈런' 등 수험생을 위한 응원 문구와 함께 등장한다. 패키지 측면에는 QR코드 이벤트 페이지가 있어, 수험생들이 자신의 꿈이나 에피소드를 공유하면 6,000봉지의 홈런볼을 선물하는 이벤트도 진행했다.

음식 선택은 때로 개인의 정체성을 표현하는 수단이 되기도 한다. "나는 스타벅스 커피를 마시는 사람이야"라는 말 속에는 단순히 커피 취향을 넘어, 자신이 추구하는 라이프스타일이나 가치관(예: 도시적, 세련됨, 혹은 커피 애호가)을 드러내려는 심리가 담겨 있을 수 있다. "나는 유기농 식품만 먹어" 또는 "나는 비건이야"와 같은 선언 역시 음식 선택을 통해 자신의 신념이나 소속 집단을 표현하는 행위다. 푸드 브랜드는 이러한 소비자의 심리를 파고들어, 자사 브랜드를 특정 라이프스타일이나 가치관과 연결시킴으로써 소비자가 브랜드를 통해 자신의 정체성을 확인하고 표현하도록 유도한다.

한 조각의 감정을 남기는 브랜드의 힘

소비자의 기억 속에 자리 잡지 못하는 브랜드는 수많은 경쟁자들 사이에서 금방 잊히고 만다. 그러나 한 입의 음식이 즐거운 감정과 함께 기억으로 새겨지는 순간, 소비자는 그 경험을 다시 느끼기 위해 기꺼이 그 브랜드를 다시 찾는다. 이는 단순히 습관적인 반복 구매를 넘어, 과거의 긍정적인 감정을 다시 경험하고 싶은 '정서적 회귀Emotional Return'에 가깝다. 푸드 마케팅의 성공은 바로 이 정서적 회귀를 얼마나 효과적으로, 그리고 얼마나 진정성 있게 설계하고 유도하느냐에 달려 있다고 해도 과

언이 아니다.

음식은 더 이상 배를 채우기 위해서만 존재하는 것이 아니다. 우리는 추억을 맛보기 위해 먹고, 위로받기 위해 먹으며, 특별한 순간을 기념하기 위해 먹는다. 우리는 음식을 통해 감정을 나누고, 관계를 확인하며, 때로는 자신의 이야기를 써 내려간다. 성공적인 푸드 브랜드는 바로 이 점을 이해하고, 단순히 맛있는 음식을 제공하는 것을 넘어 소비자의 삶과 감정, 그리고 기억 속에 의미 있는 존재로 자리매김한다. 그리고 그 기억은 마치 잊고 있던 오랜 친구처럼, 어느 날 문득 우리를 다시 그 브랜드 앞으로 이끌 것이다.

맛보다 스토리텔링이 먼저다
푸드 마케팅

이야기가 맛을 창조하는 시대

당신이 선택한 그 라면, 정말 '맛' 때문이었을까?

진열대에 나란히 놓인 라면들, 카페 메뉴판의 다양한 커피들, 마트의 각양각색 요거트들. 우리는 매일 수많은 음식과 브랜드 앞에서 선택의 순간을 맞이한다. 무엇이 우리의 손을 이끌고, 무엇이 우리의 눈길을 사로잡는가? 단순히 '맛'이라는 감각적 경험만으로는 설명하기 어려운 이끌림이 분명 존재한다. 앞서 광고가 어떻게 우리의 시각과 감각을 자극해 현실 이상의 기대를 만들어내는지, 음식이 어떻게 감정과 결합해 강력한 기억을 형성하는지 살펴보았다면, 이제 우리는 그 너머의 영역, 즉 브랜드가 들려주는 '이야기'의 힘에 주목해야 한다. 현대의 소비자는 종종 입보다 마음으로 먼저 음식을 '맛본다'. 그리고 브랜드가 제공하는 것은 단순한 영양 성분표나 칼로리가 아니라, 소비자의 삶과 가치관에 공명하는 하나의 잘 짜인 '이야기Story'다.

미각은 지극히 주관적이고 상대적인 감각이다. 같은 음식이라도 누구와, 어디서, 어떤 기분으로 먹느냐에 따라 전혀 다른 경험으로 기억될 수 있다. 푸드 마케팅은 바로 이 점을 파고든다. 제품의 객관적인 '맛'을 개선하는 노력만큼이나, 그 맛을 둘러싼 '이야기'를 통해 소비자의 주관적인 경험과 인식을 디자인하는 데 집중하는 것이다.

〈그림 31〉 K-푸드 챌린지 문화로 정착한 불닭볶음면[6]

최근 몇 년간 K-푸드의 글로벌 성공 사례는 이를 명확히 보여준다. 농심 신라면이 해외 시장에서 단순히 '매운 라면'으로만 소개되었다면 지금과 같은 인기를 누리기 어려웠을 것이다. 농심은 매운맛을 '도전Challenge'이라는 감성적 키워드와 연결하고, "Challenge the Spicy!"라는 슬로건을 통해 젊은 세대의 도전 정신을 자극하는 문화적 서사Cultural Narrative를 구축했다. 소비자들은 단순히 매운맛을 소비하는 것이 아니라, '매운맛에 도전하는 나'라는 정체성을 경험하고 공유한다. 삼양식품의 불닭볶음면 역시 유튜브 등 소셜 미디어에서 '매운맛 챌린지' 콘텐츠로 확산되며, 맛 자체를 넘어 하나의 놀이 문화이자 경험 콘텐츠로 자리 잡았다. 이는 제품의 기능적 속성(맛)을 넘어, 소비자가 참여하고 공감할 수 있는 '이야기'가 얼마나 강력한 마케팅 동력이 될 수 있는지를 보여주는 대표적인 사례다.

이야기로 맛을 입히는 법: 푸드 스토리텔링의 전략과 기법

'된장찌개'라는 메뉴를 기능적으로 설명하면 "콩을 발효시켜 만든 장으로 끓인 한국 전통 국물 요리" 정도가 될 것이다. 하지만 여기에 이야기가 더해지면 어떻게 될까? "지리산 자락에서 3년간 전통 항아리에 숙성시킨 재래식 메주와 외할머니의 손맛이 고스란히 담긴 비법 육수로 끓여낸 구수한 남도식 된장찌개"라고 설명하는 순간, 우리는 단순히 '맛'을 상상하는 것을 넘어 따뜻함, 그리움, 정성, 건강함과 같은 감정적 가치를 함께 느끼게 된다. 이것이 바로 푸드 스토리텔링Food Storytelling의 힘이다.

푸드 스토리텔링은 단순히 제품 정보를 나열하는 것을 넘어, 음식의 기원, 생산 과정, 관련된 사람들의 이야기, 문화적 배경 등을 엮어 소비자와 브랜드 사이에 감정적 다리를 놓는 전략이다(Lundqvist et al., 2012). 이는 다음과 같은 다양한 방식으로 구현될 수 있다.

- **창업자/장인 이야기**: 브랜드의 탄생 배경이나 창업자의 철학, 제품을 만드는 장인의 헌신과 노력을 강조하며 진정성과 신뢰도를 높인다. (예: 특정 수제 맥주 브랜드의 양조 장인 이야기)

- **원산지/재료 이야기**: 청정 지역에서 자란 유기농 재료나 희소성 있는 특별한 원료를 사용했다는 점을 부각해 제품의 가치와 안전성을 강조한다. (예: 제주산 녹차를 사용한 디저트, 특정 지역 특산물을 활용한 메뉴)

- **전통/역사 이야기**: 오랜 시간 이어져온 제조 비법이나 브랜드의 역사

적 의미를 강조해 헤리티지Heritage와 정통성을 부각한다. (예: 수백 년 역사의 유럽 와이너리 이야기, 대대로 내려오는 종갓집 김치 레시피)

- **소비자 경험 이야기**: 제품을 통해 소비자들이 경험한 긍정적인 변화나 특별한 순간들을 공유하며 공감대를 형성하고 잠재 고객의 기대를 높인다. (예: 다이어트 식품 브랜드의 성공 후기, 특별한 날을 기념하는 레스토랑 방문 후기)

- **사회적 가치/문화 이야기**: 친환경 농법, 공정 무역, 지역사회 공헌 등 브랜드가 추구하는 사회적 가치를 알리거나, 음식이 가진 문화적 의미를 연결해 브랜드 이미지를 제고한다. (예: 명절 음식, 축제 음식)

이처럼 푸드 스토리텔링은 단순한 정보 전달을 넘어, 소비자가 브랜드와 감정적으로 교감하고, 의미 있는 관계를 형성하며, 잊지 못할 경험을 축적하도록 돕는 강력한 마케팅 방법론이다. 스타벅스가 단순히 커피 원두의 종류나 로스팅 방식을 설명하는 대신, 커피 농가와의 상생 스토리나 '제3의 공간'이라는 문화적 가치를 이야기하는 것처럼, 성공적인 푸드 브랜드는 '이야기'를 통해 소비자의 일상과 마음에 깊숙이 스며든다.

브랜드를 넘어 사랑으로: 감성을 이끄는 러브마크 전략

러브마크는 이성적인 판단(신뢰, 존경)과 감성적인 끌림(사랑, 매력)이 결합될 때 탄생하며, 단순한 브랜드 충성도를 훨씬 뛰어넘는 깊고 지속적인 관계를 형성한다(Roberts, 2004). 소비자는 러브마크에 대해 강한 애착을 느끼고, 기꺼이 브랜드를 옹호하며, 가격이나 경쟁 제품에 덜 민감하게 반응한다.

푸드 브랜드가 러브마크가 되기 위해서는 맛이나 품질은 기본이고, 그 이상의 감성적 연결고리를 만들어야 한다. 앞서 언급한 푸드 스토리텔링은 이러한 감성적 연결을 구축하는 핵심 전략이다. 예를 들어, 한국의 전통 장류 브랜드가 단순히 '국산 콩으로 만든 된장'이라고 마케팅하는 대신, '느리지만 정직하게, 자연의 시간과 장인의 정성으로 빚어낸 우리 가족의 건강한 밥상'과 같은 이야기를 통해 소비자의 감성에 호소할 때, 그 브랜드는 단순한 조미료를 넘어 '가족의 건강을 생각하는 엄마의 마음', '잊혀가는 전통의 가치'를 상징하는 러브마크로 자리매김할 수 있다. 프랑스의 작은 제과 스타트업 '미셸 에 오귀스탕Michel & Augustin'[7]은 창업자들의 유쾌하고 진솔한 도전기를 꾸밈없이 보여주는 스토리텔링 마케팅으로 단기간에 큰 성공을 거두며 러브마크의 좋은 사례가 되었다(KOTRA, 2019).

서브웨이는 스토리텔링의 강점을 정확히 이해하고 실천한 브랜드다. 샌드위치라는 단순한 제품을 넘어, K-콘텐츠와의 전략적 결합을 통해 자사 브랜드의 매력을 극대화했다. 한국 드라마와 예능 프로그램 속에 자연스럽게 녹아든 서브웨이의 이미지, 그리고 '스토리 속의 브랜드'로 자리잡은 결과는 놀라울 정도로 성공적이었다.

서브웨이는 단지 브랜드 로고나 샌드위치를 화면에 비추는 데 그치지 않았다. 이야기의 맥락 속에서 인물의 감정과 행동을 따라 자연스럽게 소비가 일어나는 장면을 연출하며, 소비자들이 '그 장면처럼 먹고 싶다'는

The New York Times

SUBSCRIBE NOW | LOG IN

Korean TV's Unlikely Star: Subway Sandwiches

The sandwich chain's aggressive use of product placement has made it a ubiquitous presence on the country's television shows.

Subway "tastes way better in South Korea," said Seung-Chul Yoo, a communications professor at Ewha Womans University in Seoul. Jean Chung for The New York Times

When the actress Jun Ji-hyun wore red lipstick on the 2013 series "My Love From the Star," similar products sold out in stores throughout Asia. Books featured on Korean dramas have become best sellers.

Marja Vitti, who covers Korean

〈그림 32〉 서브웨이의 한류 드라마 PPL 성공을 다룬 『뉴욕타임스』의 기사[8]

욕망을 느끼게 만들었다. 바로 이 지점이 스토리텔링의 힘이며, 광고가 아닌 콘텐츠로 소비자를 설득하는 가장 효과적인 방법이었다.

대표적 K-드라마인 「사랑의 불시착」(2020)에서는 손예진과 현빈이 북한과 남한이라는 극단적 세계를 넘나드는 설정 속에서도 서브웨이를 매개로 다시금 '현대의 소통'이라는 메시지를 전달했다. 북한에서는 결코 볼 수 없는 외국 브랜드가 등장한다는 설정 자체가 판타지였지만, 이 판타지가 오히려 글로벌 시청자들에게 강한 인상을 남겼다.

K-푸드와 스토리텔링의 미래: 문화적 서사의 힘

K-컬처의 확산과 함께 K-푸드는 이제 단순한 음식을 넘어 하나의 문화 콘텐츠로 인식되고 있다. 이러한 시대적 흐름 속에서 K-푸드가 글로벌 시장에서 지속적인 경쟁력을 확보하기 위해서는 맛과 품질, 위생적인 생산 시스템 등 기본적인 요소 외에도, K-푸드만이 가진 고유한 문화적 서사를 발굴하고 세련되게 전달하는 스토리텔링 전략이 더욱 중요해지고 있다.

김치의 발효 과정에 담긴 시간의 미학과 건강 철학, 비빔밥 한 그릇에 담긴 오방색의 조화와 균형의 원리, 명절에 온 가족이 함께 빚는 만두나 송편에 깃든 공동체 문화, 지역마다 특색 있는 식재료와 조리법에 담긴 향토 이야기 등은 모두 K-푸드를 더욱 풍성하고 매력적으로 만드는 소중한 '이야기 자산'이다. 이러한 문화적 서사를 현대적인 감각과 글로벌 트렌드에 맞게 재해석하고, 다양한 미디어 플랫폼을 통해 흥미롭게 전달할 때, K-푸드는 단순한 '먹거리'를 넘어 세계인들이 공감하고 즐기는 '문화 콘텐츠'로 더욱 깊이 자리 잡을 수 있을 것이다. 이는 앞으로 더 깊이 다루게 될 푸드 콘텐츠의 진화 방향과도 연결되는 중요한 지점이다.

변화하는 소비자와 푸드 브랜드의 사회적 가치

오늘날 소비자는 가치 기반 선택을 더욱 중요하게 여기고 있다. 단순히 가격이나 맛이 아닌, 브랜드가 사회적으로 어떤 역할을 수행하는지를 판단 기준으로 삼는다. 2025년 기준으로 소비자의 63%는 제품을 구매할 때 친환경 포장 여부를 중요한 결정 요소로 꼽았으며, 이는 지속가능성과 환경 보호에 대한 관심이 점점 더 높아지고 있음을 보여준다. 미국의 다국적 베이커리 카페 파네라 브레드Panera Bread[9]는 이러한 소비자의 가치를 반영해, 유기농 재료 사용을 강조하고 이를 메뉴에 명확히 표시함으로써 브랜드의 건강한 이미지를 강화했다. 소비자는 단순한 한 끼 식사를 넘어, 자신이 소비하는 브랜드가 환경을 고려하고 윤리적인 생산 방식을 실천하는지를 점점 더 중요하게 여기고 있다. 따라서 푸드 브랜드는 지속가능성을 고려한 패키징, 원재료의 투명한 정보 공개, 윤리적 공급망 관리 등을 통해 소비자의 신뢰를 구축해야 한다.

디지털 환경의 영향력 또한 푸드 브랜드의 운영 방식에 변화를 가져왔다. 특히 Z세대를 비롯한 젊은 소비자층은 음식 소비를 단순한 물리적 경험이 아니라, 온라인에서 발견하고 공유하는 문화적 경험으로 인식한다. 조사에 따르면 Z세대의 78%가 인스타그램이나 틱톡에서 발견한 음식을 실제로 구매하며, 이는 소셜 미디어가 브랜드 인지도와 구매 결정에 강력한 영향을 미친다는 사실을 보여준다. 무알콜 맥주 브랜드인 럭키 세인트Lucky Saint[10]는 이와 같은 소비자 행동 변화를 반영해, 소셜 미디어 리뷰를 실시간으로 모니터링하고 이를 기반으로 메뉴를 개선하는 전략을 도입했다. 소비자가 남긴 피드백을 적극적으로 반영하는 브랜드는 소비자와의 직접적인 소통을 강화할 수 있으며, 이를 통해 충성도 높은 고객층을 확보할 수 있다.

이처럼 푸드 브랜드는 가치 중심적 소비와 디지털 환경의 영향을 동시에 고려해야 한다. 소비자는 브랜드가 제공하는 제품이 자신의 윤리적 가치와 일치하는지 확인하는 동시에, 브랜드가 온라인에서 어떻게 소통하는지를 면밀히 살펴본다. 따라서 브랜드는 지속 가능한 가치를 실천하는 동시에, 디지털 플랫폼을 활용한 적극적인 스토리텔링을 병행해야 한다. 이를 통해 소비자는 브랜드와 더 깊이 연결되며, 브랜드의 성장 역시 더욱 견고해질 수 있다.

고객 경험을 재정의한 미라이식당의 사례

일본 도쿄에 위치한 '미라이식당未来食堂'은 전통적인 외식업의 개념을 완전히 뒤집는 운영 방식으로 주목받고 있다. 이곳에서는 손님이 직접 일하고, 그 시간에 해당하는 금액을 식사 비용으로 대체할 수 있다. 즉 손님이 단순한 소비자가 아니라 식당 운영의 일부가 되는 방식이다. 이러한 모델은 기존의 '서비스 제공자와 소비자'라는 이분법적 관계를 허물고, 고객을 가치 창출의 주체로 전환하는 새로운 패러다임을 제시한다.

"당신의 평범함을 맞춤 제작합니다あなたのふつうをあつらえます"라는 독특한 철학을 지닌 미라이식당의 운영 방식은 단순히 경제적인 측면을 고려한 것이 아니다. 이는 고객이 단순히 돈을 내고 음식을 먹는 수동적인 존재가 아니라, 식당이라는 공간 속에서 능동적으로 참여하며 특별한 경험을 할 수 있도록 설계된 시스템이다. 고객은 단순한 외식이 아니라 식당 운영의 일부가 되는 경험을 하면서 공간과 더 깊은 유대감을 형성하게 된다. 이러한 운영 방식을 통해 단순한 음식 제공을 넘어, 삶의 일부로서 식당의 가치를 전달하는 데 성공했다.

특히 MZ세대는 경험과 스토리를 중시하는 소비 성향을 보인다. 미라이식당의 모델은 단순한 음식 소비를 넘어, 고객이 브랜드와 직접 상호작용하고, 자기 경험을 공유할 수 있는 기회를 제공한다는 점에서 MZ세대

〈그림 33〉 미라이 식당[11]

와 강력한 공감대를 형성한다. 소비자들은 단순한 고객이 아니라 브랜드의 일부가 되는 경험을 원하며, 미라이식당의 운영 방식은 이러한 소비 트렌드를 완벽하게 반영한 사례라고 할 수 있다. 이처럼 푸드 브랜드는 단순한 제품과 서비스 제공을 넘어, 소비자가 능동적으로 참여할 수 있는 경험을 설계해야 한다. 미라이식당은 그 과정에서 고객과의 정서적 유대감을 강화하고, 브랜드에 대한 깊은 애착을 형성하는 데 성공했다.

맛의 시대를 넘어, 이야기의 시대로

이야기가 없는 음식은 배를 채울 뿐이지만, 이야기가 있는 음식은 마음을 채운다. 푸드 마케팅의 중심축은 이미 '맛'에서 '이야기'로 이동하고 있다. 물론 맛은 여전히 중요하지만, 그것만으로는 차별화되기 어려운 무한 경쟁의 시대다. 소비자는 이제 단순히 맛있는 음식을 넘어, 자신의 가치관과 감성에 부합하는 '의미 있는' 음식을 찾는다. 그들은 음식을 통해 자신의 정체성을 표현하고, 문화를 경험하며, 감성적인 만족감을 얻기를 원한다.

미래의 푸드 브랜드는 최고의 셰프이자 동시에 최고의 스토리텔러가 되어야 한다. 어떤 이야기를 발굴하고, 어떻게 가공하며, 어떤 방식으로 전달할 것인가? 이 질문에 대한 답을 찾는 과정이야말로 소비자의 마음을 사로잡고 오랫동안 사랑받는 브랜드를 만드는 핵심 열쇠가 될 것이다. 결국 가장 맛있는 음식은 입이 아닌, 마음이 기억하는 음식일 테니 말이다.

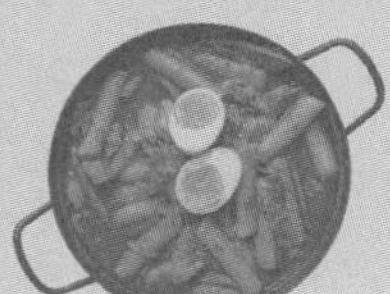

Food Communication

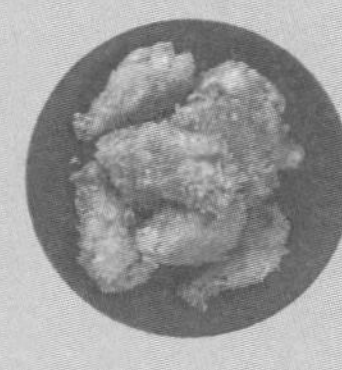

7장

K-푸드는 어떻게 세계를 삼켰는가?

콘텐츠가 된 라면, 드라마가 된 김밥
한류와 푸드커뮤니케이션

한류가 불붙이고 푸드커뮤니케이션이 전파한다

"짜파구리 먹어봤어? Have you tried Jjapaguri?"

2019년 봉준호 감독의 영화 「기생충」이 칸 영화제 황금종려상과 아카데미 작품상을 휩쓸며 전 세계적인 센세이션을 일으켰을 때, 영화만큼이나 뜨거운 관심을 받은 것이 있었다. 바로 극 중 연교(조여정 분)가 가정부에게 아들 다송을 위해 주문한 '짜파구리'였다. 영어 자막으로는 'Ramdon(라면+우동)'이라는 생소한 이름으로 번역되었지만, 이는 사실 농심의 인스턴트 짜장라면 '짜파게티'와 우동 라면 '너구리'를 섞어 만든, 한국에서는 이미 알음알음 알려진 비공식 레시피였다. 영화 속에서 짜파구리는 값비싼 한우 채끝살 토핑이 더해지면서 계급 간의 격차와 기묘한 공생 관계를 상징하는 중요한 메타포로 작용했다.

「기생충」의 성공과 함께 짜파구리는 국경을 넘어 하나의 문화 현상이 되었다. 유튜브, 틱톡, 인스타그램 등 소셜 미디어에는 "#Jjapaguri", "#Ramdon" 해시태그와 함께 수많은 '짜파구리 만들기' 영상과 시식 후기가 넘쳐났다. 사람들은 단순히 영화 속 음식을 따라 만드는 것을 넘어, 영화의 맥락과 의미를 곱씹으며 한국 문화를 체험하고 공유했다.

'모디슈머Modisumer'라는 신조어가 있다. '모디파이Modify'와 '컨슈머Consumer'의 합성어로, 최근 푸드 마케팅에서 소비자 참여를 이끌어내는 역할을 한다(조주홍, 2022). 2012년부터 SNS를 통해 음식 조합 레시피가 화제가 되면서, 소비자들의 적극적인 참여와 공유 문화가 이루어졌다. 예를 들어, 코카콜라의 "스프라이트&밀Sprite & Meal" 캠페인은 맛있는 음식과 스프라이트의 '꿀조합'(최적의 조합)을 찾아 SNS에 공유하는 MZ세대의 트렌드를 반영했다. 이처럼 미디어 콘텐츠 속 음식은 스토리를 만나고 소비자의 참여와 재해석을 통해, 단순한 먹거리를 넘어 문화적 상징이자 소통의 매개체, 즉 강력한 '푸드 콘텐츠Food Content'로 진화한다. 그리고 이러한 현상의 중심에는 한류Hallyu, Korean Wave와 푸드커뮤니케이션의 역동적인 상호작용이 자리 잡고 있다.

K-푸드의 글로벌 성장과 소비자

K-푸드가 글로벌 시장에서 빠르게 입지를 다지면서, 해외 소비자들의 한국 음식에 대한 인식과 소비 양상도 다채롭게 진화하고 있다. 과거 특정 아시아 식당이나 한인 마트라는 제한된 공간에서만 접할 수 있었던 한식은 이제 대형 유통망, 레스토랑 체인, 배달 서비스, 그리고 디지털 플랫폼을 통해 전 세계로 확산되고 있다.

해외 소비자들에게 K-푸드는 우선 건강하고 균형 잡힌 식단으로 인식되는 경향이 강하다. 김치와 같은 발효식품은 프로바이오틱스가 풍부한 장 건강 증진 식품으로 서구권에서 주목받고 있으며, 한국식 바비큐는 단백질 중심 식단을 선호하는 이들에게, 비빔밥은 다양한 채소와 영양소를 한 그릇에 담은 균형 식단으로 각광받고 있다. 특히 전 세계적인 채식주의 및 비건 트렌드와 맞물려, 두부나 버섯을 활용한 한국식 채식 메뉴의 인기도 상승하고 있다.

〈그림 34〉 한인 마트를 테마로 한 소설[1]

해외 소비자들의 K-푸드 소비 패턴은 크게 다섯 가지로 구분할 수 있다. 첫째, 한식당을 통한 오프라인 경험이다. 전 세계적으로 한식당 수가 급증하는 가운데, 특히 K-바비큐와 치킨 브랜드가 두각을 나타내고 있다. 테이블에서 직접 고기를 구워 먹는 방식은 서구 소비자들에게 독특한 체험 요소로 작용하며, 이러한 경험적 가치를 강조한 레스토랑들이 성공적으로 자리 잡고 있다.

둘째, 가정에서의 K-푸드 직접 조리 문화가 확산되고 있다. 유튜브, 틱톡, 인스타그램 등 디지털 플랫폼을 통해 한식 레시피가 활발히 공유되면서, 해외 소비자들이 직접 한국 음식을 만들어보는 사례가 증가하고 있다. H마트를 필두로 한 한인 마트의 증가는 K-푸드 요리를 확산하게 만드는 주요 동력이기도 하다. 이에 부응해 CJ제일제당, 오뚜기, 풀무원 등 한국 식품 기업들은 해외 소비자들이 쉽게 활용할 수 있는 한식 소스, 밀키트, 반조리 식품 등을 지속적으로 출시하고 있다.

셋째, HMR 및 간편식 제품의 소비가 급증하고 있다. 한국식 라면, 김밥, 떡볶이, 만두 등의 간편식이 글로벌 유통망을 통해 접근성이 높아지면서, 바쁜 현대인들이 손쉽게 K-푸드를 경험할 수 있게 되었다. 특히 불닭볶음면은 대형 유통망을 통한 확산으로 한국 라면의 세계적 인지도를 높이는 데 크게 기여했다.

넷째, 음식 배달 서비스의 확대로 K-푸드의 접근성이 향상되었다. 코로나19 이후 급성장한 배달 문화 속에서 한식 역시 글로벌 배달 시장의 주요 카테고리로 자리 잡았다. 우버이츠, 도어대시, 그랩푸드 등 주요 배달 플랫폼에서 한국식 치킨, 떡볶이, 김치찌개 등의 주문량이 지속적으로 증가하는 추세다.

마지막으로, 소셜 미디어와 디지털 마케팅이 K-푸드 확산에 중추적인 역할을 하고 있다. 틱톡이나 인스타그램에서 유행하는 'K-푸드 챌린지'는 소비자 참여를 유도하며 자연스러운 바이럴 효과를 창출한다. 불닭볶음면 챌린지, 달고나 커피 챌린지, 삼겹살 먹방 등은 디지털 네이티브 세대의 문화적 현상으로 자리 잡으며 K-푸드의 글로벌 영향력을 증폭시키고 있다.

이처럼 해외 소비자들은 K-푸드를 건강한 식단, 새로운 미식 경험, 문화적 콘텐츠의 일부, 편리한 간편식, 디지털 트렌드 등 다양한 관점에서 인식하고 소비하고 있다. K-푸드가 글로벌 시장에서 지속적인 성장을 이루기 위해서는 이러한 다차원적 소비 패턴을 면밀히 분석하고, 각 시장과 소비자층에 맞춘 정교한 전략을 수립해나가는 것이 필수적이다.

드라마 속 김밥, K-푸드 콘텐츠의 문을 열다

한국 드라마와 영화는 K-푸드를 세계에 알리는 가장 효과적인 쇼케이스이자 스토리텔링 플랫폼이다. 「별에서 온 그대」의 '치맥(치킨+맥주)', 「도깨비」 속 PPL 논란에도 불구하고 인기를 끈 '서브웨이 샌드위치', 「사랑의 불시착」의 북한식 조개구이와 남한식 치킨, 「이태원 클라쓰」의 '단밤' 포차 메뉴 등 수많은 작품들이 극의 서사와 자연스럽게 어우러진 음식들을 통해 시청자들의 미각적 상상력을 자극하고 한국 음식 문화에 대한 호기심을 증폭시켰다.

특히 김밥은 드라마를 통해 그 매력이 재발견되고 콘텐츠로서의 잠재력을 폭발시킨 대표적인 사례다. 소박하지만 정성이 담긴 음식, 다양한 재료가 조화롭게 어우러진 김밥은 드라마 속에서 종종 인물 간의 관계를 이어주는 따뜻한 매개체로 등장한다. 엄마가 싸준 도시락, 화해의 의미로 건네는 김밥 한 줄, 고된 하루 끝에 동료와 나눠 먹는 김밥 등은 단순한 음식 장면을 넘어 한국적인 정서와 문화를 함축적으로 보여준다.

나영석 PD의 예능 프로그램 「윤식당」 시리즈는 이러한 김밥의 매력을 해외 시청자들에게 직접적으로 전달하며 K-푸드 콘텐츠화의 성공 가능성을 입증했다. 스페인, 인도네시아 등 낯선 곳에서 외국인 손님들이 김밥을 맛보고 감탄하는 모습은 그 자체로 흥미로운 콘텐츠가 되었고, 이는 곧 해외 K-푸드 레스토랑의 메뉴 다양화와 창업 붐에도 긍정적인 영향을 미쳤다. 김밥은 더 이상 한국인만의 소울푸드가 아니라, 다채로운 K-푸드의 세계로 들어가는 매력적인 입구이자 누구나 쉽게 즐기고 만들 수 있는 글로벌 콘텐츠로 자리매김하고 있는 것이다.

라면, 단순한 식품을 넘어 문화 콘텐츠로

라면은 한국인에게 단순한 인스턴트식품 이상의 의미를 지닌다. 저렴하고 간편하게 한 끼를 해결할 수 있는 음식이자, 고된 하루를 위로하는 소울푸드, 친구들과 함께 끓여 먹으며 추억을 만드는 매개체이기도 하다. 이러한 라면의 다층적인 의미는 미디어 콘텐츠 속에서 더욱 풍부하게 재현되고 소비된다.

앞서 언급한 「기생충」의 짜파구리가 계층의 문제를 상징적으로 보여주었다면, 다른 영화나 드라마 속 라면은 청춘의 고뇌, 가난하지만 낭만적인 삶, 혹은 소소한 일상의 행복을 대변하기도 한다. 드라마 속 주인공이 밤늦게 혼자 끓여 먹는 라면 한 그릇은 고독과 위로를 동시에 느끼게 하고, 피시방에서 친구들과 함께 먹는 라면은 유대감과 즐거움을 상징한다. 이처럼 라면은 콘텐츠 속에서 다양한 맥락과 감정을 담아내는 유연한 기호로 작동하며, 시청자들의 공감을 이끌어낸다.

미디어 노출은 실제 소비 행동에도 직접적인 영향을 미친다. 짜파구리 열풍 이후 농심은 발 빠르게 자사 웹사이트와 소셜 미디어 채널에 공식 레시피를 다양한 언어로 소개하고, 해외 마트에서는 짜파게티와 너구리를 함께 묶어 판매하는 프로모션을 진행했다. 이는 미디어를 통해 자연스럽게 생성된 소비자의 관심과 니즈를 놓치지 않고 실제 매출로 연결시킨 성공적인 푸드커뮤니케이션 전략이다. 연구에 따르면, 한류 콘텐츠에 노출될 경우 한국 음식에 대한 긍정적인 태도 형성에 유의미한 영향을 미치며, 이는 곧 구매 의도로 이어질 수 있다(Ju, 2018; Zaini et al., 2024). 즉 푸드는 이제 단순히 먹기 위해 존재하는 것이 아니라, 미디어를 통해 먼저 '보여지고', '이야기되고', '공유되는' 과정을 거치며 그 가치와 의미가 증폭되는 디지털 시대의 핵심 콘텐츠 자산이 된 것이다.

K-푸드 글로벌화의 열쇠: 콘텐츠 기반 브랜딩과 스토리텔링

CJ제일제당의 비비고, 농심 신라면, 하이트진로의 처음처럼 소주 등 글로벌 시장을 공략하는 K-푸드 브랜드들은 더 이상 맛과 품질만으로 승부하지 않는다. 이들은 한류 스타를 모델로 기용하고, 글로벌 스포츠팀을 후원하며, 메타버스 플랫폼에 가상 레스토랑을 여는 등 콘텐츠 기반의 브랜딩Content-based Branding 전략을 적극적으로 펼치고 있다.

이러한 전략의 핵심은 단순히 제품을 노출시키는 것을 넘어, 브랜드가 추구하는 가치와 스토리를 소비자의 라이프스타일 및 문화적 코드와 연결하는 데 있다. 비비고는 '한식의 건강함과 조화로움'을 현대적인 감각으로 재해석한 패키지 디자인과 함께, 소셜 미디어를 통해 소비자들이 참여할 수 있는 레시피 챌린지나 쿠킹 클래스 콘텐츠를 제공하며 브랜드 경험을 확장한다. 김치는 단순히 맵고 짠 발효식품이 아니라, 장 건강에 좋은 프로바이오틱스가 풍부한 건강식품이자 한국의 공동체 문화를 상징하는 음식으로 포지셔닝된다. 이러한 스토리텔링은 '건강하고 이국적인 음식'이라는 막연한 인식을 넘어, K-푸드에 대한 구체적인 이해와 감성적인 유대감을 형성하는 데 기여한다.

'먹는' 행위를 넘어 '경험하고 공유하는' 콘텐츠로

결론적으로 K-푸드의 글로벌 확산은 단순히 음식 자체의 이동이 아니라, 그 음식을 둘러싼 경험, 이미지, 그리고 의미의 전파 과정이다. 소비자들은 한류 드라마 속 주인공처럼 김밥을 직접 만들어보며 '나도 K-컬처를 즐기고 있다'는 소속감과 정체성을 확인한다. 짜파구리를 끓여 먹는 행위는 영화 「기생충」의 메시지를 되새기며 사회적 담론에 참여하는 경험이 된다. 라면은 고독한 청춘의 자화상이자, 간편하지만 만족스러운 한 끼를 통해 스스로를 위로하는 상징적 아이템으로 소비된다.

이처럼 K-푸드는 미디어와 만나 '먹는 음식'에서 '보고, 만들고, 이야기하고, 공유하는 콘텐츠'로 진화하고 있다. 그리고 이러한 진화의 중심에는 푸드커뮤니케이션의 역할이 절대적이다. 음식이라는 물질적 대상에 미디어 기술, 스토리텔링 기법, 문화적 감수성, 소비자의 참여가 결합될 때, 라면은 단순한 인스턴트식품을 넘어 글로벌 문화 콘텐츠가 되고, 김밥은 드라마 속 한 장면을 넘어 세계인의 식탁에 오르는 K-푸드의 아이콘이 된다. 우리가 다음에 마주하게 될 한 편의 영화, 한 편의 드라마 속 음식은 또 어떤 놀라운 이야기와 경험을 우리에게 선사할까? K-푸드와 미디어의 흥미로운 만남은 이제 시작일 뿐이다.

K-푸드가 외국에서 더 맛있는 이유

현지화와 브랜딩의 역설

글로벌 브랜드로 재탄생한 K-푸드

파리의 트렌디한 레스토랑에서는 고추장 대신 파프리카 소스를 베이스로 한 떡볶이가 인기 메뉴로 등극하고, 뉴욕의 슈퍼마켓에서는 글루텐 프리Gluten-free 김치만두가 건강식으로 불티나게 팔려나간다. 런던의 펍에서는 김치버거가 피시앤칩스의 아성을 위협하고, 동남아시아에서는 할랄Halal 인증을 받은 불고기 맛 스낵이 현지인들의 입맛을 사로잡는다. 흥미롭게도, K-푸드는 때때로 그 본고장인 한국에서보다 해외에서 더 새롭고 '맛있게' 느껴지는 역설적인 상황을 연출한다. 이는 단순한 기분 탓이나 착각이 아니다. 여기에는 글로벌 시장의 복잡한 입맛 지형도를 정교하게 읽어내고 공략하는 K-푸드 기업들의 치밀한 현지화 전략Localization Strategy과 문화적 재해석Cultural Recontextualization, 그리고 강력한 글로벌 브랜딩Global Branding 노력이 숨어 있다.

K-푸드는 한류 콘텐츠를 통해 전 세계로 퍼져나가며 단순한 음식을 넘어 문화적 상징이자 경험의 매개체로 진화했다. 이러한 흐름 속에서

글로벌 시장을 공략하는 K-푸드는 더 이상 전통적인 레시피나 '정통성'에 얽매이지 않는다. 오히려 현지 문화와 소비자의 기호를 적극적으로 수용하고 재해석하며, 때로는 과감하게 변형된 형태의 '한류식Hallyu-sik'으로 재탄생한다. 이는 음식을 하나의 고정된 실체가 아닌, 유연하게 변형되고 재구성될 수 있는 브랜드 자산으로 인식하기 때문에 가능한 전략이다.

이러한 전략을 가장 성공적으로 구사하는 기업 중 하나가 바로 CJ제일제당의 글로벌 한식 브랜드 비비고다. 비비고는 '만두Mandu'를 글로벌 전략 제품으로 선정하고, 각국 소비자들의 입맛과 식문화를 철저히 분석해 현지 맞춤형 제품을 선보였다. 예를 들어, 미국 시장에서는 돼지고기 대신 닭고기를 선호하는 소비자를 위해 2009년 '치킨 & 고수(실란트로) 만두'를 출시하고, 건강을 중시하는 트렌드를 반영해 채소 함량을 높인 제품을 개발했다. 또한 만두피의 두께나 크기, 조리 방식(튀김, 찜, 구이 등)까지 현지인의 식습관에 맞춰 다양화했다. 이러한 노력 덕분에 비비고 만

〈그림 35〉 비비고에서 출시한 치킨 & 고수 만두와 코리안 비비큐 만두[2]

두는 미국 냉동만두 시장에서 1위를 차지하며, '만두'를 넘어 '비비고'라는 브랜드 자체를 소비자들에게 각인시키는 데 성공했다(CJ Newsroom, 2021). 이는 단순히 맛을 현지화하는 것을 넘어, 브랜드 경험 자체를 현지 문화 코드에 맞게 설계하는 글로컬라이제이션Glocalization=Globalization+Localization의 대표적인 성공 사례로 평가받는다(Ritzer, 2021). 비비고가 추구하는 '건강한 한국 식문화' 스토리텔링은 제품 판매를 넘어 라이프스타일 브랜드로서의 정체성을 구축하는 전략이다. 이는 스타벅스가 커피 이상의 경험을 제공하는 것과 유사한 접근법으로, 소비자가 단순히 소비하는 것이 아니라 브랜드 철학과 가치에 공감하고 경험하게 만든다.

익숙함 속의 낯섦: 이질성과 친숙함의 황금 비율

K-푸드의 현지화 전략은 단순히 현지 입맛에 맞추는 것을 넘어, '익숙함'과 '낯섦' 사이의 절묘한 균형점을 찾는 과정이다. 완전히 낯선 음식은 소비자들이 시도하기를 주저하게 만들 수 있지만, 너무 익숙한 음식은 K-푸드만의 매력을 잃어버릴 수 있기 때문이다. 따라서 많은 K-푸드 브랜드들은 기존 제품의 정체성은 유지하면서도 현지 소비자들이 선호하는 맛이나 식재료를 일부 가미하는 방식으로 이 문제를 해결한다.

농심의 신라면은 이러한 전략을 잘 보여주는 사례다. 신라면은 특유의 맵고 얼큰한 맛으로 전 세계적인 마니아층을 확보했지만, 동시에 매운맛에 익숙하지 않은 소비자들이나 특정 식문화를 가진 지역을 위해 다양한 변주를 시도하고 있다. 예를 들어, 일부 유럽 국가에서는 매운맛을 약간 줄인 버전을 판매하고, 미국에서는 채식주의자를 위한 비건Vegan 신라면을 출시하기도 했다. 또한 현지 소비자들이 라면에 치즈나 계란, 채소 등을 넣어 먹는 것을 보고 아예 '신라면 치즈', '신라면 블랙'과 같이 부재료를 활용한 신제품을 개발해 역으로 한국 시장에 선보이기도 한다. 이는 현지 소비자의 창의적인 레시피를 제품 개발에 반영해, 브랜드에 대한 친밀감과 참여를 유도하는 영리한 전략이다.

이러한 접근은 소비자들이 K-푸드를 통해 '이국적인 한국의 맛을 경험하고 싶다'는 호기심과 동시에 '내 입맛에도 잘 맞았으면 좋겠다'는 실용적인 니즈를 모두 충족시켜준다. 즉, K-푸드는 현지화된 맛과 형태를 통해 소비자의 심리적 장벽을 낮추는 동시에, '한국에서 온 특별한 음식'이라는 매력적인 이미지를 유지하며 글로벌 시장에서 독특한 포지셔닝을 구축하는 것이다.

음식에는 말보다 강한 언어가 존재한다. 맛과 향은 국경을 넘어 감정을 자극하며, 이 감각의 글로벌 통역이 바로 푸드커뮤니케이션의 핵심이다. 이화여자대학교 오지은 교수팀(2023)의 연구는 이 감각 언어의 지도화라는 점에서 주목할 만하다. 특히 "짜지 않다"는 표현이 외국인에게 긍정적인 의미를 가지며, "붉은색은 위협적이지만 도전적"이라는 양가적 인상을 준다는 점은 비주얼 커뮤니케이션에서 유의미하게 활용될 수 있다. 이 연구에서 특히 눈여겨볼 대목은 정서적 반응이다. 한국인 식품 종사자는 한식에 대해 '모성', '그리움', '집밥'과 같은 감정을 떠올린 반면, 외국인은 '도전', '흥분', '긴장', '열정'이라는 감정을 연상했다. 이는 음식이 단순한 영양 공급 수단이 아니라 문화적 경험이라는 사실을 방증한다. 이러한 감정의 차이는 푸드커뮤니케이션의 전략을 수정해야 함을 시사한다. 지금까지 한식 글로벌 마케팅은 '정', '치유', '웰빙'의 이미지를 강조하는 경향이 강했다. 하지만 외국인 소비자에게는 이러한 프레임이 낯설게 다가올 수 있다. 그보다는 "새롭고 이국적인 도전", "흥미진진한 테이스트 여행", 혹은 "오감의 실험"이라는 메시지가 더 직관적으로 와닿을 수 있다.

'인스타그래머블'한 K-푸드의 매력

SNS 시대에 음식은 단순히 맛으로만 소비되지 않는다. 얼마나 '보기 좋은가', 즉 '인스타그래머블한가' 역시 중요한 구매 결정 요인이 되었다. 이러한 측면에서 K-푸드는 시각적인 매력이라는 강력한 무기를 가지고 있다. 다채로운 색감의 조화, 정갈한 담음새, 아기자기한 모양 등은 K-푸드를 더욱 매력적인 콘텐츠로 만든다.

비빔밥은 이러한 시각적 매력을 극대화한 K-푸드의 대표 주자다. 흰 밥 위에 형형색색의 나물과 채소, 고기, 계란 등이 아름답게 올려진 모습은 그 자체로 하나의 예술 작품처럼 느껴진다. 소비자들은 비빔밥을 먹기 전에 먼저 사진을 찍어 SNS에 공유하며 시각적인 즐거움을 만끽한다. 이는 단순히 음식을 먹는 행위를 넘어, 자신의 미적 취향과 라이프스타일을 드러내는 표현 수단이 된다. 많은 한식 레스토랑과 브랜드들은 이러한 트렌드를 반영해 더욱 화려하고 감각적인 플레이팅을 선보이며 K-푸드의 시각적 매력을 강조하고 있다.

이처럼 K-푸드는 맛뿐만 아니라 시각적인 즐거움까지 제공하며, SNS를 통해 빠르게 확산될 수 있는 잠재력을 지닌다. '보기 좋은 떡이 먹기도 좋다'는 속담처럼, K-푸드의 시각적 매력은 글로벌 소비자들의 호기심을 자극하고 긍정적인 첫인상을 형성하는 데 중요한 역할을 한다.

스토리텔링이 입맛을 사로잡는다

K-푸드의 성공적인 글로벌 브랜딩 뒤에는 강력한 스토리텔링 전략이 자리 잡고 있다. 음식에 담긴 역사, 문화, 철학, 그리고 만드는 사람의 정성 등은 단순한 음식 설명을 넘어, 소비자의 감성을 자극하고 브랜드에 대한 깊은 유대감을 형성하게 한다.

예를 들어, 김치는 단순히 배추를 소금에 절여 양념한 발효식품이 아니라, 한국의 공동체 문화인 '김장'과 연결되고, 오랜 시간 동안 축적된 발효의 지혜와 과학이 담긴 '슬로푸드Slow Food'이자 건강에 좋은 '슈퍼푸드Super Food'로 이야기된다. 이러한 스토리는 김치에 대한 단순한 정보 전달을 넘어, 건강, 전통, 공동체라는 긍정적인 가치를 부여하며 소비자들이 김치를 단순한 반찬이 아닌, 의미 있는 문화적 상징으로 인식하게 만든다. 연구에 따르면, 브랜드 스토리는 소비자의 감정에 긍정적인 영향을 미치고 브랜드 충성도를 높이는 데 중요한 역할을 한다(Escalas, 2004).

K-푸드 브랜드들은 이러한 스토리텔링을 마케팅 커뮤니케이션에 적극적으로 활용한다. 제품 패키지 디자인에 전통 문양이나 스토리를 담거나, 광고 영상에서 K-푸드가 만들어지는 과정이나 한국의 식문화를 감성적으로 보여주기도 한다. 또한 앞에서 살펴본 것처럼 한류 드라마나 영화 속 PPL을 통해 자연스럽게 제품과 스토리를 노출시키기도 한다. 이러한 노력들은 K-푸드를 단순한 먹거리가 아닌, 흥미로운 이야기가 담긴 '문화 체험 상품'으로 격상시키며 소비자들에게 특별한 가치를 제공한다.

'한국 음식'을 넘어 '나의 경험'으로

K-푸드가 한국보다 외국에서 더 '맛있게' 느껴지는 현상은 단순히 맛의 변화 때문만은 아니다. 그것은 현지화 전략을 통해 소비자의 입맛과 문화에 더 가까이 다가가고, 글로벌 브랜딩과 스토리텔링을 통해 K-푸드를 단순한 음식이 아닌 '특별한 경험'으로 포지셔닝하는 데 성공했기 때문이다. 김치는 건강한 라이프스타일을 추구하는 나의 선택이 되고, 불고기는 친구들과 함께 즐기는 즐거운 BBQ 파티의 일부가 되며, 떡볶이는 트렌디한 스트리트 푸드를 경험하는 힙한 활동이 된다.

고대 그리스 신화의 카이로스Kairos는 이마에는 풍성한 머리카락을 지니고 뒷머리는 완전히 민머리인 독특한 형상을 한 기회의 신이다. 이 형상은 기회가 다가올 때 즉시 붙잡아야 하며, 한번 지나간 후에는 다시 잡

〈그림 36〉 아마존에서 판매되고 있는 달고나 제작 세트[3]

기 어렵다는 심오한 메타포를 담고 있다. K-푸드 역시 성공적인 현실에 안주하지 말고 결정적 순간을 포착하고 신속하게 행동으로 옮기는 능력으로 글로벌 시장을 향해 도전해야 할 것이다.

넷플릭스 오리지널 한국 드라마 「오징어 게임」 글로벌 흥행 이후 틱톡과 유튜브에서 폭발적으로 확산된 '달고나 챌린지'는 디지털 시대의 카이로스적 순간을 완벽하게 보여준다. 기민한 K-푸드 브랜드들은 이 문화적 현상을 즉각적으로 마케팅에 활용해, 전통적인 유통망에 의존하지 않고도 온라인 바이럴 효과를 통해 글로벌 인지도를 급속히 확장했다.

K-푸드는 현지 문화 속에서 끊임없이 재해석되고 재창조되며, '한국의 음식'이라는 국적성을 넘어 '나의 취향', '나의 경험', '나의 이야기'의 일부로 스며들고 있다. 그리고 이러한 과정이야말로 K-푸드가 진정한 글로벌 푸드로 자리매김하고 있다는 강력한 증거일 것이다. 앞으로 K-푸드는 또 어떤 모습으로 변신하며 세계인의 입맛과 마음을 사로잡을까?

갈비찜이 스타벅스를 이기려면

한식이 아니라 '한류식'이다

K-푸드의 성공과 한식의 진화

뉴욕 맨해튼의 번화가, 한 손에는 김치가 들어간 퓨전 부리토를 들고 다른 손으로는 인증샷을 찍는 젊은이들의 모습은 더 이상 낯설지 않다. 이들은 단순히 허기를 채우는 것을 넘어, K-푸드를 통해 특정 문화적 감수성과 라이프스타일을 소비하고 공유한다.

앞에서 K-푸드가 한류 콘텐츠를 통해 어떻게 문화적 상징으로 진화했는지, 현지화와 글로벌 브랜딩 전략이 어떻게 K-푸드의 성공을 이끌었는지 살펴보았다면, 이제 우리는 한 걸음 더 나아가 K-푸드가 단순한 '음식'을 넘어 총체적인 '브랜드 경험'으로 설계될 때 비로소 글로벌 시장에서 지속 가능한 경쟁력을 확보할 수 있음을 이야기하려고 한다. 전통의 틀을 벗어나기 시작한 K-푸드는 이제 '한식Korean Food'이라는 이름표를 넘어, 정교하게 설계된 경험을 제공하는 '한류식K-Wave Cuisine'으로 진화해야 할 시점에 와 있다.

‘한류식’의 탄생: 음식이 아닌, 문화와 경험을 판다

미국, 일본, 이탈리아, 프랑스 등 전통적 식문화 강국들과 비교했을 때, K-푸드는 놀라울 정도로 짧은 시간 내 급격한 성장을 이루어냈다. 불과 한 세대 전만 해도 ‘낯선 아시아 음식’이라는 편견 속에 있던 한국 음식은 이제 김치, 불고기, 비빔밥, 삼겹살, 떡볶이 등이 세계 각국에서 일상적으로 소비되는 음식으로 자리매김했다. 이는 단순한 일시적 유행이 아닌, K-푸드가 글로벌 식문화의 한 축으로 견고하게 정착했음을 의미한다.

K-푸드의 글로벌 성공 방정식은 더 이상 ‘무엇을 먹는가’에만 있지 않다. ‘어떻게 경험하는가’가 핵심 경쟁력으로 부상하고 있다. 이는 단순히 맛있는 음식을 제공하는 것을 넘어, 소비자의 감각, 감정, 인지, 행동, 그리고 관계적 측면까지 아우르는 총체적인 경험을 디자인하는 문제다(Brakus et al., 2009). CJ제일제당의 비비고는 이러한 브랜드 경험 설계의 중요성을 일찍이 간파했다. 비비고는 단순히 만두나 김치를 파는 것을 넘어, ‘한식의 즐거움을 나누는 라이프스타일 브랜드’를 표방한다. LA 레이커스와의 파트너십을 통해 스포츠 팬들에게 만두를 ‘힙하고 간편한 스낵’으로 포지셔닝하고, KCON과 같은 한류 행사에서 쿠킹 클래스를 열어 소비자들이 직접 K-푸드를 만들고 즐기는 경험을 제공한다. 이는 제품 자체의 기능적 가치를 넘어, 소비자의 삶 속에 K-푸드가 자연스럽게 스며들도록 하는 ‘체험 마케팅Experiential Marketing’ 전략이다.

이러한 접근 방식은 글로벌 커피 브랜드 스타벅스의 성공 전략과 맥을 같이 한다. 스타벅스는 단순히 커피를 파는 곳이 아니라, ‘제3의 공간’이라는 개념을 통해 집과 직장 다음으로 사람들이 편안하게 머물고 소통할 수 있는 공간 경험을 제공했다. 특유의 매장 분위기, 편안한 음악, 친절한 바리스타의 응대, 고객의 이름을 불러주는 개인화된 서비스 등은 커피 맛 이상의 강력한 브랜드 경험을 구축했고, 이는 스타벅스를 세계적인 브랜드로 성장시킨 원동력이 되었다(Michelli, 2007). 마찬가지로, K-푸드 역시 김치의 톡 쏘는 맛이나 불고기의 달콤한 향기 너머에 있는 '이야기'와 '감성', 그리고 '문화적 경험'을 팔아야 한다. K-드라마 속 주인공이 김밥을 싸던 장면에서 느껴지는 따뜻한 공감, 친구들과 함께 불닭볶음면 챌린지에 도전하며 느끼는 짜릿한 즐거움, 정갈하게 차려진 한정식을 맛보며 느끼는 한국적인 미학과 여유. 이러한 콘텐츠화된 감정Contentized Emotion과 경험이야말로 K-푸드를 특별하게 만드는 핵심 요소다.

갈비찜 vs 스타벅스: 브랜드 경험 설계가 승부를 가른다

그렇다면 과연 한국의 전통 음식인 갈비찜은 스타벅스와 경쟁해 이길 수 있을까? 이 질문은 단순히 음식의 맛이나 가격 경쟁력에 대한 것이 아니다. 이는 브랜드 경험 설계 역량에 대한 질문이다. 스타벅스가 커피 맛 하나만으로 성공한 것이 아니듯, 갈비찜 역시 단순히 '맛있는 한국 음식'이라는 사실만으로는 글로벌 시장에서 스타벅스와 같은 강력한 브랜드 파워를 갖기 어렵다.

해답은 이미 우리 곁에 있다. 서울의 미슐랭 스타 레스토랑인 정식당Jungsikdang과 밍글스Mingles는 전통 한식의 철학과 식재료를 기반으로 하되, 현대적인 조리 기법과 창의적인 플레이팅, 세련된 공간 디자인, 섬세한 서비스까지 결합해 독창적인 '모던 한식Modern Korean Cuisine' 경험을 제공한다. 이곳에서 손님들은 단순히 배를 채우는 '한 끼 식사'를 넘어,

오감을 만족시키는 '한 편의 미식 공연'을 경험한다. 이는 음식을 중심으로 공간, 서비스, 스토리텔링 등 모든 요소가 조화롭게 어우러져 총체적인 브랜드 경험을 만들어내는 성공적인 사례다.

맥도날드는 글로벌 브랜드이지만, 지역 시장에 맞춘 현지화 전략을 적극적으로 펼친다. 인도에서는 종교적 이유로 소고기를 사용하지 않고 으깬 감자와 콩 등을 섞어 만든 패티가 들어간 맥알루 티키 버거McAloo Tikki Burger 같은 채식 메뉴를 개발했다. 일본에서는 데리야키 버거를 출시하며 현지 소비자들의 입맛을 반영했다. 이는 『손자병법』에서 말하는 "물과 같이 적응하라兵之形, 避實而擊虛"는 전략과 일맥상통한다. 넷플릭스 역시 글로벌 스트리밍 시장을 장악하면서도, 국가별 콘텐츠 소비 패턴을 분석해 로컬 콘텐츠 제작을 적극적으로 추진했다. 한국 시장에서는 「오징어 게임」과 같은 현지 제작 콘텐츠를 통해 세계적인 흥행을 거두었으며, 인도 시장에서는 발리우드 스타일의 오리지널 콘텐츠를 제작하며 시장 점유율을 확대했다. 중국의 고사 '입국문화入國問俗'처럼, 다른 나라에 들어가면 그 나라의 풍속을 물어야 한다.

〈그림 37〉 맥알루 티키 버거[4]

글로벌 시장에서도 이러한 브랜드 경험 설계는 필수적이다. 앞에서 살펴본 신라면의 성공 요인 중 하나는 단순히 맛의 현지화를 넘어, 한류 콘텐츠와의 연계를 통해 형성된 '힙하고 트렌디한 한국 라면'이라는 브랜드 이미지 덕분이다.

'K-푸드' 정체성의 딜레마와 '한류식'으로의 전환

그러나 K-푸드가 '한류식'으로 진화하며 글로벌 브랜드 경험을 설계하는 과정에서 반드시 넘어야 할 과제도 존재한다. 바로 '정체성의 딜레마'다. 지나치게 한국적인 특성(예: 강한 발효취, 과도한 매운맛)은 현지 소비자의 문화적 저항에 부딪힐 수 있고, 반대로 지나친 현지화는 K-푸드 고유의 매력과 정체성을 희석시킬 위험이 있다. '한국적인 것'과 '글로벌한 것' 사이에서 최적의 균형점을 찾고, 현지 문화와 조화롭게 융합하면서도 K-푸드만의 독창성을 유지하는 '정체성의 경계선Identity Boundary'을 어떻게 설정하고 관리할 것인가가 K-푸드 브랜딩의 핵심 과제로 떠오르고 있다. 또한, 식재료의 안정적인 수급 및 유통 문제, 현지 조리 인력 양성, 문화적 오해나 편견 해소 등도 K-푸드가 글로벌 시장에서 지속적으로 성장하기 위해 해결해야 할 현실적인 문제들이다.

K-푸드는 더 이상 특정 국가의 음식을 넘어, 글로벌 문화 현상이자 소비자들이 소속되고 싶은 라이프스타일을 상징하는 문화적 기호로 자리 잡고 있다. 김치, 불고기, 갈비찜, 떡볶이, 라면 등 각각의 K-푸드는 이제 하나의 브랜드이며, 소비자는 단순히 그 음식을 먹는 행위를 넘어, 그 브랜드가 제공하는 총체적인 경험과 가치를 소비한다.

따라서 갈비찜이 스타벅스를 이기기 위한 전략은 단순히 더 맛있는 갈비찜을 만드는 데 있지 않다. 갈비찜을 둘러싼 매력적인 스토리를 발굴하고, 소비자의 오감을 만족시키는 공간과 서비스를 디자인하며, 한류 콘텐츠와의 연계를 통해 감성적인 유대감을 형성하는 등, 총체적인 브랜드 경험을 설계하고 관리하는 데 달려 있다. 앞으로 K-푸드 기업과 브랜드들이 고민해야 할 것은 단순히 어떤 메뉴를 개발하고 수출할 것인가가 아니라, 그 음식을 통해 어떤 '이야기'를 들려주고 어떤 '경험'을 선사할 것인가이다. 문화적 경험으로 진화한 음식은 그 어떤 마케팅보다 강력한 힘을 지닌다. K-푸드가 '한식'을 넘어 진정한 '한류식' 브랜드로 거듭날 때, 갈비찜이 스타벅스와 어깨를 나란히 하는 날도 결코 멀지 않을 것이다.

Food Communication

8장

지역은 음식으로 다시 태어난다

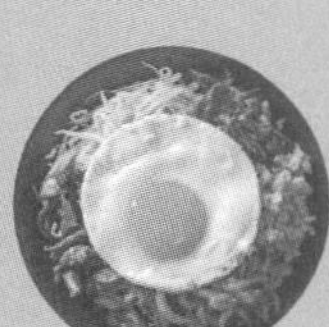

한국의 로컬은 왜 늘 '반찬'으로만 취급되는가

'반찬화' 현상

"당신의 도시에는 어떤 음식이 유명한가요?"

이 단순하지만 예리한 질문 앞에서 우리는 잠시 머뭇거리게 된다. 서울의 맛은 무엇일까? 얼큰한 부대찌개, 달콤한 불고기, 아니면 외국인에게 더 유명한 비빔밥? 부산 하면 떠오르는 돼지국밥이나 밀면은 과연 그 도시의 '메인 디시'일까, 아니면 잠시 들러 맛보는 '별미'일까? 지역을 대표하는 음식이 분명 존재함에도 불구하고, 그것이 마치 정식 코스의 주인공이 아닌 곁들이 반찬처럼 여겨지는 경우가 허다하다. 지역의 고유한 맛은 왜 식탁의 중심에 당당히 서지 못하고 늘 주변부에서 맴돌며 곁가지로만 소비되는 것일까? 한국 로컬 음식이 처한 이러한 '반찬화Banchan-ization' 현상은 단순히 미식 트렌드나 개인의 음식 취향 문제를 넘어, 로컬 브랜딩의 구조적 한계와 푸드커뮤니케이션 전략의 부재가 빚어낸 복합적인 결과물이다. 지역성은 일회성 장식이 되었다.

'반찬화'는 지역 음식이 그 지역의 정체성을 대표하는 핵심 콘텐츠가 되지 못하고, 일시적이고 부가적인 요소로 소비되는 현상을 의미한다. 많은 로컬 음식은 현지인의 일상적인 '한 끼 식사'로서 뿌리내리기보다, 외부 방문객을 위한 '특산물', '기념품', 혹은 '여행 중 한 번쯤 맛보는 특별식'으로 포지셔닝된다. 이는 해당 음식이 지역의 핵심 브랜드 자산으로 성장하지 못하고, 관광 상품의 일부나 부속적인 서브 콘텐츠로 전락하는 과정을 보여준다.

이러한 경향은 지역 축제 현장에서 더욱 극명하게 드러난다. 지역 주민들이 오랜 시간과 정성을 들여 준비한 향토 음식은, 축제 기간 동안 잠시 운영되는 '먹거리 부스'에서 관광객들에게 스쳐 지나가는 간식거리 정도로 소비되기 일쑤다. 축제의 주인공은 화려한 공연이나 이벤트이며, 음식은 그저 부대 행사나 구색 맞추기용 '반찬' 역할에 머무르는 것이다. 그 결과, 지역 음식은 고유한 역사와 문화를 담은 콘텐츠로서의 가치를 제대로 인정받지 못하고, '맛있는 행사'를 위한 일회성 장식품으로 전락하고 만다. 이는 음식 자체의 문제라기보다는, 음식을 둘러싼 경험과 스토리를 통합적으로 브랜딩하지 못한 결과다.

왜 한국의 로컬 음식은 '메인 디시'가 되지 못할까?

로컬 음식이 '반찬' 신세를 벗어나지 못하는 이유는 복합적이지만, 크게 세 가지 측면에서 분석해 볼 수 있다.

첫째, 정체성을 담은 매력적인 서사 부재다. 모든 음식에는 이야기가 잠재되어 있지만, 그것이 발굴되고 가공되어 소비자의 마음을 움직이는 '브랜드 서사'로 발전하지 못하는 경우가 많다. 전주비빔밥이나 안동찜닭

이 전국적인 명성을 얻고 지역을 대표하는 음식 브랜드로 자리 잡을 수 있었던 것은 단순히 맛 때문만이 아니다. 오랜 시간에 걸쳐 음식의 유래, 역사적 배경, 지역 문화와의 연관성 등을 발굴하고 이를 흥미로운 스토리로 엮어낸 지역사회, 행정기관, 그리고 상인들의 지속적인 브랜딩 노력이 있었기에 가능했다. 예를 들어, 전주비빔밥은 조선 시대 궁중 음식에서 유래했다는 설부터 동학농민운동 당시 간편하게 먹던 음식이라는 설까지 다양한 스토리를 품고 있으며, 이는 비빔밥을 단순한 음식을 넘어 역사와 문화를 담은 콘텐츠로 격상시킨다. 하지만 대부분의 지역 음식은 이러한 '서사화Narrativization' 과정을 거치지 못한 채, 그저 '그 지역에 가면 먹을 수 있는 음식' 수준에 머무르고 만다. 소비자는 맛뿐만 아니라 이야기에 끌린다는 점을 간과한 것이다(Escalas, 2004).

둘째, 통합적인 브랜드 경험 전략의 부재다. 성공적인 로컬푸드 브랜딩은 단순히 음식 이름이나 맛을 알리는 것을 넘어, 그 음식을 소비하는 총체적인 경험Total Experience을 디자인하는 것이다. '강릉의 커피 거리'는 단순히 커피 맛이 뛰어난 카페들이 모여 있기 때문에 성공한 것이 아니다. 푸른 동해 바다를 조망하며 커피를 마시는 공간적 경험, 개성 있는 로스터리 카페들의 다양한 스토리, 커피 축제와 같은 이벤트 등이 결합되어 '강릉=커피 도시'라는 강력한 브랜드 이미지를 구축했다. 전주의 한옥마을과 연계된 음식 거리 역시 마찬가지다. 고즈넉한 한옥의 정취 속에서 비빔밥, 콩나물국밥, 막걸리 등을 즐기는 경험은 전주만의 독특한 매력을 선사한다. 이처럼 로컬푸드가 강력한 브랜드 파워를 갖기 위해서는 음식을 중심으로 공간 디자인, 서비스, 스토리텔링, 미디어 활용, 커뮤니티 연계 등이 유기적으로 결합되어야 한다(Brakus et al., 2009). 이름값을 제대로 하기 위해서는, 음식이 지역의 고유한 맥락 속에서 입체적으로 재현되고 매력적인 경험으로 제공되어야 하는 것이다.

셋째, 지역 주체의 자기 서사Self-Narrative 구축 실패다. 안타깝게도 많은 지역에서 지역민 스스로 자신들의 음식 문화에 대한 자부심과 확신을 갖지 못하고, 외부의 시선이나 유행에 따라 메뉴를 쉽게 바꾸거나 본질과 동떨어진 방식으로 포장하는 경우가 많다. '관광객이 이런 걸 좋아하겠지'라는 막연한 추측에 기반한 기획은 종종 음식의 진정성을 훼손하고, 오히려 장기적으로는 소비자의 외면을 받게 된다. 예를 들어, 지역 특색과 무관하게 너도나도 치즈를 얹거나 퓨전이라는 이름 아래 정체불명의 메뉴를 개발하는 현상은 로컬푸드의 매력을 반감시키는 결과를 낳는다. 앞서 논의했던 푸드 미디어타이제이션의 역설과도 연결된다. SNS에 보여주기 위한 '과잉 이미지화'나 미디어 트렌드에 편승하려는 시도가 오히려 지역 음식 고유의 맛과 스토리를 왜곡하고 '진정성'의 위기를 초래하는 아이러니를 만드는 것이다.

푸드커뮤니케이션, '반찬'을 '메인'으로 바꾸는 열쇠

그렇다면 어떻게 해야 지역 음식이 '반찬'의 굴레를 벗고 당당한 '메인 디시'로 거듭날 수 있을까? 해답은 단순한 홍보나 마케팅을 넘어선, 전략적이고 서사화된 푸드커뮤니케이션Strategic & Narrativized Food Communication에 있다. 이는 다음과 같은 근본적인 질문에서 출발해야 한다.

- **Why Here?**: 왜 이 음식은 다른 곳이 아닌 바로 이 지역에서 탄생하고 발전할 수 있었는가? (지역의 자연환경, 역사, 문화적 배경과의 연결고리 찾기)

- **Who?**: 어떤 사람들이 이 음식의 전통을 만들고 지켜왔으며, 현재는 누가 그 명맥을 이어가고 있는가? (장인, 농부, 상인 등 사람들의 이야기 발굴)

- **What Emotion?**: 이 음식은 지역민과 방문객에게 어떤 감정과 기억, 그리고 의미를 전달하는가? (음식에 얽힌 개인적, 공동체적 경험과 가치 탐색)

이러한 질문에 대한 답을 찾아가는 과정 자체가 강력한 푸드커뮤니케이션 콘텐츠가 된다. 강릉의 커피, 전주의 비빔밥, 통영의 충무김밥, 의정부의 부대찌개, 춘천의 닭갈비, 임실의 치즈처럼, 음식은 단순한 먹거리가 아니라, 그 지역의 정체성과 문화를 함축적으로 보여주는 '지역의 언어Language of the Region'가 될 수 있다. 성공적인 로컬푸드 브랜드는 단순히 '맛있다'는 감각적 만족을 넘어, '이 지역은 이런 역사와 철학을 가진 곳이구나', '이런 사람들이 살고 있구나'라는 깊은 이해와 공감을 불러일으킨다. 따라서 로컬푸드 브랜딩은 이제 SNS에 올릴 예쁜 사진 한 장을 만드는 것이 아니라, 지역의 정체성을 오롯이 담아내는 '의미와 경험의 총체'로서 기획되어야 한다.

반찬이 아닌 주인공이 되려면

한국의 로컬 음식이 '반찬'이 아닌 진정한 '주인공'으로 다시 태어나기 위해서는, 음식의 본질을 복원하고 그 가치를 재발견하려는 노력이 필요하다. 단순히 레시피를 보존하는 것을 넘어, 그 음식이 탄생한 농업적 뿌리, 식재료에 담긴 철학, 조리 방식에 깃든 지혜와 기억, 그리고 음식을 나누는 공간의 의미까지 총체적으로 되새겨야 한다. 전북 완주군의 용진농협 로컬푸드 직매장의 성공 사례는 이러한 접근의 중요성을 보여준다. 이곳은 단순히 농산물을 판매하는 장소를 넘어, 생산자와 소비자가 직접 만나 소통하고 지역 농업의 가치를 공유하는 커뮤니티 공간으로 기능하며 연 매출 100억 원 이상을 달성하는 성과를 거두었다(조선일보, 2023). 이는 식재료의 신선함과 안전성이라는 기본 가치에 더해, 생산자와의 신뢰 관계, 지역 공동체 기여라는 사회적 가치를 성공적으로 커뮤니케이션한 결과다.

궁극적으로 로컬푸드의 성공적인 브랜딩과 커뮤니케이션은 어느 한 주체의 노력만으로는 이루어지기 어렵다. 지역 농민과 상인, 요리사, 문화기획자, 미디어 전문가, 정책 입안자, 그리고 지역 주민들이 모두 함께 머리를 맞대고 지혜를 모으는 '식탁 위의 협치Governance on the Table'가 필요하다. 지역의 고유한 스토리를 발굴하고, 매력적인 브랜드 경험을 설계하며, 이를 효과적으로 전달할 커뮤니케이션 전략을 수립하고 실행하는 과정에 다양한 이해관계자들이 참여하고 협력해야 한다. 이러한 공동의 노력을 통해 비로소 우리의 로컬 음식은 잊힌 '반찬'이 아닌, 지역의 미래를 밝히는 자랑스러운 '주인공'으로 우뚝 설 수 있을 것이다.

'한 그릇의 국밥'이 도시를 살린다

푸드 로코노미와 지역의 재탄생

도시 쇠퇴와 음식의 재발견

도시는 살아 숨 쉬는 유기체와 같다. 흥망성쇠를 거듭하며 끊임없이 변화하고 진화한다. 과거, 철도와 항구가 도시 발전의 혈맥 역할을 했고, 거대한 공장이 도시의 심장이자 성장의 엔진이었던 시절도 있었다. 그러나 산업 구조의 급격한 재편, 기술의 발전, 그리고 인구 이동과 같은 거대한 시대적 흐름 속에서, 한때 번영을 구가했던 많은 도시들이 활력을 잃고 쇠락의 길을 걷는 현상이 전 세계적으로 나타나고 있다. 문 닫은 공장의 녹슨 철문, 불 꺼진 상점가의 텅 빈 쇼윈도, 떠나간 사람들의 빈자리만이 남은 거리. 그렇게 깊은 침묵과 무력감만이 감돌던 도시에 누구도 예상치 못한 존재가 새로운 희망의 불씨를 지피고 생명력을 불어넣는 기적 같은 일이 벌어지곤 한다. 놀랍게도 그 주인공은 때로 우리 곁의 가장 소박하고 일상적인 음식, 이를테면 김이 모락모락 나는 뜨끈한 한 그릇의 국밥일 수 있다.

국밥은 한국인의 정서를 대변하는 소울푸드이자, 오랜 시간 서민들의 결을 지켜온 가장 보편적인 일상 음식 중 하나다. 화려하거나 특별할 것 없어 보이는 이 음식 안에, 한 지역의 고유한 역사와 문화, 그리고 그곳을 살아가는 사람들의 삶의 이야기가 고스란히 응축되어 있다. 부산의 돼지국밥은 이러한 음식의 힘을 극명하게 보여주는 사례다. 한국전쟁 당시 피란민들이 고향을 그리며 돼지 뼈로 국물을 내어 먹던 것에서 유래했다는 설이 유력한 돼지국밥은, 척박한 시절 저렴한 가격에 든든하게 배를 채울 수 있었던 생존의 음식이자 위로의 음식이었다. 자갈치 시장의 왁자지껄함 속에서, 혹은 새벽 부둣가에서 고된 노동을 마친 이들이 허기를 달래던 국밥 한 그릇의 풍경은 이제 '부산스러움'을 상징하는 문화적 아이콘이자 도시의 중요한 내러티브가 되었다. 이처럼 지역의 역사적 맥락과 서사와 깊이 연결된 음식이 도시를 대표하는 강력한 브랜드 자산이 되고, 미디어를 통해 매력적인 콘텐츠로 끊임없이 재생산되며, 전국의 미식가와 여행객을 끌어모으는 순간, 국밥은 더 이상 단순한 한 끼 식사를 넘어 도시를 되살리는 강력한 언어이자 사회문화적 매개체로 작동하게 되는 것이다. 그렇다면 음식은 구체적으로 어떻게, 어떤 방식으로 쇠락한 지역에 새로운 활력을 불어넣고 지속 가능한 미래를 만들어가는 것일까? 이 질문에 답하기 위해 우리는 '푸드 로코노미Food Loconomy'라는 개념에 주목할 필요가 있다.

푸드 로코노미의 작동 원리: 단순한 미식을 넘어서

'푸드 로코노미'는 지역Local과 경제Economy의 합성어로, 지역의 고유한 식자원과 음식 문화를 핵심 자산으로 삼아 경제 구조를 재편하고, 도시 브랜딩과 커뮤니티 활성화를 도모하는 통합적인 지역 발전 전략을 의미한다. 이 용어는 학술적으로 엄밀히 정의되기보다는 최근 지역 기반 경제, 특히 음식과 관련된 경제 활성화 현상을 설명하기 위해 미디어나 실무 영역에서 사용되는 경향이 있다. 유사 개념으로는 '로컬푸드 시스템Local Food Systems', '미식 관광Gastronomy Tourism', '장소 브랜딩Place Branding' 등이 관련 논의에서 중요하게 다뤄진다(Martinez et al., 2010). 푸드 로코노미는 단순히 지역 특산물을 판매하거나 맛집을 홍보하는 차원을 넘어선다. 그 핵심은 음식을 단순한 소비의 대상으로만 보지 않고, 농수산물 생산부터 가공, 유통, 외식 서비스, 관광 상품 개발, 문화 콘텐츠 제작, 교육 및 커뮤니티 활동에 이르기까지 다양한 영역을 유기적으로 연결하는 통합적인 산업 생태계이자 문화적 자산으로 인식하는 데 있다.

음식은 인간의 장소에 대한 기억과 밀접하게 연결되어 있다. 심리학자인 대니얼 카너먼Daniel Kahneman은 인간이 경험을 평가할 때 '피크-엔드 룰Peak-End Rule'에 따라 판단한다고 설명한다. 즉, 사람들은 경험의 절정 순간과 마지막 순간에 의해 기억을 형성한다는 것이다. 이 원칙은 음식이 지역 경험에서 얼마나 중요한 역할을 하는지를 설명한다. 지역 방문객은 맛있는 지역 음식을 통해 도시를 기억하며, 이는 도시의 이미지를 강화한다. 일례로, 멕시코의 과달라하라Guadalajara는 지역의 전통 음료인 테킬라를 통해 세계적인 인지도를 얻었다. 과달라하라는 테킬라 생산지로 알려졌을 뿐만 아니라, 테킬라를 테마로 한 투어와 축제를 통해 지역 활성화에 성공했다. 이는 음식을 단순 소비재로 보는 관점을 넘어, 지역의 문화와 역사에 결합한 브랜딩 사례로 손꼽힌다.

예를 들어 인천 차이나타운은 단순한 맛집 거리 그 이상이다. 이 도시는 중국 이주민의 역사, 근대 무역항의 개방성, 다문화의 시작점이라는 문화적인 레이어를 갖는다. 짜장면은 그 문화적 혼종성과 적응의 산물이다. 차이나타운 진입로에 설치된 포토존을 찾은 방문객은 음식을 '먹기 전'에 이미 장소를 통해 '짜장면의 문화성文化性'을 체험하게 된다. 단순한 음식에 역사적 의미를 더할 때 '방문해야 할 가치'가 생기게 된다. 음식 기반으로 흥미로운 지역 마케팅도 가능하다.

일본의 오사카는 다코야키たこ焼き로 잘 알려져 있다. 이 음식은 길거리 음식이라는 대중적 이미지와 함께 오사카 사람들의 소박한 삶의 철학을 담고 있다. 이를 활용해 오사카는 다코야키를 테마로 한 음식 박람회와 쿠킹 클래스 등을 개최하며 도시 관광을 활성화하고 있다. 비슷한 맥락에서, 스페인의 발렌시아는 지역의 대표 음식인 파에야Paella를 통해 도시 이미지를 새롭게 정의했다. 발렌시아는 파에야 축제를 열어 관광객

〈그림 38〉 인천 차이나타운 포토존[1]

에게 요리의 유래와 조리 과정을 체험하게 함으로써 단순히 음식을 판매하는 것을 넘어 지역의 문화를 알리는 데 성공했다.

음식 없는 도시라면 어떨까? 미국의 애리조나주에서는 사막 지역이라는 지리적 특성을 활용해 '선인장을 재료로 한 음식' 문화를 개발했다. 이 지역의 레스토랑들은 선인장을 활용한 샐러드, 주스, 디저트를 선보이며 지역 특산물로 자리 잡게 했다. 이는 단순히 독특한 재료를 사용하는 것에 그치지 않고, 지역의 자연환경과 주민의 삶을 반영한 흥미로운 스토리텔링을 통해 음식과 지역의 결속을 강화한 것이다.

푸드 콘텐츠는 방송 및 디지털 미디어를 통해 지역 경제에 다양한 방식으로 영향을 미친다. 대표적인 사례로 SBS의 「백종원의 골목식당」이 방영된 지역들은 방송 이후 식당 방문객 수가 평균 120~200% 증가했으며, 지역 상권 활성화 효과로 인해 관광객 수 또한 50~80% 상승하는 결과를 보였다. 해당 방송을 통해 소개된 음식점들은 SNS 및 유튜브를 통한 추가적인 바이럴 효과를 얻으면서, 방송 후에도 지속적인 경제적 성장을 이어가는 특징을 보였다.

넷플릭스의 다큐멘터리 시리즈 「셰프의 테이블」은 특정 셰프의 레스토랑을 소개하며 방영 이후 해당 레스토랑의 예약 대기 시간이 수개월 이상 증가하는 경제적 효과를 창출했다. 이는 방송과 디지털 플랫폼이 특정 음식점과 지역을 브랜딩하는 데 있어 강력한 영향을 미친다는 점을 보여준다. 또한 전주 비빔밥은 유튜브 푸드 콘텐츠를 통해 국제적인 브랜드로 성장했으며, 제주 흑돼지는 미디어 노출 이후 관광객 방문율이 급증하는 사례를 보였다. 2025년 현재 유튜브 푸드크리에이터 1인당 월 평균 수익은 1,200만 원(한국콘텐츠진흥원)으로 2020년 대비 3.4배 증가했다.

틱톡에서 "#먹방"이란 해시태그가 달린 동영상은 1초에 38개씩 업로드되며, OTT 푸드 다큐 시청 시간은 3년 새 217% 늘었다. 이처럼 푸드 콘텐츠는 단순한 미디어 콘텐츠를 넘어 특정 지역의 음식과 문화를 널리 알리고 경제적 효과를 창출하는 중요한 고유 미디어 자산으로 기능하고 있다.

음식이 통합적 푸드 콘텐츠로서 기능할 때, 그것은 도시의 이미지를 새롭게 정의하고, 방문객에게는 잊을 수 없는 매력적인 경험을 제공하며, 지역 주민에게는 자부심과 실질적인 경제적 기회를 제공하는 핵심 동력이 된다. 성공적인 푸드 로코노미는 다음 세 가지 핵심 요소가 유기적으로 결합될 때 강력한 시너지를 발휘한다.

- **고유한 서사의 발굴과 매력적인 가공**: 모든 음식에는 이야기가 잠재되어 있다. 그 음식의 역사적 유래, 탄생 배경, 관련된 인물, 지역의 자연환경 및 문화와의 연관성 등을 깊이 탐구하고, 이를 소비자의 감성을 자극하는 흥미로운 스토리텔링 콘텐츠로 개발해야 한다. 맛뿐만 아니라 이야기에 끌리는 소비자의 심리를 파고드는 것이다 (Escalas, 2004).

- **효과적인 미디어 플랫폼을 통한 확산**: 발굴된 서사를 TV 다큐멘터리, 예능 프로그램, 유튜브 채널, SNS, 지역 기반 미디어 등 다양한 채널을 통해 효과적으로 확산시켜야 한다. 음식의 맛을 넘어 그 안에 담긴 지역의 정체성, 문화, 감성을 매력적으로 전달함으로써 잠재

방문객의 호기심과 방문 욕구를 자극하고, 지역에 대한 긍정적인 이미지를 구축해야 한다.

- **매력적인 공간 경험의 디자인**: 음식을 매개로 한 총체적인 경험을 디자인하는 것이 중요하다. 단순히 맛있는 식당 하나가 아니라, 음식과 관련된 스토리가 살아 숨 쉬는 거리, 지역 생산자와 소비자가 교류하는 활기찬 장터, 음식을 주제로 한 다채로운 축제와 이벤트가 열리는 광장 등 매력적인 물리적 공간을 조성해야 한다. 이러한 공간은 푸드 콘텐츠가 펼쳐질 무대이자, 방문객과 시민, 생산자와 판매자가 상호작용하며 지역 공동체의 활력을 만들어가는 공유지가 된다 (Pine & Gilmore, 1999).

이 세 가지 요소가 선순환 구조를 이루며 작동할 때, 푸드 로코노미는 비로소 지역사회에 실질적인 재생 효과를 가져올 수 있다. 이제 그 구체적인 효과를 경제적, 사회적, 문화적 측면에서 더 자세히 살펴보자.

경제적 재생 효과: 일자리 창출과 지역 소득 증대

푸드 로코노미가 지역사회에 가져오는 가장 가시적인 효과는 단연 '경제적 활력 증진'이다. 지역의 식자원과 음식 문화를 기반으로 한 다양한 산업 활동은 새로운 부가가치를 창출하고 지역 경제 전반에 긍정적인 파급 효과를 미친다.

첫째, 농림어업 및 식품 가공·유통 분야에서 새로운 일자리가 창출된다. 로컬푸드에 대한 수요 증가는 지역 농어민의 안정적인 판로 확보와 소득 증대로 이어진다. 전북 완주군의 용진농협 로컬푸드 직매장은 이러한 성공 모델을 잘 보여준다. 단순히 신선한 농산물을 판매하는 것을 넘어, 생산자의 얼굴과 스토리를 전면에 내세우고 소비자와의 신뢰를 구축함으로써 연 매출 100억 원 이상을 달성했으며, 이는 지역 농가의 소득 증대와 더불어 매장 운영 및 관리를 위한 신규 고용 창출에도 크게 기여했다(조선일보, 2023). 또한 지역 특산물을 활용한 HMR(가정간편식), 밀키트, 전통주, 디저트 등 고부가가치 가공식품 개발은 식품 제조업 및 유통업의 성장을 견인하며 관련 일자리를 만들어낸다.

둘째, 외식 산업과 관광 산업이 활성화된다. 지역의 고유한 맛과 스토리를 경험하기 위해 찾아오는 미식 관광객의 증가는 지역 식당, 숙박 시설, 운송업 등 관련 서비스 산업의 매출 증대로 직접 이어진다. 부산의 돼지국밥 거리, 전주 한옥마을의 음식점들, 강릉의 커피 거리 등은 음식을 중심으로 형성된 대표적인 관광 명소다. 이들 지역에서는 음식점뿐만 아니라 주변 상권 전체가 활기를 띠며, 지역 축제나 이벤트와 연계될 경우 그 경제적 효과는 더욱 커진다. 예를 들어, 담양의 대나무축제는 죽순 요리 등 지역 음식을 함께 홍보하며 많은 관광객을 유치하고 있으며, 이는 지역 경제 활성화에 중요한 역할을 한다. 최근에는 단순히 맛집을 찾아다니는 것을 넘어, 쿠킹 클래스, 농장 체험, 푸드 투어 등 체험형 미식 관광 상품이 인기를 끌면서 관광 산업의 질적 성장에도 기여하고 있다.

셋째, 지역 브랜드 가치 상승 및 연관 산업 발전을 촉진한다. 특정 음식이 지역을 대표하는 강력한 브랜드로 자리 잡으면, 해당 지역 전체의 이미지 제고 효과를 가져온다. 임실 치즈는 단순한 유가공품을 넘어 임실군 전체를 대표하는 브랜드가 되었고, 이를 활용한 임실치즈테마파크는 연간 수십만 명의 방문객을 유치하는 핵심 관광 자원이 되었다. 고흥 유자, 진도 대파, 창녕 마늘 등 지역 특산물을 활용한 대기업과의 협업 제품 출시는 해당 지역 농산물의 인지도와 가치를 높이는 동시에 기업에게는 새로운 성장 동력을 제공하는 윈윈Win-Win 전략으로 주목받고 있다(비즈워치, 2024). 이처럼 음식 브랜드의 성공은 식품산업을 넘어 문화, 관광, 디자인 등 다양한 연관 산업의 동반 성장 가능성을 열어준다.

물론 이러한 경제적 효과를 정확히 측정하고 지속가능성을 확보하는 것은 여전히 과제로 남아 있다. 단기적인 매출 증대에만 집중하기보다, 지역 경제 구조 전반에 긍정적인 영향을 미치고 그 혜택이 지역사회 구성원들에게 고루 돌아갈 수 있도록 장기적인 관점에서 전략을 수립하고 평가하는 노력이 필요하다.

사회적 재생 효과: 공동체 활성화와 관계 회복

푸드 로코노미는 단순히 경제적 부흥만을 가져오는 것이 아니라, 지역사회 내부의 관계를 회복하고 공동체의 활력을 되찾는 중요한 사회적 기능을 수행한다. 음식을 매개로 사람들이 모이고 소통하며 협력하는 과정에서 사회적 자본Social Capital이 축적되고 지역사회의 응집력이 강화될 수 있다.

첫째, 지역 주민의 참여를 기반으로 한 공동체 의식이 강화된다. 지역 음식을 주제로 한 축제나 이벤트를 주민들이 직접 기획하고 운영하는 과정은 참여자들에게 소속감과 유대감을 심어준다. 마을 주민들이 함께 운영하는 공동 식당, 음식 나눔 행사, 향토 음식 조리법 전수 프로그램 등은 주민 간의 교류를 촉진하고 세대 간의 소통을 활성화하는 계기가 된다. 이러한 활동들은 단순히 음식을 만들고 나누는 것을 넘어, 공동의 목표를 위해 협력하는 경험을 통해 지역사회의 문제 해결 능력을 키우고 주민 자치를 실현하는 토대를 마련한다.

둘째, 생산자와 소비자 간의 신뢰 관계가 구축되고 사회적 연결망이 확장된다. 로컬푸드 직매장이나 파머스 마켓은 소비자들이 자신이 먹는 음식의 생산 과정을 직접 확인하고 생산자와 얼굴을 맞대고 소통할 수 있는 기회를 제공한다. 이러한 투명한 정보 공개와 인간적인 교류는 단순한 거래 관계를 넘어 상호 신뢰와 존중의 관계로 발전할 수 있다. 소비자는 안전하고 신선한 먹거리를 얻고, 생산자는 안정적인 판로와 정당한 대가를 받으며 자부심을 느낀다. 나아가 이러한 관계는 도시와 농촌 간의 교류를 활성화하고, 소비자들이 지역 농업과 환경 문제에 관심을 갖도록 유도하는 사회적 학습의 장이 되기도 한다.

셋째, 청년 및 귀농·귀촌 인구 유입을 촉진해 지역사회에 새로운 활력을 불어넣을 수 있다. 지역 고유의 식자원과 음식 문화를 활용한 창업 기회는 도시를 떠나 새로운 삶을 모색하는 청년들에게 매력적인 대안이 될 수 있다. 지역 특산물을 활용한 개성 있는 카페나 레스토랑 창업, 전통주 양조장 운영, 미식 관광 스타트업 등은 청년들의 창의적인 아이디어와 열정이 지역사회에 새로운 바람을 일으키는 사례들이다. 지자체나 민간 차원에서 청년 셰프 육성 프로그램이나 로컬푸드 창업 지원사업 등을 적극적으로 추진하는 것은 지역의 미래를 위한 중요한 투자가 될 수 있다.

하지만 푸드 로코노미의 사회적 효과 이면에는 젠트리피케이션

Gentrification과 같은 부작용의 가능성도 존재한다. 특정 지역이 음식으로 유명해지면서 임대료가 상승하고, 그 결과 기존의 영세 상인이나 주민들이 밀려나는 현상이 발생할 수 있다. 따라서 푸드 로코노미를 추진할 때는 이러한 사회적 갈등을 예방하고, 개발의 혜택이 지역사회 구성원 모두에게 공정하게 돌아갈 수 있도록 세심한 정책적 고려와 사회적 합의 과정이 반드시 필요하다.

문화적 재생 효과: 지역 정체성 강화와 자긍심 고취

푸드 로코노미는 경제적, 사회적 효과를 넘어 지역의 고유한 문화적 정체성을 강화하고 주민들의 자긍심을 높이는 중요한 역할을 수행한다. 음식은 단순한 생존 수단을 넘어 한 지역의 역사, 환경, 생활양식, 가치관을 반영하는 문화 그 자체이기 때문이다.

첫째, 잊혀가던 향토 음식과 전통 조리법을 복원하고 계승하는 기회를 제공한다. 산업화와 도시화 과정에서 사라질 위기에 처했던 지역의 고유한 음식 문화유산을 발굴하고 현대적으로 재해석하려는 노력은 푸드 로코노미의 중요한 축이다. 종가宗家 음식의 상품화, 지역 특색을 살린 전통주의 복원 및 대중화, 향토 음식 조리법 기록 및 교육 프로그램 운영 등은 지역의 고유한 식문화 유산을 보존하고 다음 세대로 전승하는 데 기여한다. 이는 지역 문화의 다양성을 풍부하게 하고, 과거와 현재를 잇는 문화적 연속성을 확보하는 의미를 갖는다.

둘째, 음식 스토리를 활용해 다채로운 지역 문화 콘텐츠를 개발할 수 있다. 음식의 유래담, 관련된 역사적 사건이나 인물, 지역 축제와의 연관성 등은 그 자체로 흥미로운 이야기 자원이다. 이를 활용해 음식 박물관 건립, 음식 테마 거리 조성, 음식 관련 공연이나 전시 기획, 스토리텔링 기반의 미식 투어 상품 개발 등 다양한 문화 콘텐츠를 창출할 수 있다. 이러한 콘텐츠는 방문객에게는 특별한 문화적 경험을 제공하고, 지역 주민에게는 자신들의 문화에 대한 이해와 자부심을 높이는 계기가 된다. 안동의 '헛제삿밥'처럼 제사 음식이라는 독특한 스토리를 관광 상품화한 사례는 음식과 문화 콘텐츠의 성공적인 결합을 보여준다.

셋째, 미디어를 통해 지역 음식 문화를 효과적으로 확산시켜 지역 이미지를 긍정적으로 제고할 수 있다. 앞서 언급했듯이, TV 프로그램이나 유튜브 등 대중 매체를 통해 지역 음식이 매력적으로 소개되는 것은 해당 지역에 대한 인지도와 호감도를 높이는 데 결정적인 역할을 한다. 특히 최근에는 지역의 식재료와 레시피뿐만 아니라, 그 음식을 둘러싼 사람들의 이야기, 아름다운 자연 풍광, 고유한 문화적 분위기까지 함께 담아내는 감성적인 푸드 콘텐츠가 주목받고 있다. 이러한 콘텐츠는 단순히 '맛있는 음식'을 넘어 '가보고 싶은 곳', '살고 싶은 곳'으로서의 지역 이미지를 구축하는 데 기여한다.

그러나 문화적 재생 효과를 추구하는 과정에서 획일화된 관광 상품화나 문화적 본질의 왜곡을 경계해야 한다. 외부 관광객의 입맛에 맞추기 위해 음식의 고유한 맛과 특성을 잃어버리거나, 상업적인 성공만을 위해 스토리를 과장하거나 변질시키는 것은 장기적으로 지역 문화의 진정성을 훼손할 수 있다. 따라서 푸드 로코노미를 통한 문화적 재생은 지역 문화의 다양성을 존중하고 그 본질적 가치를 보존하려는 노력과 균형을 이루어야 한다.

지역을 품은 브랜드 '성심당'

1956년 통일호가 고장 나 대전역에 멈춰 섰을 때, 성심당聖心堂의 임길순 창업자는 그곳에 천막을 치고 찐빵을 팔기 시작했다. 그러나 이 작은 행위는 단순한 창업 스토리를 넘어, 대전이라는 도시와 불가분의 관계를 맺는 '브랜드의 씨앗'이 되었다. '성심당'이라는 이름은 단지 상호명이 아니라, 지역을 품은 마음의 표현이었다. 이처럼 장소 기반의 탄생 서사는 소비자와 브랜드의 정서적 유대감Emotional Bonding을 형성한다. 성심당은 대전을 떠나지 않았고, 대전은 성심당을 통해 '도시의 맛'을 만들었다. 이는 푸드 로코노미가 강조하는 지역성과 장소성Place Identity의 가치가 어떻게 브랜드를 통해 구현될 수 있는지를 잘 보여준다.

성심당의 비즈니스 모델은 '수익을 통한 확장'이 아니라 '나눔을 통한 내면화'에 가까웠다. 하루 생산량의 3분의 1을 기부하며, 수십 년간 고아원과 노인정에 빵을 나눠준 행위는 단지 선한 활동이 아닌, 지역경제의 순환 시스템으로 자리 잡았다. 현대 푸드 브랜드는 단순한 CSR을 넘어서, 지역사회와의 관계 속에서 브랜드의 윤리성과 지속가능성을 증명해야 한다. 성심당은 이를 행동으로 실현했다. 이 방식은 푸드 로코노미가 단순히 '먹거리'를 팔고 끝나는 경제 모델이 아니라, 관계 기반의 경제Relationship-based Economy라는 사실을 뚜렷하게 보여준다.

대전역 플랫폼에 '부산오뎅'과 '경주빵집'만 보이던 시절, 대전시가 성심당을 플랫폼에 입점시키기로 결정한 것은 매우 전략적인 공공 마케팅이었다. 이는 지역 브랜드가 도시의 얼굴로 작동할 수 있음을 보여준 대표적 사례다. 관광객은 대전역에서 성심당을 만나고, 그 빵을 먹고, 그 이야기를 전하며 도시의 이미지를 새긴다. 이는 푸드 브랜드가 지역 콘텐츠

〈그림 39〉 성심당의 대표 상품인 튀김소보로[2]

이자 도시 아이덴티티로 기능할 수 있다는 점에서 지속 가능한 푸드 로코노미의 이상적인 그림을 제시한다.

성심당은 서울 소공동 백화점 팝업스토어에서 대성공을 거두었음에도, 본점을 제외한 확장을 하지 않기로 결정했다. 이는 장소성과 정체성 사이의 경계를 명확히 하려는 전략적 판단이었다. "돈은 더 벌겠지만, 본질을 잃을 수 있다." 이 말은 단순히 감성적인 선택이 아니라, 브랜드 철학의 실천이다. 푸드 로코노미는 자본주의적 확장 논리보다 '지속 가능한 존재 방식'을 우선시한다.

푸드 로코노미는 지역 식당 몇 개를 살리기 위한 임시방편이 아니다. 그것은 도시가 자체의 문화 자본을 재구성하고, 지역민과의 관계를 회복하며, 도시 브랜드를 세계화할 수 있는 전략적 플랫폼이다. 성심당은 이 모든 것을 실현한 브랜드다. 빵 하나가 도시를 살릴 수 있을까? 성심당은 그 질문에 "예"라고 답한다. 그리고 이 "예"는 단순한 구호가 아닌, 수십 년간 지속된 실천과 지역과의 공생에서 나왔다.

지속 가능한 푸드 로코노미를 향해

지금까지 살펴본 바와 같이, '푸드 로코노미'는 단순히 지역 음식을 소비하는 것을 넘어, 쇠락한 지역사회에 경제적 활력을 불어넣고, 사회적 관계를 회복하며, 고유한 문화적 정체성을 강화하는 다층적인 재생 효과를 가져올 수 있는 강력한 전략이다. 한 그릇의 국밥, 한 접시의 비빔밥이 도시를 살릴 수 있다는 말은 더 이상 막연한 기대나 수사가 아니다. 그것은 이미 대한민국 곳곳에서, 그리고 세계 여러 지역에서 현실로 증명되고 있는 가능성이다.

그러나 푸드 로코노미의 성공은 결코 쉽게 얻어지지 않는다. 그 성공은 경제적, 사회적, 문화적 효과가 서로 조화롭게 균형을 이룰 때 비로소 지속 가능해진다. 단기적인 경제적 성과나 관광객 유치 실적에만 매몰되지 않고, 지역 공동체의 역량을 강화하고 문화적 진정성을 지키려는 장기적인 안목과 철학이 필요하다. 또한, 앞에서 강조했듯이, 지역 음식이 '반찬'이 아닌 진정한 '주인공'으로 거듭나기 위해서는 지역 농민, 상인, 요리사, 문화 기획자, 행정가, 그리고 무엇보다 지역 주민들이 함께 참여하고 협력하는 '식탁 위의 거버넌스Governance on the Table' 구축이 필수적이다. 지역의 미래를 함께 고민하고 만들어가는 공동의 노력이 뒷받침될 때, 비로소 음식은 지역을 되살리는 지속 가능한 동력이 될 수 있다.

이제 다시 처음의 질문으로 돌아가보자. 당신이 살고 있는 도시는 과연 어떤 맛과 이야기를 품고 있는가? 그리고 그 맛은, 침체된 도시에 새로운 활력을 불어넣고, 사람들을 연결하며, 지속 가능한 미래를 열어갈 준비가 되어 있는가? 그 답을 찾아가는 여정이야말로, 우리 시대 지역 재생의 가장 흥미롭고 맛있는 도전이 될 것이다.

콘텐츠가 된 시골 장터

푸드 페스티벌은 '먹는 행사'가 아니다

장터에서 축제로, 축제에서 콘텐츠로

사계절의 순환은 예로부터 우리 땅의 음식과 함께 흘러왔다. 봄이면 향긋한 딸기가 지천이었고, 여름밤엔 시원한 맥주로 갈증을 달랬으며, 가을걷이가 끝나면 온 마을이 김장으로 떠들썩했고, 꽁꽁 언 겨울 강에선 얼음낚시로 잡은 빙어가 별미였다. 이처럼 계절의 맛을 즐기는 것은 곧 그 땅과 지역을 온몸으로 기억하는 방식이었다. 그리고 마을 어귀에 서던 오래된 장터는 그 기억과 삶의 이야기를 잇는 소중한 공간이었다. 하지만 시대가 변하면서, 정겨운 시골 장터는 화려한 '축제'의 옷을 입기 시작했다. 그리고 이제, 그 축제는 다시 한번 변모해 손안의 스크린을 통해 소비되는 '미디어 콘텐츠'가 되고 있다.

지역 음식 축제가 이토록 극적인 변화를 겪게 된 이유는 무엇일까? 답은 의외로 간단하다. 사람들의 움직임, 즉 이동과 소비의 패턴이 바뀌었고, 그 변화의 중심에는 우리의 일상을 지배하는 '스크린'이 자리 잡고 있기 때문이다. 스마트폰 화면 속 몇 초짜리 짧은 영상 하나가 수만 명의 발걸음을 특정 지역으로 향하게 하고, 인스타그램 피드에 올라온 먹음직스러운 음식 사진 한 장이 지역 경제 전체를 들썩이게 만드는 시대다. 이제 음식은 단순히 혀끝으로만 맛보는 대상이 아니다. 우리는 눈으로 먼저 음식을 '보고', 손가락으로 관련 정보를 '검색'하고, '좋아요'를 눌러 공감을 표현한 뒤에야 비로소 입으로 가져간다. 이러한 거대한 미디어 환경의 변화 속에서, 푸드 페스티벌은 과연 어떻게 지역에 새로운 활력을 불어넣고, 지역 공동체를 다시 태어나게 하는 동력이 될 수 있을까?

기존 푸드 페스티벌의 문제점

국내 푸드 페스티벌의 가장 큰 함정은 아이러니하게도 '음식'이다. 지역 특산물이나 계절 식재료를 내세워 축제를 기획하면 초기에는 관객의 호기심을 끌 수 있다. 하지만 그것이 단순한 '판매 행사'에 머무를 경우, 소비자는 두 번째 방문을 망설이게 된다. 왜일까? 그곳에 '이야기'가 없기 때문이다. 광주 김치축제가 김치를 넘어 '발효 문화'와 '여성의 손맛'이라는 서사를 입혔기에 지속 가능했듯, 성공하는 축제는 음식에 인문적·문화적 맥락을 부여한다. 반면 수많은 지역 축제들은 '먹거리 장터' 수준을 벗어나지 못한 채 매년 반복된다. 이로 인해 방문객의 체류 시간은 짧고, SNS에 공유될 '기억의 장면'도 희미하다.

전국 어디를 가도 딸기축제, 김치축제, 고추축제, 전어축제, 감자축제가 있다. 하지만 그중 몇 곳이나 '꼭 가야 할' 축제로 남아 있을까? 축제 콘텐츠의 기획 방식이 중앙정부 공모형 구조에 갇혀 있어, 비슷한 양식의 기획서와 복제된 프로그램이 반복되고 있다. 체험 부스, 지역예술 공연, 시식 코너, 풍선아트…… 이런 구성은 더 이상 새롭지 않다. 이로 인해 도시 간 경쟁이 사라지고, 소비자 선택의 피로도는 증가하고 있다. 축제를 브랜딩하겠다는 전략은 획일화된 이미지의 확산으로 귀결되고 있으며, 이는 결과적으로 지역의 독창성 상실로 이어진다. '그 도시만의 무엇'이 사라지면, 푸드 페스티벌은 그저 또 하나의 관례적인 이벤트에 불과하다.

푸드 페스티벌은 음식을 넘어야 한다. 그것이 진정한 지역문화 축제가 되기 위해서는 서사적 기획, 지속 가능한 경제 환류 구조, 디지털 전략, 시민 참여의 민주적 구조가 뒷받침되어야 한다. 단순히 먹고 마시는 자리에서, 함께 만들고 기억하고 공유하는 '플랫폼'으로의 전환이 시급하다.

축제가 콘텐츠가 되는 순간

푸드 미디어타이제이션이라는 개념은 단순히 TV 요리 프로그램이나 인터넷 먹방의 유행만을 의미하는 것이 아니다. 이는 음식이 단순한 먹거리를 넘어, 미디어를 통해 매개되고 재구성되어 하나의 문화적 텍스트이자 사회적 의미를 지닌 '콘텐츠'로 전환되는 거시적인 과정을 포괄한다(Hepp & Couldry, 2019). 그리고 이러한 푸드 미디어타이제이션 현상이 가장 역동적으로 펼쳐지는 무대 중 하나가 바로 지역 음식 축제다.

한국의 여러 성공적인 음식 축제들을 살펴보면 이러한 경향은 더욱 뚜렷해진다. 봄철 상춘객을 유혹하는 논산 딸기축제, 한여름 밤의 열기를 식혀주는 대구 치맥페스티벌, 한국인의 정체성과 손맛을 나누는 광주 김치문화축제, 혹한 속 짜릿한 손맛을 선사하는 화천 산천어축제 등은 각 지역의 대표적인 특산물을 전면에 내세우면서도, 창의적인 콘텐츠 기획력과 영리한 미디어 활용 전략을 통해 전국적인 명성을 얻었다. 이 축제들은 더 이상 단순히 특정 음식을 맛보는 자리에 머무르지 않는다. 방문객들은 축제 현장에서 음식을 먹는 행위 자체만큼이나, 혹은 그 이상으로 인증샷을 찍어 소셜 미디어에 공유하고, 특별한 '경험'을 구매하며, 그 경험을 다시 온라인상에서 이야기로 만들어 퍼뜨리는 데 열중한다. 축제는 음식을 매개로 한 거대한 '경험 설계Experience Design'의 장이자, 끊임없이 새로운 콘텐츠가 생산되고 유통되는 미디어 플랫폼으로 진화하고 있는 것이다(Pine & Gilmore, 1999).

지역 재생의 엔진: 푸드 페스티벌의 경제, 사회, 문화적 효과

푸드 페스티벌이 미디어 콘텐츠로서 강력한 힘을 발휘하면서, 이는 지역사회에 다층적인 재생 효과를 가져오는 중요한 동력으로 작용하고 있다. 그 효과는 단순히 경제적인 측면을 넘어 사회적, 문화적 영역까지 폭넓게 나타난다.

- **경제적 활력 창출**: 가장 직접적인 효과는 역시 지역 경제 활성화다. 잘 기획된 푸드 페스티벌은 수많은 방문객을 유치하며 숙박, 교통, 식음료, 기념품 판매 등 관련 산업 전반에 걸쳐 상당한 경제적 파급 효과를 창출한다(Getz & Page, 2016). 예를 들어, 성공적인 축제는 지역 농특산물의 판매 증진은 물론, 새로운 일자리 창출과 지역 소상공인 소득 증대에 직접적으로 기여한다. 또한 축제를 통해 형성

된 긍정적인 지역 이미지는 장기적으로 투자 유치나 귀농·귀촌 인구 증가로 이어질 수도 있다. 완주 로컬푸드 직매장의 성공 사례처럼, 축제가 지역 농산물의 안정적인 판로 확보와 부가가치 창출의 핵심 동력이 되기도 한다.

- **사회적 자본 형성 및 공동체 강화**: 푸드 페스티벌은 지역 주민들이 함께 축제를 준비하고 운영하는 과정에서 자연스럽게 소통하고 협력하는 기회를 제공한다. 이는 주민들 간의 유대감을 강화하고, 지역사회의 응집력을 높이는 중요한 사회적 자본 형성의 계기가 된다(Arcodia & Whitford, 2007). 축제 자원봉사 참여, 지역 문화 공연, 주민 주도 프로그램 운영 등은 주민들에게 지역사회의 일원으로서 소속감과 자긍심을 느끼게 하며, 이는 곧 지역 발전에 대한 자발적인 참여와 관심으로 이어진다. 특히 고령화나 인구 감소 문제를 겪는 농어촌 지역에서 축제는 세대 간 교류를 촉진하고 공동체에 활력을 불어넣는 소중한 기회가 될 수 있다.

- **문화적 정체성 강화 및 지역 브랜딩**: 음식은 그 지역의 역사, 자연환경, 생활양식이 응축된 문화 그 자체다. 푸드 페스티벌은 이러한 지역 고유의 음식 문화를 방문객들에게 매력적으로 선보임으로써, 지역의 독특한 문화적 정체성Cultural Identity을 강화하고 효과적인 지역 브랜딩Place Branding 수단으로 작용한다(Richards, 2020). 축제를 통해 특정 음식이 그 지역을 대표하는 상징으로 자리 잡게 되면, 이는 강력한 브랜드 자산이 된다. 예를 들어, '전주' 하면 비빔밥, '안

동' 하면 찜닭, '강릉' 하면 커피를 떠올리게 되는 것처럼, 음식은 지역의 이미지를 만들고 방문객의 기억 속에 오랫동안 각인시키는 힘을 지닌다. 성공적인 푸드 페스티벌은 단순한 먹거리 축제를 넘어, 그 지역만의 고유한 매력을 발산하는 문화 플랫폼으로서 기능하는 것이다.

음식에 생명을 불어넣는 스토리텔링의 힘

푸드 페스티벌이 지역 재생의 강력한 동력이 되는 과정에서 핵심적인 역할을 하는 것이 바로 '스토리텔링'이다. 음식 그 자체의 맛과 품질도 중요하지만, 오늘날 소비자들은 음식에 담긴 이야기에 더 깊이 매료되고 감정적으로 반응한다. 축제 현장에서 만나는 한 접시의 딸기는 더 이상 단순한 과일이 아니다. 그것은 봄볕 아래 탐스럽게 익어가는 딸기를 정성껏 수확하는 농부의 땀방울, 그 딸기로 달콤한 잼을 만드는 할머니의 손맛, 그리고 아이들이 딸기밭을 뛰놀며 웃음 짓는 체험 농장의 정겨운 풍경과 연결된 '이야기'가 된다.

이러한 '스토리텔링의 전환'은 음식이 가진 물질적 속성을 뛰어넘어, 그 안에 담긴 역사, 문화, 사람들의 삶과 같은 무형의 가치를 부각시킨다. 지역의 '진짜 이야기'는 방문객들에게 깊은 인상을 남기고 감정적인 공감대를 형성하며, 이는 단순한 관광객 유치를 넘어 지역에 대한 애정과 충성도를 높이는 결과로 이어진다(Mossberg, 2007). 축제에서 경험한 감동적인 이야기는 방문객의 기억 속에 오래 남아 재방문을 유도하고, 긍정적인 구전 효과를 통해 더 많은 사람들을 불러 모은다. 또한 축제 현장에서의 특별한 경험은 지역 특산품이나 관련 상품 구매로 자연스럽게 이어지며, 이 모든 과정은 소셜 미디어와 같은 디지털 플랫폼을 통해 더욱 빠르고 광범위하게 증폭된다.

성공적인 푸드 페스티벌은 바로 이 스토리텔링의 힘을 적극적으로 활용한다. 축제의 주제 설정부터 프로그램 구성, 공간 디자인, 홍보 마케팅에 이르기까지 모든 과정에 지역 고유의 서사를 녹여내어 방문객들에게 잊지 못할 경험과 감동을 선사하는 것이다. 예를 들어, 특정 음식의 유래나 역사적 배경을 소개하는 전시, 지역 장인과 함께하는 쿠킹 클래스, 농어촌 체험 프로그램 등은 방문객들이 음식과 지역 문화에 대해 더 깊이 이해하고 공감할 수 있도록 돕는다.

김천을 김밥의 도시로 만들다: 김천김밥축제

김밥은 한국인의 도시락 문화, 간편식 문화, 그리고 가족의 기억 속에 자리 잡은 음식이다. 이처럼 일상적인 음식이 '축제'라는 특별한 무대 위로 올라오자, 그것은 더 이상 단순한 김밥이 아니라 지역의 스토리와 감성을 담은 콘텐츠로 재해석된다. 2024년 10월, 경상북도 김천시는 '김천김밥축제'를 개최했다. 이 명칭은 대중적으로 알려진 프랜차이즈 상호 '김밥천국'에서 착안했지만, 김천이라는 지명과 김밥이라는 친숙한 음식을 전략적으로 연결해 만들어낸 지역 정체성Regional Identity 기반의 브랜드 네이밍이라 할 수 있다. 즉 '김밥으로 천국 같은 축제를 만드는 도시, 김천'을 함축하는 상징적 표현이다. '김천김밥축제'는 김밥이라는 식품을 단순한 '재료'가 아닌 '스토리의 매개'이자 '미디어 콘텐츠'로 접근한다. 지역 특산물인 김천 쌀과 각종 로컬 채소를 활용해 만드는 김밥 만들기 체험은 단순한 요리 수업이 아니라, 관람객 각자의 '김밥 스토리'를 만들어 내는 인터랙티브 콘텐츠로까지 진화하고 있다.

김천김밥축제는 단순히 김밥을 전시하거나 판매하는 데 그치지 않는다. 축제의 동선은 철저히 '촬영하기 좋은' 구조로 디자인되고, 곳곳에 설치된 포토존은 방문객들이 김밥을 배경으로 자신의 스토리를 기록하고 SNS에 공유하게끔 유도한다. 이는 Pine과 Gilmore(1999)가 말한 '경험 경제Experience Economy'의 핵심 전략 중 하나다. 축제에 온 사람은 단순히 먹고 즐기는 소비자가 아니라, 축제를 함께 만드는 공동 제작자Co-creator가 된다. 김밥을 만들고, 먹고, 찍고, 올리는 이 모든 과정이 곧 하나의 '콘텐츠 생산 주기Cycle of Content Creation'로 작동하는 것이다.

〈그림 40〉 2024년 김천김밥축제 홍보물[3]

김천김밥축제의 또 하나의 특징은 '김밥'을 통해 지역 정체성을 효과적으로 브랜딩했다는 점이다. 김천은 고속철도와 산업단지로 유명한 경북의 교통 중심지이지만, 문화적으로는 다소 주목받기 어려운 지역이었다. 그러나 이 축제는 김밥이라는 누구나 친숙한 아이템에 김천의 농산물, 청년 셰프, 지역 시장 상인들의 이야기를 덧입히면서 도시의 새로운 이미지를 만들어냈다. 미디어타이제이션의 핵심은 '삶의 사회적 의미들이 미디어적으로 재구성되는 과정'이다. 이 관점에서 보면, 김천김밥축제는 김밥이라는 익숙한 오브제를 통해 지역사회의 가치를 재정의하고 그것을 미디어적으로 구조화한 탁월한 사례다.

특히 '#내인생김밥 챌린지'는 SNS 사용자들의 참여를 적극 유도하며 푸드 미디어타이제이션의 상징적 장면을 만들어냈다. 관람객이 만든 김

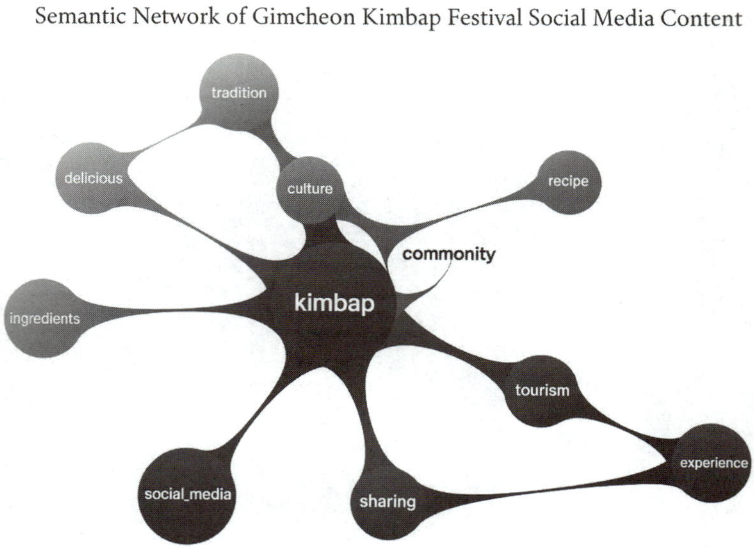

〈그림 41〉 김천김밥축제 관련 언어 네트워크[4]

밥의 사진이나 영상을 SNS에 업로드하면, 이를 실시간으로 축제 현장의 대형 스크린에 보여주는 시스템은 미디어 참여의 주체가 관람객임을 명확히 한다. 이러한 유저 제작 콘텐츠UGC: User Generated Content는 축제 이후에도 온라인상에서 김천의 브랜드 이미지를 확산시키는 장기적 효과를 낳는다. 다시 말해, 축제는 사흘간 열리지만 김밥 콘텐츠는 온라인 공간에서 수개월 이상 유통되고 공유되며 '지속 가능한 미디어 자산'으로 전환된다. 이 효과를 알아볼 수 있는 방법은 유저들의 소셜 미디어 코멘트들이 어떻게 확산되고 구성되는지를 분석해서 알아볼 수 있다. 적은 마케팅 비용으로도 축제뿐 아니라 김천시를 보다 매력 있는 브랜드로 만드는 데 일조한 것이다.

나아가 김천시는 이 축제를 계기로 김밥 레시피, 셰프 인터뷰, 지역 식재료 정보 등을 아카이빙해 '김밥 디지털 뮤지엄'을 구축하려는 시도를 하고 있다. 이는 단기적 이벤트를 장기적 도시 콘텐츠 플랫폼으로 확장하

〈그림 42〉 김천김밥축제 관련 언론의 호평[5]

는 전략으로, 관광객이 아니라 '콘텐츠 사용자'를 확보하려는 노력이기도 하다. 실제로 디지털화된 축제 콘텐츠는 향후 지역 교육, 관광, 푸드 스타트업 협력 등 다양한 확장 가능성을 지닌다. 축제를 콘텐츠화하고, 콘텐츠를 플랫폼화하며, 플랫폼을 지역 경제와 연결시키는 3단계 전략은 지역축제의 새로운 모범을 제시한다.

김천김밥축제는 말 그대로 '김밥이 천국이 되는' 순간이자, 지역의 삶과 문화, 공동체가 하나의 미디어적 경험으로 응축되는 순간이다. 디지털 미디어 환경 속에서 음식은 더 이상 소비의 대상이 아니라 경험하고, 기록하고, 유통하고, 확산시키는 '살아 있는 문화 콘텐츠'가 되었다. 김천의 소박한 김밥이 미디어적 재구성을 거쳐 세계 어디에 내놓아도 손색없는 도시 콘텐츠가 되었듯, 앞으로의 지역축제는 어떤 음식을 다루느냐보다, 어떻게 그 음식을 콘텐츠로 기획하고 미디어로 확장하느냐에 따라 성공 여부가 갈릴 것이다.

도전 과제와 지속가능성: 축제의 그늘과 나아갈 길

지역 브랜딩은 특정 지역을 독특하고 매력적인 장소로 자리매김하기 위한 전략적 노력이다. 이 과정에서 푸드 페스티벌은 매우 효과적인 매개체가 될 수 있다. 예를 들어, '화이트 트러플 페스티벌White Truffle Festival'은 지역의 독특한 식재료인 트러플을 중심으로 관광객을 유치한다. 이탈리아 피에몬테주의 알바Alba를 비롯한 여러 지역에서 매년 가을, 주로 10월에서 11월 사이에 열리는 세계적으로 유명한 미식 축제로 이 축제를 통해 알바는 단순히 트러플의 생산지에서 벗어나, 세계적인 미식 중심지로 자리 잡았다.

푸드 페스티벌이 가져오는 긍정적인 효과에도 불구하고, 우리가 간과해서는 안 될 도전 과제들도 분명히 존재한다. 가장 큰 우려는 지나친 상업화와 획일화다. 단기적인 경제적 성과에만 집중하다 보면, 축제가 본래 가지고 있던 지역 고유의 색깔과 진정성을 잃어버리기 쉽다. 방문객의 입맛에 맞춘 자극적이고 획일적인 메뉴 개발은 오히려 지역 식문화의 다양성을 해치고 변질시킬 수 있으며, 무분별한 바가지요금이나 쓰레기 문제 등은 축제에 대한 부정적인 이미지를 심어줄 수 있다.

실제로 일부 지역에서는 음식 축제가 특색 없는 '인증샷 명소'로 전락하거나, 지역 주민들의 삶과는 동떨어진 그들만의 잔치로 변질되는 안타까운 사례도 발생하고 있다. 따라서 푸드 페스티벌의 성공적인 지속가능성Sustainability을 위해서는 경제적 성과뿐만 아니라 사회적, 문화적, 환경적 측면을 균형 있게 고려하는 통합적인 접근이 필수적이다(Hall & Sharples, 2004). 축제 기획 단계에서부터 지역 주민들의 의견을 적극적으로 수렴하고, 지역의 고유한 문화와 전통을 존중하며, 환경 부담을 최소화하려는 노력이 필요하다. 또한 축제를 통해 얻은 수익이 다시 지역사회에 환원되고, 주민들의 삶의 질 향상에 기여하는 선순환 구조를 만드는 것이 중요하다.

푸드 페스티벌의 성공은 콘텐츠에 달려 있다

결론적으로, 오늘날 푸드 페스티벌은 단순히 음식을 먹고 즐기는 행사를 넘어, 지역의 이야기를 담고 문화를 교류하며 공동체를 활성화하는 복합적인 미디어 콘텐츠 플랫폼으로 진화하고 있다. 그것은 먹는 자리이면서 동시에 말하는 자리이고, 보는 자리이며, 경험하는 자리이다. 그리고 이 자리를 어떻게 창의적으로 디자인하고 의미 있게 채워나가느냐에 따라, 쇠락해가던 시골 장터와 지역 공동체의 미래가 달라질 수 있다.

음식은 사람을 모으고, 이야기는 마음을 움직이며, 미디어는 그 힘을 증폭시킨다. 푸드 페스티벌은 이 세 가지 요소가 만나 시너지를 창출하는 강력한 촉매제다. 지금 이 순간, 당신이 무심코 넘기는 스마트폰 속 화려한 축제 사진 한 장이, 어쩌면 어느 시골 장터의 운명을 바꾸고, 지역사회에 새로운 희망의 씨앗을 뿌리고 있는지도 모른다. 중요한 것은 그 씨앗을 어떻게 가꾸고 키워나갈 것인가에 대한 깊은 고민과 지혜로운 실천이다.

마치는 글

식탁 위의 미래, 연결된 맛의 세계

우리는 이 책과 함께 긴 여정을 함께 걸어왔다. 햄버거 광고 속 먹음직스러운 이미지의 비밀에서 출발해, 소비자의 기억 속에 각인되는 한 조각의 추억, 맛보다 강력한 스토리텔링의 힘을 탐색했다. 소셜 미디어를 뜨겁게 달군 먹방 크리에이터들의 영향력과 그 이면의 그림자를 살폈고, 푸드테크가 바꾸는 식탁의 풍경과 배달 앱의 알고리즘 속 숨겨진 욕망을 들여다보았다. 나아가 음식이 단순한 먹거리를 넘어 미디어 콘텐츠가 되는 '푸드 미디어타이제이션' 현상을 분석하고, 지역의 맛이 어떻게 도시를 살리는 '푸드 로코노미'의 동력이 되며, 시골 장터가 화려한 '푸드 페스티벌'로 변모해 미디어 콘텐츠로 소비되는 과정을 목격했다.

이 책을 관통하는 핵심 질문은 이것이었다. "오늘날 우리는 무엇을, 어떻게 먹고 소통하는가?" 그리고 그 답은 결코 단순하지 않다. 음식은 더 이상 생존을 위한 영양 공급원이나 미각적 즐거움의 대상에만 머무르지 않는다. 그것은 우리의 정체성을 표현하는 기호이자, 사회적 관계를 맺는 매개체이며, 문화를 창조하고 경제를 움직이는 강력한 동력이다. 특히 디지털 미디어 기술의 발달은 음식과 우리의 관계를 근본적으로 재편하고 있다. 우리는 스크린을 통해 음식을 '보고', '듣고', '경험'하며, 그 과정에서 새로운 욕망과 의미를 만들어낸다.

푸드커뮤니케이션의 세계는 그 어느 때보다 역동적이고 복잡하게 진화하고 있다. 인공지능AI은 개인의 취향과 건강 상태에 맞는 최적의 레시피를 추천하고, 가상현실VR과 증강현실AR 기술은 시공간을 초월한 미식 경험을 가능하게 할 것이다. 지구 반대편의 유명 셰프와 함께 요리하고, 역사 속 왕의 식탁을 가상으로 체험하는 날이 머지않았다. 푸드 프린팅 기술은 상상하는 모든 음식을 현실로 만들어낼 잠재력을 품고 있으며, 스마트팜과 대체육 기술은 식량 안보와 지속가능성이라는 인류의 오랜 숙제에 새로운 해법을 제시할지도 모른다.

기술의 눈부신 발전 이면에는 우리가 성찰해야 할 과제들도 산적해 있다. 미디어 속 과장된 이미지와 정보의 홍수 속에서 우리는 어떻게 음식의 진정한 가치를 분별하고 건강한 식문화를 지켜나갈 수 있을까? 푸드테크가 가져올 편리함이 혹시 한국의 전통적인 식문화의 다양성과 인간적인 연결의 가치를 훼손하지는 않을까? 알고리즘이 추천하는 음식만을 소비하게 되면서 우리의 미각적 경험이 획일화될 위험은 없을까? 푸드로코노미와 푸드 페스티벌이 지역 경제 활성화에 기여하는 동시에, 젠트리피케이션이나 환경 문제와 같은 부작용을 낳지는 않을까?

이러한 질문들에 대한 답은 기술 자체에 있지 않다. 중요한 것은 기술을 활용하는 우리의 태도와 지혜, 그리고 사회적 합의다. 푸드커뮤니케이션은 단순히 정보를 전달하는 기술적인 문제를 넘어, 우리가 음식을 통해 무엇을 추구하고 어떤 사회를 만들어갈 것인가에 대한 철학적이고 윤리적인 성찰을 요구한다. 미디어 리터러시 교육을 통해 비판적으로 정보를 수용하는 능력을 키우고, 생산자와 소비자 간의 투명한 소통과 신뢰를 구축하며, 지역 공동체와 환경을 존중하는 지속 가능한 식문화를 만들어 가려는 노력이 필요하다.

식탁 위의 미래는 '연결'에 달려 있다. 사람과 사람, 사람과 음식, 사람과 자연, 과거와 현재, 지역과 세계를 잇는 건강한 연결망을 어떻게 구축하고 확장해 나갈 것인가? 이 책에서 다룬 다양한 푸드커뮤니케이션 현상들은 그 연결의 가능성과 과제를 동시에 보여주었다. 광고, 미디어, 기술, 스토리텔링, 지역성 등 우리가 탐색한 모든 주제는 결국 '어떻게 더 잘 연결될 것인가'라는 질문으로 수렴된다.

부디 이 책이 독자 여러분에게 음식을 둘러싼 다채로운 소통의 세계를 이해하는 작은 창이 되었기를 바란다. 그리고 오늘 당신의 식탁 위에 놓인 음식이 어떤 이야기와 의미를 품고 있는지, 그것이 당신과 세상을 어떻게 연결하고 있는지 잠시 생각해보는 계기가 되었기를 소망한다. 맛있는 음식은 우리를 행복하게 하지만, 의미 있는 음식은 우리를 더 깊이 연결하고 성장하게 한다. 식탁 위의 미래는 바로 그 '의미 있는 연결'을 만들어가는 우리 모두의 손에 달려 있다.

'푸드커뮤니케이션의 여정'에 함께해주신 독자 여러분께 깊은 감사의 말씀을 전한다.

미주

1장. 푸드테크와 인간: 식탁은 어떻게 기계가 되었는가?

1 https://www.sushirobo.com
2 https://misorobotics.com
3 https://biozoon.de
4 https://www.ibm.com/docs/ko/food-trust
5 https://www.aboutamazon.com/news/tag/amazon-fresh
6 https://zoe.com
7 https://www.ko-noom.com
8 https://www.nestle.com
9 https://www.neogen.com
10 https://www.lge.co.kr/lifesgood/product-story-instaview
11 https://www.samsung.com/us/explore/family-hub-refrigerator/overview
12 https://www.hellofresh.com
13 https://www.foodpairing.com

2장. 증기기관부터 로봇 셰프까지: 푸드테크 연대기

1 성인의 뇌는 전체 체중의 약 2%에 불과하지만, 신체가 하루에 소비하는 총 에너지의 약 20%를 사용.
2 https://www.weber.com
3 https://www.oregonhistoryproject.org/articles/historical-records/women-cannery-workers
4 https://www.thecampbellscompany.com
5 https://www.thedrum.com/opinion/2024/09/25/why-campbell-s-company-famous-soup-dropped-it-the-brand-name

6 https://www.geappliances.com
7 https://www.birdseye.com
8 https://www.conagrabrands.ca/en/brands/swanson
9 https://rarehistoricalphotos.com/wp-content/uploads/2023/04/Refrigerator-vintage-photos-15.webp
10 https://www.rtx.com
11 https://www.amana.com
12 https://impossiblefoods.com
13 https://suggestic.com
14 https://eatlove.is
15 https://x.com/ImpossibleFoods/status/1668057623097389057

3장. 푸드커뮤니케이션과 푸드테크

1 Food Porn. 음식이나 음식을 먹는 모습을 매우 자극적이고 먹음직스럽게 보여주는 사진, 영상, 글 등을 말함.
2 2000년대 초반 한국의 뉴미디어 플랫폼(특히 아프리카TV 등 1인 미디어)에서 시작된 신조어.
3 https://www.coca-colacompany.com
4 https://www.cinnabon.com
5 https://www.abercrombie.com
6 https://www.singaporeair.com
7 https://www.techdogs.com/td-articles/trending-stories/sensory-marketing
8 https://www.starbucks.com
9 https://www.beyondmeat.com
10 https://mosameat.com
11 https://www.beyondmeat.com/en-US/
12 https://aleph-farms.com
13 https://solarfoods.com
14 https://www.moley.com
15 https://www.naturalmachines.com
16 https://www.3dbyflow.com
17 https://baemin.com
18 https://biz.chosun.com/site/data/html_dir/2020/09/21/2020092101630.html

4장. 푸드 미디어타이제이션: 음식은 어떻게 소셜 콘텐츠가 되었는가?

1 https://allabout-japan.com/ko/article/3303

2 주방 특선 요리를 말하며 '그날의 재료로 요리를 준비한 상차림'을 의미.
3 미디어를 읽고, 비판적으로 이해하며, 창의적으로 활용하고, 책임 있게 생산·공유할 수 있는 능력.
4 https://www.hankyung.com/article/202303198689g
5 칼 융은 페르소나를 사회적 역할을 수행하기 위해 개인이 쓰는 '가면'으로 설명.
6 https://hollywoodchicago.com/news/12446/chicago-casting-call-foxs-hells-kitchen-nov-12-2010-le-cordon-bleu

5장. 브랜드는 어떻게 식품산업을 움직이는가?

1 https://erikareyescreative.com/evian
2 Groupe Danone SA, 다논그룹 주식회사. 미국 등지에서는 'Dannon'으로 불림.
3 https://www.markant-magazin.com/aktionen/lebens-stil
4 https://www.godiva.kr
5 https://daily-harvest.com
6 https://www.otoki.com/product/brand-story
7 https://www.otoki.com/about/ci
8 https://liquiddeath.com
9 https://www.cnbc.com/2022/11/26/liquid-death-ceo-mike-cessario-we-chose-the-dumbest-possible-name-for-water.html
10 https://www.dairyqueen.com
11 https://vimeo.com/268612368
12 https://www.7-eleven.co.kr
13 https://kr.bluebottlecoffee.com
14 https://www.oatly.com
15 https://oatly.bandcamp.com
16 https://shakeshack.com
17 https://www.tesla.com
18 https://www.joongang.co.kr/article/24087992
19 https://shop.tesla.com
20 http://sgkim.co.kr/biinfo
21 https://www.oreo.com
22 https://jackieanzaldi.com/Oreo-Daily-Twist
23 https://www.fnnews.com/news/202211281152479527
24 https://www.hitejinro.com
25 https://company.lottechilsung.co.kr
26 https://youtu.be/zrrliqZ8KH8?si=Wg3tNm_fmtL6Cp6a

27 https://namelix.com
28 https://www.morinaga.co.jp

6장. 푸드 광고의 소비자 인사이트

1 https://drinkolipop.com
2 https://www.amazon.com/OLIPOP-5-Flavor-Prebiotic-Supports-Digestive/dp/B08KRNYZVD?th=1
3 https://ewhabrandcommunication.wordpress.com/2016/10/11/shareacoke
4 https://museum.oglethorpe.edu/files/2013/08/W2275-SANTA-1940.jpg
5 https://s.lotteon.com/_hzIhYtGRcs?ch_dtl_no=1044428
6 https://www.sayweee.com/ko/product/Samyang-Hot-Chicken-Ramen-Cup-Noodle-1-count/2089037
7 https://www.micheletaugustin.us
8 https://www.nytimes.com/2021/03/14/business/media/subway-product-placement-korea.html
9 https://www.panerabread.com
10 https://luckysaint.co
11 https://www.jpower.co.jp/ge/56/opinion/index_01.html

7장. K-푸드는 어떻게 세계를 삼켰는가?

1 https://www.penguinrandomhouse.com/books/612676/crying-in-h-mart-by-michelle-zauner/
2 https://www.newstomato.com/ReadNews.aspx?no=1123436
3 https://www.amazon.com/Korean-Sugar-Candy-Molds-Stainless/dp/B0DSKSZD3M?th=1
4 https://www.tiktok.com/@veggietrip/video/7225847266144423214

8장. 지역은 음식으로 다시 태어난다

1 저자 제공.
2 https://www.iknowhere.co.kr/magazine/31196
3 https://blog.naver.com/gclovehappy/223577817718
4 저자 제공.
5 https://yonhapnewstv.co.kr/news/MYH20241028173044713

참고문헌

1장. 푸드테크와 인간: 식탁은 어떻게 기계가 되었는가?

안광순. (2014년 11월 5일). [유럽] 3D프린터로 만든 노인용 식품 개발. KATI 농식품수출정보. https://www.kati.net/board/exportNewsView.do?board_seq=40158&menu_dept2=35&menu_dept3=71

Gane, N. (2006). Posthuman. *Theory, Culture & Society, 23*(2-3), 431-434.

Global Research. (2024). *Global smart refrigerator market growth (LPI2410G3399)*. https://www.globalresearch.co.kr/report/global-smart-refrigerator-market-growth-lpi2410g3399:contentReference[oaicite:6]{index=6}

2장. 증기기관부터 로봇 셰프까지: 푸드테크 연대기

유주연, 강승미, 유승철. (2021). 「밀키트 선택속성이 소비자 만족, 구매 의도 및 추천의도에 미치는 영향」. 『광고 PR 실학연구』, 14(3), 124-154.

Appert, N. (1810). *L'art de conserver, pendant plusieurs années, toutes les substances animales et végétales*. Paris: Patris et Cie.

Campbell Soup Company. (n.d.). *Our story*. Retrieved May 2, 2025, from https://www.thecampbellscompany.com/about-us/our-story/campbell-history/:contentReference[oaicite:6]{index=6}

Goren-Inbar, N., Alperson, N., Kislev, M. E., Simchoni, O., Melamed, Y., Ben-Nun, A., & Werker, E. (2004). Evidence of hominin control of fire at Gesher Benot Ya'aqov, Israel. *Science, 304*(5671), 725-727. https://doi.org/10.1126/science.1095443:contentReference[oaicite:6]{index=6}

Weber-Stephen Products LLC. (n.d.). *BBQ grills | Weber charcoal & gas grills.* Retrieved May 2, 2025, from https://www.weber.com/US/en/home/:contentReference[oaicite:12]{index=12}

Wrangham, R. (2009). *Catching fire: How cooking made us human*. Basic Books.

3장. 푸드커뮤니케이션과 푸드테크

Barthes, R. (1972). *Mythologies* (A. Lavers, Trans.). Hill and Wang. (Original work published 1957)

Brakus, J. J., Schmitt, B. H., & Zarantonello, L. (2009). Brand experience: What is it? How is it measured? Does it affect loyalty? *Journal of Marketing, 73*(3), 52-68. https://doi.org/10.1509/jmkg.73.3.52

Chu, S., & Downes, J. J. (2000). Long live Proust: The odour-cued autobiographical memory bump. *Cognition, 75*(2), B41-B50.

Consumer Technology Association. (2025). *Next Meat powered by Foodructure and Rheomer* [CES Innovation Awards 2025 Honoree]. CES. https://www.ces.tech/ces-innovation-awards/2025/next-meat-powered-by-foodructure-and-rheomer/

Couldry, N., & Hepp, A. (2017). *The mediated construction of reality.* Polity Press.

Entman, R. M. (1993). Framing: Toward clarification of a fractured paradigm. *Journal of Communication, 43*(4), 51-58. https://doi.org/10.1111/j.1460-2466.1993.tb01304.x

Fischler, C. (1988). Food, self and identity. *Social Science Information, 27*(2), 275-292. https://doi.org/10.1177/053901888027002005

Godemann, J., & Bartelmeß, T. (2017). Communication of food and sustainability in relation to food communication research. *Ernährungs Umschau International, 64*(12), 188-194. https://doi.org/10.4455/eu.2017.049

Gottfried, J. A. (2010). Central mechanisms of odour object perception. *Nature Reviews Neuroscience, 11*(9), 628-641. https://doi.org/10.1038/nrn2883

Green, M. C., & Brock, T. C. (2000). The role of transportation in the persuasiveness of public narratives. *Journal of Personality and Social Psychology, 79*(5), 701-721. https://doi.org/10.1037/0022-3514.79.5.701

Herz, R. S., & Engen, T. (1996). Odor memory: Review and analysis. *Psychonomic Bulletin & Review, 3*(3), 300-313. https://doi.org/10.3758/BF03210754

Krishna, A. (2012). An integrative review of sensory marketing: Engaging the senses to affect perception, judgment and behavior. *Journal of Consumer Psychology, 22*(3), 332-351. https://doi.org/10.1016/j.jcps.2011.08.003

Mori, M. (1970). Bukimi no tani [The uncanny valley]. *Energy, 7*(4), 33-35.

Mori,M.,MacDorman,K.F.,&Kageki,N.(2012).Theuncannyvalley[Fromthefield]. *IEEE Robotics & Automation Magazine, 19*(2), 98-100. https://doi.org/10.1109/MRA.2012.2192811

Morrin, M., & Ratneshwar, S. (2003). Does it make sense to use scents to enhance brand memory? *Journal of Marketing Research, 40*(1), 10-25. https://doi.org/10.1509/jmkr.40.1.10.19128

Nam, J.-Y., Ju, S.-Y., & Hong, W.-S. (2018). A study on consumer knowledge level regarding country-of-origin labeling for restaurants. *Journal of Nutrition and Health, 51*(5), 357-367.

Pliner, P., & Hobden, K. (1992). Development of a scale to measure the trait of food neophobia in humans. *Appetite, 19*(2), 105-120. https://doi.

org/10.1016/0195-6663(92)90014-W

Ritala, A., Häkkinen, S. T., Toivari, M., & Wiebe, M. G. (2017). Single cell protein—State-of-the-art, industrial landscape and patents 2001-2016. *Frontiers in Microbiology, 8*, 2009. https://doi.org/10.3389/fmicb.2017.02009

Rockower, P. S. (2012). Recipes for gastrodiplomacy. *Place Branding and Public Diplomacy, 8*(3), 235-246. https://doi.org/10.1057/pb.2012.17

Schmitt, B. H. (1999). Experiential marketing. *Journal of Marketing Management, 15*(1-3), 53-67. https://doi.org/10.1362/026725799784870496

Sha, L., & Xiong, Y. L. (2020). Plant protein-based alternatives of reconstructed meat: Science, technology, and challenges. *Trends in Food Science & Technology, 102*, 51-61. https://doi.org/10.1016/j.tifs.2020.05.022

Spangenberg, E. R., Crowley, A. E., & Henderson, P. W. (1996). Improving the store environment: Do olfactory cues affect evaluations and behaviors? *Journal of Marketing, 60*(2), 67-80. https://doi.org/10.2307/1251931

Spence, C. (2015). Multisensory flavor perception. *Cell, 161*(1), 24-35. https://doi.org/10.1016/j.cell.2015.03.007

Stajcic, N. (2013). Understanding culture: Food as a means of communication. *Hemispheres. Studies on Cultures and Societies*, (28), 77-86.

Stephens, N., Di Silvio, L., Dunsford, I., Ellis, M., Glencross, A., & Sexton, A. (2018). Bringing cultured meat to market: Technical, socio-political, and regulatory challenges in cellular agriculture. *Trends in Food Science & Technology, 78*, 155-166. https://doi.org/10.1016/j.tifs.2018.04.010

Sutton, D. E. (2001). *Remembrance of repasts: An anthropology of food and memory*. Berg Publishers. https://archive.org/details/remembranceofrep0000sutt

Turkle, S. (2011). *Alone together: Why we expect more from technology and less from each other*. Basic Books.

van der Zee, S., & van Erp, K. (2021). Exploring the linkages of digital food communication and analog food behavior: A systematic literature review. *International Journal of Environmental Research and Public Health, 18*(15), 7819. https://pubmed.ncbi.nlm.nih.gov/35897361/

4장. 푸드 미디어타이제이션: 음식은 어떻게 소셜 콘텐츠가 되었는가?

강승미, 유주연, 유승철. (2021). 「왜 그들은 '술방'을 보는가?: 소셜미디어 음주 일인방송 시청동기와 콘텐츠 태도에 대한 탐색적 연구」. 『사회과학연구』, 60(2), 407-454.

강승미, 유승철. (2022). 「술방은 주류광고의 새로운 정착지인가?: 술방 시청동기와 진정성 인식이 주류제품 광고효과에 미치는 영향에 관한 연구」. 『미디어 경제와 문화』, 20(2), 43-91.

구은모. (2024년 6월 29일). "팬덤 겨냥한 식품업계…'패노크라시' 마케팅 뜬다". 『아시아경제』. https://www.asiae.co.kr/article/2024062812455542982

김민준. (2021년 11월 5일). "인기 콘텐츠 '먹방', 시청자 건강도 위험?". 『메디팜헬스뉴스』. http://www.medipharmhealth.co.kr/news/article.html?no=77544

김수진. (2024년 4월 29일). "'먹방' 시청, 실제로 비만 위험 높이나 조사해보니…". 『헬스조선』. https://m.health.chosun.com/svc/news_view.html?contid=2024042902039

나은경, 이승선. (2016). 「정서적 허기인가 정보와 오락의 추구인가?: 먹방·쿡방 시청동기와 시청경험, 만족도의 관계」. 『한국방송학보』, 30(4), 152-191.

대학내일20대연구소. (2020년 4월 29일). 요리법 콘텐츠 즐겨보고 따라 하는 MZ세대. https://www.20slab.org/Archives/37567

서울연구원. (2022). 『서울시 1인가구 외로움·사회적 고립 실태와 대응전략』. https://www.si.re.kr/node/66227

송영애. (2013). 「음식 스토리텔링의 콘텐츠 구성 전략」. 『한국콘텐츠학회논문지』, 13(7), 120-130.

안진, 최영. (2016). 「인터넷 개인방송 시청공동체 특성에 관한 탐색적 연구: 아프리카TV 〈먹방 BJ 애봉이〉를 중심으로」. 『한국방송학보』, 30(3), 5-53.

엠브레인 트렌드모니터. (2021). 『먹방(Mukbang) 관련 U&A 조사』. [비공식 출판물].

이진균. (2021). 「1인 미디어 인터넷 방송에서 의사사회적 상호작용이 브랜드 관여 및 구매 의도에 미치는 영향: 빅파이브 성격요인에 의한 사회적 실재감의 조절된 매개효과」. 『한국심리학회지: 소비자·광고』, 22(2), 239-269.

정태섭. (2019). 「TV 요리 프로그램의 시대적 변화에 대한 연구」. 『한국콘텐츠학회논문지』, 19(6), 379-386.

통계청. (2024). 2023 통계로 보는 1인가구. https://kostat.go.kr/board.es?mid=a10301010000&bid=10820&act=view&list_no=434103

하이닥. (2022년 2월 25일). 먹방이 비만을 부른다? 먹방의 불편한 진실 [블로그 게시물]. 네이버 포스트. https://m.post.naver.com/viewer/postView.naver?volumeNo=33359331&memberNo=52332497

하나금융경영연구소. (2024년 10월 31일). HIF월간 산업 이슈(10월). https://www.hanaif.re.kr/boardDetail.do?hmpeSeqNo=36334

한국경제. (2024년 4월 17일). "'1인 가구' 대세라지만…"균형잡힌 식사 어려워" 토로". 『한국경제신문』. https://www.hankyung.com/article/202404176863Y

Alruwaili, M. O., Alharbi, M. K., Alqahtani, F. M., Alkhazi, M. A., Alotaibi, A. F., Alshammari, M. T., & Alotaibi, A. F. (2023). The influence of social media on the dietary behaviors of young adults in Saudi Arabia: A cross-sectional study. *Medical & Health Sciences Journal, 2*(4), e46. https://doi.org/10.1002/mhs2.46

Bourdieu, P. (1984). *Distinction: A social critique of the judgement of taste* (R. Nice, Trans.). Harvard University Press. (Original work published 1979)

Goffman, E. (1959). *The presentation of self in everyday life*. Anchor Books.

Hootsuite. (2025, February 14). How the YouTube algorithm works in 2025. *Hootsuite Blog*. https://blog.hootsuite.com/youtube-algorithm/

Horton, D., & Richard Wohl, R. (1956). Mass communication and para-social interaction: Observations on intimacy at a distance. *psychiatry, 19*(3), 215-229.

Kang, E., Park, S. Y., & Kim, J. (2020). The popularity of eating broadcast: Content analysis of "mukbang" YouTube videos, media coverage, and the health impact of mukbang on public. *Health Informatics Journal, 26*(3), 2237-2248. https://doi.org/10.1177/1460458220901360

Kim, H., & Hwang, K. (2022). The effect of Mukbang under consumers' positive and negative emotions on their vicarious satisfaction and desire to eat. *Journal of Information Technology Applications & Management, 29*(1), 71-82. https://doi.org/10.21219/jitam.2022.29.1.071

Li, M., Yang, M., Zhang, J., Wu, Y., & Cheng, G. (2025). Social media use and dietary behaviours among adolescents across 72 countries/regions: A population-based study. *Pediatric Research, 97*(4), 1030-1038. https://doi.org/10.1038/s41390-025-04030-z

Michelli, J. A. (2007). *The Starbucks experience: 5 principles for turning ordinary into extraordinary*. McGraw-Hill.

Mintel. (2023, October 2). *Mintel announces Global Food and Drink Trends for 2024*.

Noble, S. U. (2018). *Algorithms of oppression: How search engines reinforce racism*. NYU Press.

Pariser, E. (2011). *The filter bubble: What the Internet is hiding from you*. Penguin UK.

Pinto, B., Rocha, A., & Sousa, P. (2022). Food promotion and children's health: Considering best practices for media literacy. *International Journal of Environmental Research and Public Health, 19*(14), 8508. https://doi.org/10.3390/ijerph19148508

Schmitt, B. H. (1999). Experiential marketing. *Journal of Marketing Management, 15*(1-3), 53-67.

Spence, C. (2017). Taking a picture before eating: A review of the effects of prior photography on food perception and eating behaviour. *Cognitive Re-*

search: Principles and Implications, 2(1), 33.

Statista. (2024, December 10). Reach of food and drink industry YouTube influencer video content in the United States and Canada from 1st to 4th quarter 2020 (in billions). https://www.statista.com/statistics/1269602/youtube-food-drink-industry-sponsored-video-reach/

Veblen, T. (1899). *The theory of the leisure class: An economic study of institutions*. Macmillan.

5장. 브랜드는 어떻게 식품산업을 움직이는가?

삼정KPMG 경제연구원. (2019). 『삼정인사이트 66호: 新소비 세대와 의·식·주 라이프 트렌드 변화』. KPMG 삼정회계법인.

서울대학교 소비트렌드분석센터. (2023). 『트렌드 코리아 2024』. 미래의창.

스튜디오 끼니(Studio Kkini). (2024년 2월 15일). 피자 광고처럼 치즈 늘리는 방법 [Video]. Instagram. https://www.instagram.com/studio.kkini/reel/C3Xwzy4PNMf/

Aaker, D. A. (1991). *Managing brand equity: Capitalizing on the value of a brand name*. Free Press.

Alter, A. L., & Oppenheimer, D. M. (2009). Uniting the tribes of fluency to form a metacognitive nation. *Personality and Social Psychology Review, 13*(3), 219-235. https://doi.org/10.1177/1088868309341564

Ariely, D., & Berns, G. S. (2010). Neuromarketing: The hope and hype of neuroimaging in business. *Nature Reviews Neuroscience, 11*(4), 284-292. https://doi.org/10.1038/nrn2795

Baba, F. V., & Esfandiari, Z. (2023). Theoretical and practical aspects of risk communication in food safety: A review study. *Heliyon, 9*(7).

Barthes, R. (1972). *Mythologies* (A. Lavers, Trans.). Hill and Wang. (Original work published 1957)

Frewer, L. J., Fischer, A. R. H., Brennan, M., Bánáti, D., Lion, R., Meertens, R. M., ... & Vereijken, C. M. (2016). Risk/benefit communication about food—a systematic review of the literature. *Critical reviews in food science and nutrition, 56*(10), 1728-1745.

Friestad, M., & Wright, P. (1994). The persuasion knowledge model: How people cope with persuasion attempts. *Journal of consumer research, 21*(1), 1-31.

Gilmore, J. H., & Pine, B. J. (2007). *Authenticity: What consumers really want.* Harvard Business School Press.

Hassen, T. B., & El Bilali, H. (2022). Impacts of the Russia-Ukraine war on global food security: Towards more sustainable and resilient food systems? *Foods, 11*(15), 2301. https://doi.org/10.3390/foods11152301

Hobbs, J. E. (2020). Food supply chains during the COVID-19 pandemic. *Canadian Journal of Agricultural Economics / Revue canadienne d'agroeconomie, 68*(2), 171-176. https://doi.org/10.1111/cjag.12237

Kapferer, J. N. (2012). *The new strategic brand management: Advanced insights and strategic thinking* (5th ed.). Kogan Page.

Nielsen. (2019). *Total Consumer Report.*

Ramachandran, V. S., & Hubbard, E. M. (2001). Synaesthesia—A window into perception, thought and language. *Journal of Consciousness Studies, 8*(12), 3-34.

Renn, O. (2019). Food risk communication. In D. M. Kaplan (Ed.), *Encyclopedia of food and agricultural ethics* (pp. 1-8). Springer. https://doi.org/10.1007/978-94-024-1179-9_288

Ries, A., & Trout, J. (1981). *Positioning: The battle for your mind.* McGraw-Hill.

Rifkin, J., & Heilbroner, R. L. (1994). *The end of work* (p. 400). Jeremy P. Tarcher.

Roberts, K. (2004). *Lovemarks: The future beyond brands.* Powerhouse books.

Schmitt, B. H. (1999). *Experiential marketing: How to get customers to sense, feel, think, act, relate to your company and brands.* Free Press.

Siegrist, M., & Zingg, A. (2018). Moving from risk communication to food information communication. *npj Science of Food, 2*, 21. https://doi.org/10.1038/s41538-018-0031-7

Taylor, B. (2016, November). How Domino's Pizza reinvented itself. *Harvard Business Review*. https://hbr.org/2016/11/how-dominos-pizza-reinvented-itselfLinkedIn+2

Tendall, D. M., Swart, J., & Barendregt, A. (2021). Food system resilience: Concepts, issues, and challenges. *Annual Review of Environment and Resources, 46*, 557-582. https://doi.org/10.1146/annurev-environ-112320-050744

6장. 푸드 광고의 소비자 인사이트

BRIC (Biological Research Information Center). (2024년 10월 17일). 「인간 시각 능력 향상 기술 동향 및 발전 전망」. 『Bio리포트』. https://www.ibric.org/bric/trend/bio-report.do?mode=view&articleNo=9932072

Chu, S., & Downes, J. J. (2002). Proust nose best: Odors are better cues of autobiographical memory. *Memory & Cognition, 30*(4), 511-518. https://doi.org/10.3758/bf03194952

Herz, R. S. (2016). The role of odor-evoked memory in psychological and physiological health. *Brain Sciences, 6*(3), 22. https://doi.org/10.3390/brainsci6030022

Hultén, B. (2011). Sensory marketing: The multi-sensory brand-experience concept. *European Business Review, 23*(3), 256-273. https://doi.org/10.1108/09555341111130245

Krishna, A. (2012). An integrative review of sensory marketing: Engaging the senses to affect perception, judgment and behavior. *Journal of Consumer Psychology, 22*(3), 332-351. https://doi.org/10.1016/j.jcps.2011.08.003

LaBar, K. S., & Cabeza, R. (2006). Cognitive neuroscience of emotional memory. *Nature Reviews Neuroscience, 7*(1), 54-64. https://doi.org/10.1038/nrn1825

Lundqvist, A., Liljander, V., Gummerus, J., & van Riel, A. (2012). The impact of storytelling on the consumer brand experience: The case of a firm-originated story. *Journal of Brand Management, 20*(4), 283-300. https://doi.org/10.1057/bm.2012.15

Proust, M. (1913-1927). *À la recherche du temps perdu* [In search of lost time]. Gallimard.

Wheeler, E. (1937). *Tested sentences that sell*. Prentice Hall.

7장. K-푸드는 어떻게 세계를 삼켰는가?

오지은, 김영경, 정효재. (2023). 「한국인과 외국인 식품 종사자가 인식하는 한식 이미지와 감정에 대한 비교연구」. 『한국식생활문화학회지』, 38(1), 48-60.

조주홍. (2022). 「[마켓] 소비자가 직접 만드는 레시피에 주목」. 『넥스트 이코노미』, (212), 34-35.

Brakus, J. J., Schmitt, B. H., & Zarantonello, L. (2009). Brand experience: What is it? How is it measured? Does it affect loyalty? *Journal of Marketing, 73*(3), 52-68. https://doi.org/10.1509/jmkg.73.3.052

CJ Newsroom. (2021, November 10). Bibigo dumplings top the U.S. market, surpassing local brands. *CJ.net*. https://www.cj.net/

Escalas, J. E. (2004). Narrative processing: Building consumer connections to brands. *Journal of Consumer Psychology, 14*(1-2), 168-180. https://doi.org/10.1207/s15327663jcp1401&2_19

Ju, H. (2018). The Korean wave and Korean dramas. In *Oxford Research Encyclopedia of Communication*.

Michelli, J. A. (2007). *The Starbucks experience: 5 principles for turning ordinary into extraordinary*. McGraw-Hill.

Ritzer, G. (2021). The McDonaldization of society. In *In the Mind's Eye* (pp. 143-152). Routledge.

Zaini, N. N., Mohtar, T. M., Awang Razli, I., & Abdul Adis, A. A. (2024). The impact of hallyu on Korean food consumption: the role of imitation intention. *Journal of Tourism, Hospitality and Culinary Arts, 16*(1), 22-40.

8장. 지역은 음식으로 다시 태어난다

광주일보. (2022년 2월 22일). 쿡폴리 '청미장' '콩집' 음식·도시재생 어우러진 '문화교역소'. 광주일보 블로그. https://blog.naver.com/kwangjuilbo1/223720635340

비즈워치. (2024년 11월 26일). "지역 손 잡으니 매출도 '쑥'…'로코노미 마케팅' 뜬다. 『비즈워치』. http://news.bizwatch.co.kr/article/consumer/2024/11/25/0029/www.naver.com

조선일보. (2023년 12월 27일). "이 작은 시골의 식료품점이 연매출 100억원을 냅니다. 비결이요?". 『조선일보』. https://www.chosun.com/economy/startup_story/2023/12/27/5LKCEJKNSBFWHFMIYQO56U3OUA/

한국콘텐츠진흥원. (2023a). 『2023 방송영상산업백서』.

_______. (2023b). 『2023 콘텐츠산업 통계조사』.

Arcodia, C., & Whitford, M. (2007). Festival attendance and the development of social capital. *Journal of Convention & Event Tourism, 8*(2), 1-18. https://doi.org/10.1300/J452v08n02_01

Brakus, J. J., Schmitt, B. H., & Zarantonello, L. (2009). Brand experience: What is it? How is it measured? Does it affect loyalty? *Journal of Marketing, 73*(3), 52-68. https://doi.org/10.1509/jmkg.73.3.052

Escalas, J. E. (2004). Narrative processing: Building consumer connections to brands. *Journal of Consumer Psychology, 14*(1-2), 168-180. https://doi.org/10.1207/s15327663jcp1401&2_19

Getz, D., & Page, S. J. (2019). *Event studies: Theory, research and policy for planned events*. Routledge.

Gilmore, J. H., & Pine, B. J. (2007). *Authenticity: What consumers really want*. Harvard Business School Press.

Hall, C. M., Sharples, L., Mitchell, R., Macionis, N., & Cambourne, B. (Eds.). (2004). *Food tourism around the world*. Routledge.

Martinez, S., Hand, M., Da Pra, M., Pollack, S., Ralston, K., Smith, T., Vogel, S., Clark, S., Lohr, L., Low, S., & Newman, C. (2010). *Local food systems: Concepts, impacts, and issues* (ERR-97). U.S. Department of Agriculture, Economic Research Service. https://www.ers.usda.gov/publications/pub-details/?pubid=46395

Mossberg, L. (2007). A marketing approach to the tourist experience. *Scandinavian Journal of Hospitality and Tourism, 7*(1), 59-74. https://doi.org/10.1080/15022250701231915

Richards, G. (2020). Designing creative places: The role of creative tourism. *Annals of tourism research, 85*, 102922.

관련 용어 설명

- **K-푸드**K-Food: 한국 음식의 글로벌 브랜드화
- **K-푸드 콘텐츠**K-Food Content: 한국 음식 관련 미디어 콘텐츠
- **가상현실**VR: 가상 미식 경험을 제공하는 기술
- **가정간편식**Home Meal Replacement(HMR): 가정에서 간편하게 조리할 수 있는 식품
- **감각 마케팅**Sensory Marketing: 소비자의 오감을 자극하는 마케팅 전략
- **감성 마케팅**Emotional Marketing: 소비자의 감정에 호소하는 마케팅
- **경험 경제**Experience Economy: 경험을 중심으로 한 경제 패러다임
- **공동체 지원 농업**Community Supported Agriculture(CSA): 소비자와 생산자가 직접 연결된 농업 모델
- **국가 브랜딩**Nation Branding: 국가 이미지를 전략적으로 구축하는 활동
- **글로벌 식품 기업**Global Food Corporation: 국제적으로 활동하는 식품 기업
- **글로벌 식품 마케팅**Global Food Marketing: 국제 시장을 대상으로 한 식품 마케팅
- **글로벌 식품 유통**Global Food Distribution: 국제적인 식품 유통 체계
- **글로벌 식품 표준**Global Food Standard: 국제적으로 통용되는 식품 기준
- **글로벌 푸드 트렌드**Global Food Trend: 전 세계적으로 유행하는 음식 경향
- **내러티브**Narrative: 음식과 관련된 이야기 구조
- **농촌 재생**Rural Regeneration: 쇠퇴한 농촌 지역의 활력을 회복하는 과정
- **대체육**Alternative Meat: 식물성 단백질 등으로 만든 육류 대체 식품
- **도시 농업**Urban Agriculture: 도시 내에서 이루어지는 농업 활동
- **디지털 농업**Digital Agriculture: 디지털 기술을 활용한 농업
- **디지털 메뉴**Digital Menu: 디지털 기기를 통해 제공되는 메뉴
- **디지털 스토리텔링**Digital Storytelling: 디지털 미디어를 통한 이야기 전달
- **디지털 콘텐츠**Digital Content: 디지털 형태로 제작된 콘텐츠
- **로컬푸드**Local Food: 지역에서 생산된 식품

- **로컬푸드 시스템**Local Food Systems: 지역 내 식품 생산과 소비의 순환 체계
- **마케팅 커뮤니케이션**Marketing Communication: 브랜드와 소비자 간의 소통
- **맥도날드화**McDonaldization: 효율성, 계산 가능성, 예측 가능성, 통제를 중시하는 사회 현상
- **먹방**Mukbang: 음식을 먹는 모습을 보여주는 방송 콘텐츠
- **문화 간 교류**Cross-cultural Exchange: 서로 다른 문화 간의 음식 교류
- **문화(적) 자본**Cultural Capital: 문화적 지식, 기술, 교육 등의 비경제적 자산
- **미각 기억**Gustatory Memory: 맛과 관련된 기억
- **미디어 경험**Media Experience: 미디어를 통한 간접 경험
- **미디어 담론**Media Discourse: 미디어를 통해 형성되는 사회적 담론
- **미디어 리터러시**Media Literacy: 미디어 정보를 비판적으로 이해하고 활용하는 능력
- **미디어 재현**Media Representation: 미디어에서 대상을 표현하는 방식
- **미디어 콘텐츠화**Media Contentization: 일상적 대상이 미디어 콘텐츠로 변환되는 과정
- **미디어타이제이션**Mediatization: 미디어가 사회 전반에 영향을 미치는 과정
- **미디어 플랫폼**Media Platform: 콘텐츠를 제공하는 디지털 기반 서비스
- **미식 관광**Gastronomy Tourism: 지역 고유의 음식 문화를 체험하는 관광
- **밀키트**Meal Kit: 조리된 식재료와 레시피를 제공하는 상품
- **반찬화**Banchan-ization: 지역 음식이 주변화되는 현상
- **배달 앱**Delivery App: 음식 배달 서비스를 제공하는 모바일 애플리케이션
- **브랜드 경험**Brand Experience: 소비자가 브랜드와 상호작용하며 느끼는 총체적 경험
- **브랜드 메시지**Brand Message: 브랜드가 전달하고자 하는 핵심 내용
- **브랜드 스토리**Brand Story: 브랜드의 역사와 가치를 담은 이야기
- **브랜드 아이덴티티**Brand Identity: 브랜드의 핵심 가치와 개성을 표현하는 요소
- **브랜드 연상**Brand Association: 브랜드와 연결되는 기억이나 이미지
- **브랜드 이미지**Brand Image: 소비자가 인식하는 브랜드의 전반적인 인상
- **브랜드 자산**Brand Equity: 브랜드가 가진 무형의 가치
- **브랜드 차별화**Brand Differentiation: 경쟁사와 구별되는 특성을 강조하는 전략
- **브랜드 충성도**Brand Loyalty: 소비자가 특정 브랜드에 지속적으로 보이는 선호도
- **비비고**Bibigo: CJ의 글로벌 한식 브랜드
- **사회적 자본**Social Capital: 사회적 관계를 통해 형성되는 무형의 자산
- **생태적 식품 생산**Ecological Food Production: 생태계를 고려한 식품 생산 방식
- **서사화**Narrativization: 음식에 이야기를 입히는 과정
- **소비자 경험 관리**Customer Experience Management: 소비자 경험을 체계적으로 관

리하는 접근법

- **소비자 인사이트**Consumer Insight: 소비자의 심층적인 욕구와 행동 패턴
- **소비자 행동**Consumer Behavior: 소비자의 구매 결정 과정과 행동
- **소셜 미디어**Social Media: 사용자 간 상호작용이 가능한 온라인 플랫폼
- **스마트 냉장고**Smart Refrigerator: 인터넷 연결 기능이 있는 지능형 냉장고
- **스마트 주방**Smart Kitchen: 첨단 기술이 적용된 주방 시스템
- **스마트팜**Smart Farm: 첨단 기술을 활용한 농업 시스템
- **스토리텔링 마케팅**Storytelling Marketing: 이야기를 통해 브랜드 가치를 전달하는 마케팅
- **슬로푸드**Slow Food: 지역 음식 문화와 전통을 중시하는 운동
- **시각적 소비**Visual Consumption: 시각을 통한 콘텐츠 소비
- **시장 세분화**Market Segmentation: 시장을 특성에 따라 나누는 전략
- **시청각 경험**Audiovisual Experience: 시각과 청각을 통한 미디어 경험
- **식량 안보**Food Security: 모든 사람이 충분한 식량에 접근할 수 있는 상태
- **식문화 다양성**Food Culture Diversity: 다양한 식문화의 공존과 보존
- **식탁 위의 협치**Governance on the Table: 지역 음식 문화 발전을 위한 다양한 주체의 협력
- **식품 보존 기술**Food Preservation Technology: 식품의 신선도를 유지하는 기술
- **식품 분석 기술**Food Analysis Technology: 식품 성분을 분석하는 기술
- **식품 수출**Food Export: 식품의 해외 판매
- **식품 안전 기술**Food Safety Technology: 식품의 안전성을 보장하는 기술
- **식품 접근성**Food Accessibility: 모든 사람이 건강한 식품에 접근할 수 있는 정도
- **식품 정의**Food Justice: 식품 시스템 내의 공정성과 평등
- **식품 주권**Food Sovereignty: 지역 사회가 자신들의 식품 시스템을 결정할 권리
- **식품 추적 시스템**Food Traceability System: 식품의 생산부터 소비까지 추적하는 시스템
- **식품 폐기물 감소**Food Waste Reduction: 식품 폐기물을 줄이기 위한 노력
- **알고리즘 추천**Algorithm Recommendation: 알고리즘 기반 음식 추천 시스템
- **온라인 식품 유통**Online Food Distribution: 인터넷을 통한 식품 유통
- **윤리적 소비**Ethical Consumption: 사회적, 환경적 가치를 고려한 소비 행위
- **음식 계층화**Food Stratification: 음식을 통한 사회적 계층 구분
- **음식 권력**Food Power: 음식을 통해 발현되는 사회적 권력 관계
- **음식 글로벌화**Food Globalization: 음식 문화의 국제적 확산과 융합
- **음식 기억**Food Memory: 음식과 연관된 개인적, 집단적 기억
- **음식 기호학**Semiotics of Food: 음식이 가진 기호와 의미를 연구하는 학문
- **음식 담론**Food Discourse: 음식에 관한 사회

적 대화와 논의

- **음식 문화 교류**Food Culture Exchange: 서로 다른 문화 간의 음식 교류
- **음식 문화유산**Food Cultural Heritage: 전통적 가치를 지닌 음식 문화
- **음식 문화 적응**Food Culture Adaptation: 다른 문화의 음식에 적응하는 과정
- **음식 민족주의**Food Nationalism: 국가 정체성과 연결된 음식 문화
- **음식 사회학**Sociology of Food: 음식과 사회의 관계를 연구하는 학문
- **음식 상징**Food Symbolism: 음식이 가진 문화적 상징성
- **음식 소비 행태**Food Consumption Behavior: 음식을 소비하는 방식과 패턴
- **음식 외교**Food Diplomacy: 음식을 통한 국가 간 외교 활동
- **음식 윤리**Food Ethics: 음식 생산과 소비에 관한 윤리적 문제
- **음식 의례**Food Ritual: 음식과 관련된 의례적 행위
- **음식 인류학**Anthropology of Food: 음식과 인간 문화의 관계를 연구하는 학문
- **음식 정체성**Food Identity: 음식을 통해 표현되는 개인 또는 집단의 정체성
- **음식 정치학**Food Politics: 음식과 관련된 정치적 이슈
- **인공지능**AI: 음식 추천 및 레시피 개발에 활용되는 기술
- **자서전적 기억**Autobiographical Memory: 개인의 과거 경험과 관련된 기억
- **장소 브랜딩**Place Branding: 지역의 정체성과 이미지를 구축하는 전략
- **젠트리피케이션**Gentrification: 지역이 개발되면서 원주민이 밀려나는 현상
- **증강현실**AR: 실제 환경에 가상 정보를 더하는 기술
- **지속가능성**Sustainability: 환경과 사회를 고려한 지속 가능한 발전
- **지속 가능한 농업**Sustainable Agriculture: 환경과 사회를 고려한 농업 방식
- **지역 브랜딩**Regional Branding: 지역의 특성을 브랜드화하는 전략
- **지역 순환 경제**Local Circular Economy: 지역 내 자원의 순환적 활용 체계
- **지역 식재료**Local Ingredients: 지역에서 생산되는 식재료
- **지역 식품 교육**Local Food Education: 지역 식품에 대한 교육 프로그램
- **지역 식품 시스템**Local Food System: 지역 내 식품의 생산, 유통, 소비 체계
- **지역 식품 안전망**Local Food Safety Net: 지역 내 식품 안전을 보장하는 체계
- **지역 식품 정책**Local Food Policy: 지역 식품 시스템을 지원하는 정책
- **지역 음식 관광**Local Food Tourism: 지역 음식을 체험하는 관광
- **지역 음식 네트워크**Local Food Network: 지역 내 음식 관련 주체들의 연결망
- **지역 음식 문화**Regional Food Culture: 특정 지역의 고유한 음식 문화
- **지역 음식 브랜드**Local Food Brand: 지역 특성을 반영한 음식 브랜드
- **지역 음식 스토리**Local Food Story: 지역 음

식에 담긴 이야기

- **지역 음식 유산**Local Food Heritage: 지역의 전통적인 음식 문화 유산
- **지역 음식 정체성**Local Food Identity: 지역 음식을 통해 표현되는 정체성
- **지역 음식 지도**Local Food Map: 지역 음식 자원을 시각화한 지도
- **지역 음식 축제**Local Food Festival: 지역 음식을 주제로 한 축제
- **지역 재생**Regional Regeneration: 쇠퇴한 지역의 활력을 회복하는 과정
- **지역 특산물**Local Specialty Products: 특정 지역에서 생산되는 대표 상품
- **지역 활성화**Regional Revitalization: 지역 경제와 사회의 활력을 되찾는 과정
- **지역의 언어**Language of the Region: 지역 정체성을 표현하는 음식 문화
- **진정성**Authenticity: 브랜드나 제품이 가진 본질적 가치와 신뢰성
- **짜파구리**Chapaguri: 영화 「기생충」으로 유명해진 한국 라면 조합
- **체험형 미식 관광**Experiential Food Tourism: 직접 체험을 통한 음식 관광
- **총체적인 경험**Total Experience: 음식을 소비하는 전체적인 경험
- **친환경 식품**Eco-friendly Food: 환경에 미치는 영향을 최소화한 식품
- **콘텐츠 소비**Content Consumption: 미디어 콘텐츠를 소비하는 행위
- **콘텐츠 크리에이터**Content Creator: 미디어 콘텐츠를 제작하는 사람
- **쿡방**Cookbang: 요리 과정을 보여주는 방송 콘텐츠
- **클라우드 키친**Cloud Kitchen: 배달 전용 공유 주방
- **타깃 마케팅**Target Marketing: 특정 소비자 집단을 대상으로 하는 마케팅
- **테루아**Terroir: 지역 특유의 환경이 식품에 미치는 영향
- **포지셔닝**Positioning: 경쟁사와 차별화된 위치를 확립하는 전략
- **푸드 네트워크**Food Network: 음식 생산과 소비를 연결하는 관계망
- **푸드 데이터**Food Data: 음식 관련 데이터
- **푸드 로봇**Food Robot: 음식 조리 및 서빙을 담당하는 로봇
- **푸드 로코노미**Food Loconomy: 지역(로컬)과 경제(이코노미)의 합성어, 지역 음식 기반 경제 활성화
- **푸드 마일리지**Food Mileage: 음식이 생산지에서 소비지까지 이동한 거리
- **푸드 미디어**Food Media: 음식을 주제로 한 미디어
- **푸드 미디어타이제이션**Food Mediatization: 음식이 미디어 콘텐츠로 변환되는 현상
- **푸드 스타일링**Food Styling: 음식을 시각적으로 매력적으로 연출하는 기법
- **푸드 스터디**Food Studies: 음식에 관한 학제간 연구 분야
- **푸드 인문학**Food Humanities: 음식을 인문학적 관점에서 연구하는 분야
- **푸드 인플루언서**Food Influencer: 음식 관련 콘텐츠로 영향력을 행사하는 인물
- **푸드 커머스**Food Commerce: 음식 관련 전

자상거래

- **푸드커뮤니케이션**Food Communication: 음식을 통한 소통과 의미 전달 과정
- **푸드 커뮤니티**Food Community: 음식을 매개로 형성된 공동체
- **푸드 콘텐츠**Food Content: 음식 관련 미디어 콘텐츠
- **푸드 콘텐츠 수출**Food Content Export: 음식 관련 미디어 콘텐츠의 해외 진출
- **푸드 클러스터**Food Cluster: 음식 관련 산업이 집적된 지역
- **푸드테크**Food Tech: 식품 산업에 적용되는 첨단 기술
- **푸드 투어리즘**Food Tourism: 음식을 주요 목적으로 하는 관광
- **푸드 페스티벌**Food Festival: 음식을 주제로 한 축제 행사
- **푸드 포르노그래피**Food Pornography: 음식을 과도하게 미화하여 표현하는 현상
- **푸드 프린팅**Food Printing: 3D 프린터를 활용한 음식 제작 기술
- **푸드 플랫폼**Food Platform: 음식 관련 서비스를 제공하는 디지털 플랫폼
- **푸드 허브**Food Hub: 지역 식품 유통의 중심지
- **퓨전 음식**Fusion Food: 여러 문화의 요리법을 혼합한 음식
- **프루스트 효과**Proust Effect: 특정 감각이 과거의 기억을 불러일으키는 현상
- **한류**Korean Wave: 한국 대중문화의 국제적 인기
- **한식 문화**Korean Food Culture: 한국의 전통적인 음식 문화
- **한식 세계화**Globalization of Korean Food: 한국 음식의 국제적 확산
- **향토 음식**Local Traditional Food: 지역의 전통적인 음식
- **후각 기억**Olfactory Memory: 냄새와 관련된 기억

찾아보기

K-푸드 5~7, 84, 137, 186, 253, 258, 265~269, 271~283, 285, 286
K-푸드 콘텐츠 6, 269

[ㄱ]
가상현실VR 324
가정간편식HMR 67, 268, 302
감각 마케팅 89, 91, 119, 241, 237, 238, 242
감성 마케팅 118
경험 경제 317
공동체 지원 농업CSA 85

[ㄴ]
내러티브 40, 100, 118, 189, 296

[ㄷ]
대체육 21, 72, 98, 101~108, 119, 179, 324
도시 농업 85

[ㄹ]
로컬푸드 84, 291~294, 302, 304, 314
로컬푸드 시스템 297

[ㅁ]
마케팅 커뮤니케이션 187, 278
먹방 82, 124, 136, 141~51, 268, 300, 312, 323
문화(적) 자본 127, 308
미디어 리터러시 140, 148, 324
미디어 재현 85
미디어타이제이션 318
미디어 플랫폼 81, 124, 171, 258, 300, 313
미식 관광 297, 304
밀키트 36, 67, 68, 162, 170, 302

[ㅂ]
반찬화 289
배달 앱 235, 323
브랜드 경험 5, 92, 93, 118, 157, 158, 177, 179, 182, 190, 193, 202, 237, 247, 271, 275, 281~86, 291, 294
브랜드 메시지 180, 193, 209
브랜드 스토리 5, 207, 229, 278

브랜드 아이덴티티 176, 183~85, 187~89, 191, 210, 238
브랜드 연상 84, 190
브랜드 이미지 93, 176, 180, 183, 185, 187, 188, 190, 196, 210, 214, 223, 227, 238, 239, 255, 285, 291, 319
브랜드 자산 176, 179, 215, 274, 290, 296, 314
브랜드 충성도 84, 93, 157, 158, 204, 207, 214, 241, 255, 278
비비고 219, 220, 271, 274, 275, 282

[ㅅ]
사회적 자본 303, 314
서사화 291, 292
소비자 행동 259
소셜 미디어 5, 19, 82, 83, 107, 123~25, 127, 129, 130, 138, 142, 153~56, 159, 160, 188, 190, 209, 220, 236, 253, 259, 265, 268, 270, 271, 313, 316, 319, 323
스마트 냉장고 23, 27, 31, 34
스마트 주방(키친) 32, 35
스마트팜 4, 16, 324
슬로푸드 278
식량 안보 87, 324
식문화 다양성 83, 138
식탁 위의 협치 294
식품 분석 기술 56

[ㅇ]
알고리즘(의) 추천 32, 74, 75, 140
윤리적 소비 100, 120, 231
음식 기억 245
음식 문화유산 305
음식 윤리 124
음식 인류학 95
인공지능AI 4, 5, 16, 17, 19~31, 33, 35~41, 49, 57, 71~75, 88~90, 95~97, 110, 111, 114, 115, 118~20, 165, 181, 220, 324

[ㅈ]
장소 브랜딩 297
젠트리피케이션 304, 324
증강현실AR 161, 324
지속가능성 21, 24, 85, 87, 88, 103, 107, 120, 161, 196, 199, 226, 231, 259, 303, 307, 321, 324
지역 브랜딩 314, 320
지역 식재료 85, 140, 306, 319
지역 음식 문화 306
지역 음식 축제 310, 312
지역 재생 309, 313, 315
지역 특산물 254, 297, 299, 302~304, 311
지역 활성화 297
지역의 언어 293
진정성 96, 97, 116~18, 146, 160, 161, 166, 182, 184, 191, 225~29, 292
짜파구리 265, 270, 272

[ㅊ]
체험형 미식 관광 302
총체적인 경험 159, 282, 285, 291, 301

[ㅋ]

콘텐츠 소비 135, 167, 284

(콘텐츠) 크리에이터 136, 166, 167, 169~71

쿡방 82, 151

클라우드 키친 200

[ㅌ]

테루아 104

[ㅍ]

포지셔닝 190, 192~202, 215, 241, 271, 276, 279, 282, 290

푸드 로코노미 295~301, 303~309, 323, 324

푸드 미디어타이제이션 81~83, 86, 87, 292, 312, 318, 323

푸드 스타일링 156, 235, 236, 242

푸드커뮤니케이션 5~7, 39, 40, 55, 63, 71, 73~75, 79~88, 94, 96~98, 106~108, 117, 120, 124, 131, 139, 140, 143, 149~52, 161, 182, 206, 210, 229, 232, 266, 270, 272, 276, 289, 292, 293, 324, 325

푸드 콘텐츠 5, 82, 133, 138, 164~67, 169, 171, 172, 258, 266, 299~302, 306

푸드테크 4, 6, 15, 18, 20, 27~29, 34, 35~41, 49, 50, 57, 71, 73, 75, 88~90, 92, 95~101, 110~20, 181, 323, 324

푸드 페스티벌 310~16, 320~24

푸드 포르노 82, 126, 144

푸드 프린팅 17, 117, 324

푸드 플랫폼 30

프루스트 효과 91, 244

[ㅎ]

한류 84, 257, 265, 266, 270~73, 278, 281, 282, 284, 285

향토 음식 290, 304, 305

후각 기억 113, 245

먹고 말하고 연결하라

K-푸드와 푸드커뮤니케이션

펴낸날 1판 1쇄 2025년 9월 5일
지은이 유승철
펴낸이 주소현
펴낸곳 이화여자대학교출판문화원
주소 서울특별시 서대문구 이화여대길 52 (우 03760)
등록 1954년 7월 6일 제9-61호
전화 02) 3277-2965 (편집), 02) 362-6076 (마케팅)
팩스 02) 312-4312
전자우편 press@ewha.ac.kr
홈페이지 www.ewhapress.com
책임편집 김가영
디자인 정혜진
찍은곳 유진보라

ISBN 979-11-5890-553-8 03320
값 28,000원